U0453028

深圳经济特区建立 40 周年改革创新研究特辑

袁晓江 主编

深圳经济特区 40 年

40 Years of Shenzhen
Special Economic Zone

中国社会科学出版社

图书在版编目（CIP）数据

深圳经济特区40年/袁晓江主编.—北京：中国社会科学出版社，2020.10（2023.6重印）

（深圳经济特区建立40周年改革创新研究特辑）

ISBN 978-7-5203-7222-0

Ⅰ.①深… Ⅱ.①袁… Ⅲ.①改革开放—研究—深圳 Ⅳ.①D619.653

中国版本图书馆CIP数据核字（2020）第175332号

出 版 人	赵剑英
项目统筹	王 茵
责任编辑	马 明　李金涛
责任校对	任晓晓
责任印制	王 超

出　　版	中国社会科学出版社
社　　址	北京鼓楼西大街甲158号
邮　　编	100720
网　　址	http://www.csspw.cn
发 行 部	010-84083685
门 市 部	010-84029450
经　　销	新华书店及其他书店

印刷装订	北京君升印刷有限公司
版　　次	2020年10月第1版
印　　次	2023年6月第3次印刷
开　　本	710×1000　1/16
印　　张	20.5
字　　数	305千字
定　　价	129.00元

凡购买中国社会科学出版社图书，如有质量问题请与本社营销中心联系调换
电话：010-84083683
版权所有　侵权必究

袁晓江

深圳市委党校（深圳行政学院）二级教授，深圳市委党校原校委委员，深圳市第六届政协委员，深圳市政协文化文史和学习委原副主任，深圳市决策咨询委员会委员，深圳公共管理学院名师工作室首席专家，清华大学深圳研究生院兼职教师。长期致力于改革开放和经济特区理论和实践研究。

《"闯"和"创"成就了深圳》《创新是一个系统联动过程》《勇气和智慧是改革的精神品格》《邓小平改革开放理论与深圳经济特区实践》等多篇文章在《人民日报》《光明日报》《求是》等刊物发表，其中部分被《新华文摘》转载；《农村城市化进程中的集体经济及其出路》获全国党校系统优秀科研成果奖一等奖。

深圳经济特区建立40周年
改革创新研究特辑
编委会

顾　　　问：王京生　李小甘
主　　　任：王　强　吴以环
执 行 主 任：陈金海　吴定海
主　　　编：吴定海
编委会成员：（以姓氏笔画为序）

王为理　王世巍　刘婉华　李凤亮
杨　建　肖中舟　何国勇　张玉领
陈少兵　罗　思　赵剑英　南　岭
袁易明　袁晓江　莫大喜　黄发玉
黄　玲　曹天禄　谢志岿　谭　刚
魏达志

总　　序

先进的文化，来自对先进的生产方式和生活方式的能动反映；先进的生产力，来自对生产前沿审时度势的探索。40多年来，深圳一直站在生产力和生产关系新模式探索的最前沿，从生产实践，到制度建立，再到观念更新，取得了系统的、多层次的成果，为改革开放全面成功推广，提供一整套系统的观念与经验。当然，深圳的改革历程，是一个步步为营的过程。如果说，改革开放之初所取得的成功，主要在于以一系列惊心动魄的实践，按照市场经济发展规律，循序渐进地突破制度的坚冰，在摸索中逐步确立社会主义市场经济的新制度、新机制、新关系，形成新的发展模式；那么，在完成试验田式的探索之后，深圳取得的新突破，则是在国内经济转型和国际新经济背景之下，结合自身优势而完成的产业升级和观念升级。在升级换代过程中，深圳已经取得开阔的国际视野，在国际上也形成自身的影响力，在国内则拥有党中央强有力的支持和更成熟的制度后盾。

在这个过程中，深圳作为探索者、排头兵所探索出来的一系列成功经验，已经成为社会主义市场经济体制的基本构成部分；在这个过程中，深圳人为社会主义市场经济模式的建立与繁荣，做出系列有利于国、有益于民的大胆探索，其间所形成的开拓进取精神，已经凝聚成为一种可以叫作"深圳精神"的东西。正如习近平总书记在深圳考察时说的："如果说，深圳是中国改革开放的一本样板书，那这本书上，给人留下印象最深刻的两个字，就是'敢闯'！"同时，深圳的系列探索实践，也是对党的老一辈革命家改革开放、发展生产力理想的具体实践。从全国来看，改革开放40余年，在我国沿海、沿江、沿线甚至内陆地区建立起国家级或省市级高新区、开发区、自贸区、保税区等，形成了类型众多、层次多样的多元化改革发展新格局。

党的十八大以来，中央对深圳提出的新要求，正体现着这种一贯思路的延续和战略高度的提升。深圳的拓荒意义不但没有过时，而且产生了新的内涵。深圳被赋予了中国特色社会主义先行示范区的新角色，从改革开放试验田，到社会主义先行示范区，这种身份的转变，是新时代进一步深化改革开放的新成果，也是深圳作为中国这个世界第二大经济体经济发展的重要驱动力在国际经济新格局中扮演的新角色。在习近平新时代中国特色社会主义思想指导下继续解放思想、真抓实干，改革开放再出发，在新时代走在前列，在新征程勇当尖兵，是新时代赋予深圳的新任务。在深化改革的过程中，不论是国家，还是以北京、上海、广州、深圳为代表的大城市所面对的国际政治形势和经济形势，比以往都要复杂很多，需要我们做出更睿智和更高瞻远瞩的决策，以应对更复杂的产业形势和政治形势。从这个角度看，新时代深圳改革开放、开拓进取的任务不是轻了，而是更重了；需要的勇气和毅力不是少了，而是更多了。

习近平新时代中国特色社会主义思想，是我们继续深化改革的指导思想和行动指南。在以习近平同志为核心的党中央的坚强领导下，因世界大势，应国内态势，以满足人民不断增长的物质文化生活需求为动力，在经济特区已有的经验基础上，围绕新时代经济特区发展进行深入理论思考和实践探索，完成城市发展与国家发展的统一，完成继承与创新的统一，为习近平新时代中国特色社会主义思想增添新的生动范例，为践行中国特色社会主义理论提供新的经验，推进新时代经济特区在经济、政治、文化、社会和城市生态等方面实现更高层次的发展，是新时代赋予深圳的新使命。

新时代推动新实践，新实践催生新思想，新思想呼唤新理论。讲好深圳故事既是时代所需，也是中国学者的责任。为了总结深圳经济特区建立40年来改革探索的经验，为深圳改革探索提供学者的观察和视角，深圳市社科院组织市内外的专家学者对深圳经济特区40年经济社会发展的路径进行了深入研究，形成了十部著作，作为《深圳改革创新丛书》的特辑出版。《深圳改革创新丛书》作为深圳推进哲学社会科学发展的重要成果，此前已经出版了六个专辑，在国内引起了一定的关注。这套《深圳经济特区建立40周年改革创新研究特辑》，既有对改革开放40多年来深圳发展历程的回顾，也有结合新使命而做的新探索。希望这些成果，为未来更深入和更高层面的研究，提供新的理论资源。这套丛书也是学界和中国社会科学出版社对深圳经济特区建立40周年的一份献礼。

编写组

2020年6月

目 录

第一章　建立经济特区 ………………………………………… (1)
　第一节　改革开放的时代背景 ……………………………… (1)
　第二节　深圳经济特区的酝酿 ……………………………… (8)
　第三节　深圳经济特区正式成立 …………………………… (11)

第二章　特区事业在艰难中起步 ……………………………… (20)
　第一节　以坚定的步伐回应争论 …………………………… (20)
　第二节　蛇口成为改革的"试管" …………………………… (23)
　第三节　基建工程兵的重大贡献 …………………………… (25)
　第四节　邓小平第一次视察深圳 …………………………… (28)
　第五节　邓小平第二次视察深圳 …………………………… (31)

第三章　打造外向型经济特区 ………………………………… (39)
　第一节　探索发展外向型经济特区 ………………………… (39)
　第二节　确立工业为主的外向型战略 ……………………… (42)
　第三节　对外开放进一步推动改革 ………………………… (46)
　第四节　从外向型特区到开放型经济先行区 ……………… (49)

第四章　建立市场经济体制 …………………………………… (54)
　第一节　让"看不见的手"发挥作用 ………………………… (54)
　第二节　用工和工程市场化 ………………………………… (59)
　第三节　"第一生产要素"进入市场 ………………………… (63)
　第四节　国有集体民营共同发展 …………………………… (69)
　第五节　占领制高点"资本市场" …………………………… (79)

第六节　市场经济的理论探索 …………………………（82）

第五章　高新技术产业为主导 ………………………………（87）
　第一节　民营科技企业发展拉开序幕 …………………（87）
　第二节　资本市场助力高科技 …………………………（89）
　第三节　"四不像"新型研发机构 ………………………（97）
　第四节　高交会成为高新技术盛会 ……………………（101）
　第五节　建设国家创新型城市 …………………………（105）
　第六节　率先发展战略性新兴产业 ……………………（108）

第六章　打牢民主法治之基 …………………………………（112）
　第一节　深圳40年政治发展概述 ………………………（112）
　第二节　民主和法治 ……………………………………（116）
　第三节　继续迈向政治发展的康庄大道 ………………（135）

第七章　从"文化立市"到"文化强市" …………………（140）
　第一节　特区深圳的文化自信 …………………………（140）
　第二节　深圳公共文化服务的构建 ……………………（148）
　第三节　深圳文化产业的优化升级 ……………………（154）

第八章　"义工＋社工"双轮驱动社会发展 ………………（166）
　第一节　社会组织发展令人瞩目 ………………………（167）
　第二节　志愿服务成为闪亮品牌 ………………………（174）
　第三节　社会工作发展先行先试 ………………………（181）

第九章　美丽家园绿色之城 …………………………………（193）
　第一节　夯实基础构建框架 ……………………………（193）
　第二节　深入推进生态文明建设 ………………………（203）
　第三节　人与自然和谐共生的美丽典范 ………………（211）

第十章　创建现代化国际化创新型城市 ……………（221）
　　第一节　现代化国际化创新型城市 …………………（221）
　　第二节　创造世界城市奇迹的现代化之路 …………（226）
　　第三节　建设全球标杆城市 …………………………（234）

第十一章　建设中国特色社会主义先行示范区 ……（241）
　　第一节　总书记两次视察深圳奏出新时代最强音 …（241）
　　第二节　掀起新时代改革大幕 ………………………（243）
　　第三节　打造国家可持续发展议程创新示范区 ……（245）
　　第四节　打造创新创业热土和最佳营商环境之都 …（250）
　　第五节　从单科冠军到十项全能 ……………………（255）

第十二章　让党的旗帜在特区高高飘扬 ……………（262）
　　第一节　坚持党对一切工作的领导 …………………（262）
　　第二节　政治建设摆在首要位置 ……………………（268）
　　第三节　反腐倡廉贯彻于深圳建设发展全过程 ……（272）
　　第四节　政府机构改革始终走在前列 ………………（281）
　　第五节　深圳城市基层党建的名片
　　　　　　——党群服务中心 …………………………（284）

附录一　深圳特区改革开放 40 年大事记 ……………（288）

附录二　深圳部分指标和图表 …………………………（312）

后　记 ……………………………………………………（316）

第一章　建立经济特区

恩格斯曾言，没有哪一次巨大的历史灾难不是以历史的进步作为补偿的。从某种意义上说，这种历史的辩证规律也深刻地解释了中国改革开放的起步和深圳经济特区的应运而生。

第一节　改革开放的时代背景

1988年，邓小平在会见捷克斯洛伐克总统胡萨克时曾言没有"文化大革命"的教训，就不可能做出十一届三中全会以来的思想、政治、组织路线等一系列新的政策。邓小平的论述正是对这种"物极必反"历史规律最好的诠释。中国改革开放的起步和深圳等经济特区的成立从某个角度看正是这种"物极必反""穷则思变"的历史规律的产物。但是，历史规律是高度抽象的，在历史转折时期的人们的主观能动性却是不可或缺的，人的努力、人的意志、人的魄力、人的抉择都是我们在总结历史经验，研究历史规律中不可忽视的重要因素。中国共产党在经历了长期极左政治思潮冲击后，来到了一个历史的十字路口，能够抛弃已经被实践证明错误的极左道路，走出一条实事求是的改革开放新路，彰显了中国共产党巨大的理论勇气和政治勇气，体现了中国共产党全心全意为人民服务的根本宗旨，也表明了中国共产党的忧患意识和执政自觉！

什么是社会主义，怎样建设社会主义？这是中国共产党建立新中国后推动新民主主义向社会主义过渡时必须解决的重大理论问题。但是，由于经验不足和理论误区，在新中国成立后的很长一段历史时期，中国共产党人对这个基本问题的认识是具有局限性的。邓小平在1985年4月15日会见坦桑尼亚副总统姆维尼时指出："现在我们搞经济改革，仍然要坚持社会主义道路，坚持共产主义的远大理想，年轻一代尤其要懂得这一点。但问题是什么是社会主义，如何建设社会主义。我们的经验教训有许多条，最重要的一条，就是要搞清楚这个问题。"①

新中国成立不久，中国共产党基于建设社会主义社会的理想和重工业先行的战略要求，比之前的预期更早地实行了社会主义改造，并在较短时间内完成了社会主义改造，把生产资料私有制转变为社会主义公有制，实现了从新民主主义社会到社会主义社会的过渡，建立了社会主义的基本经济制度和政治制度。社会主义改造是一场深刻而深远的社会革命，是中国历史进程中一个重要的里程碑。但是，由于受到时代和理论局限性的影响，当时对社会主义的理解存在着一些误区，比如忽视生产力发展的客观基础、片面强调公有制的绝对成分和计划调节的作用。

在极左思潮的影响下，很多符合经济规律的、有利于发展生产力的举措被视为"唯生产力论""资产阶级法权""洋奴主义""崇洋媚外"而遭受错误批判。邓小平在回顾中国共产党新中国成立后开展社会主义建设的历史时指出："在一九五八年，我们犯了错误，搞大跃进，开始不尊重经济规律了，这就使生产下降了。以后经过三年的调整，发生了变化，又较好地发展起来。但接着又搞文化大革命，这是一场灾难，经济方面完全乱了。所以我们现在搞四个现代化，不得不进行几年的调整。总之，我们现在强调要按经济规律办事。"② 而且，20世纪70年代国际关系逐渐缓和，世界上很多国家利用有利的国际环境，抓住第三次科技革命的机会，实现了经济社会的快速发展。十年"文革"封闭僵化的极左政策，不仅严重扰乱了正常的经济建设，也严重扰乱了科学教育文化事业的发展，造成人才的断层，使中国不仅没有抓住难得的历史机遇，而且和世界其他国家的发展差距逐步拉大。

---

① 《邓小平选集》第3卷，人民出版社1993年版，第116页。
② 《邓小平选集》第2卷，人民出版社1994年版，第314页。

邓小平曾指出："拿中国来说，五十年代在技术方面与日本差距也不是那么大。但是我们封闭了二十年，没有把国际市场竞争摆在议事日程上，而日本却在这期间变成了经济大国。"①

经历了"文革"浩劫，中国经济濒临崩溃的边缘，人民生活连温饱都成问题，国家各项建设百废待兴，很多老一辈革命家对此忧心忡忡。特别是农业政策，由于长期受"左"的思想的束缚和干扰，认为农村的社会主义就是土地公有，土地公有就必然要求统一经营、共同劳动、统一分配，不允许搞家庭经营，反对"包产到户"。这种思想的误区在于"把所有权和经营权混为一谈，把农村集体所有的公有制同它的某一种具体实现形式混为一谈，造成了我们思想的僵化和农村政策的僵化"②。这种"左"的思想导致的结果就是人民公社体制长期压抑农民群众的积极性和农村生产力的提高，导致中国农业长期发展缓慢，农民群众生活水平长期得不到应有的改善。比如，时任安徽省委书记的万里同志在到安徽老区调研时，看到了农村极度贫困的现状，一开始一路不讲话、不开会、不发指示，只是听、看、问，但是心情越来越沉重，认为必须走出农业政策的新路。1977年，安徽省委允许生产队实行更加灵活的生产责任制，允许鼓励经营自留地和家庭副业。后来，安徽省委实行"借地度荒"，允许群众采取"包产到户"，走出了一条农业政策的新路，有效提高了农民群众的生活水平，中国的改革开放就此从农村起步并最终确立了家庭联产承包责任制。

深圳经济特区的建立与习仲勋等老一代"拓荒牛"最早对广东农村、农业、农民面临困境的反思和探索有关。习仲勋曾回忆自己一生"两次把守南大门"，第二次指的就是1978年4月到广东担任省委书记，主政广东两年八个月，"把守祖国的南大门"。习仲勋作为老一辈革命家，具有坚定的理想信念和高度的政治责任心。习仲勋刚刚经历了16年蒙冤，主政广东上任伊始就展示出了强烈的使命担当。习仲勋出席中共广东省第四次代表大会第

---

① 《邓小平选集》第3卷，人民出版社1993年版，第274页。
② 龚育之：《党史札记》，浙江人民出版社2002年版，第130页。

三次全体会议，据有关同志回忆："习仲勋在讲话中感情真挚地说，北方水土养育了他大半辈子，现在到了广东，要靠南方水土养育下半辈子。他的讲话言语不多，但把广东作为第二故乡，要和广东人民共同奋斗的决心溢于言表，感人至深，给与会代表留下了深圳的印象。"① 习仲勋到广东工作后，"以一个老共产党员的革命胆略、远见卓识、大无畏气魄和高度的历史责任感，既沉着面对，又雷厉风行，团结省委一班人，稳住大局，励精图治"②。因此，习仲勋最为关注的就是广东农业发展落后的问题。他在省委会议上指出："农业上不去，一切问题都谈不上。因为首先要解决一个吃饭问题。……广东农业上不去，带来一系列问题。作为祖国的南大门，就势必拖全国的后腿，对内对外影响都不好。鱼米之乡没鱼吃，水果之城没水果，群众议论纷纷，有些地方甚至怨声载道。现在的确到了非解决不可的时候了。"③ 特别是习仲勋在到宝安调研群众"逃港"问题时，对极左政策导致群众生活贫困，从而大量精壮劳动力外流到香港的现象深感忧虑。当时陪同习仲勋调研的南方日报副总编张汉青回忆说："七八月份正是收割的时候，可我们在南头的田地里并没有看到农忙的景象，田里只有一些老人、妇女、小孩，还有边防部队派来帮助收割的战士在劳作。精壮劳力都跑了，没有人收割。"④ 随着调研的深入，习仲勋对极左政策失误的思考也越来越深刻，开始思索如何打破旧有的条条框框，打破教条主义和形而上学的桎梏，实行更加灵活、更加务实、更加实事求是的政策，并以极强的理论勇气和政治勇气指出："只要能把生产搞上去的，就干，不要先去反他什么主义。他们是资本主义，但有些好的方法我们也要学习。"⑤

---

① 王全国、杨应彬、张汉青：《深切怀念习仲勋同志》，《广东党史》2002 年第 4 期。
② 《怀念习仲勋》，中共党史出版社、中国文史出版社 2005 年版，第 419 页。
③ 《习仲勋传》下册，中央文献出版社 2013 年版，第 356 页。
④ 同上书，第 400 页。
⑤ 王全国、杨应彬、张汉青：《深切怀念习仲勋同志》，《广东党史》2002 年第 4 期。

习仲勋通过在宝安这次广泛而扎实的调研，对如何发展农业生产，如何搞活经济、提高人民群众生活水平，从而"标本兼治"人口外流问题有了更加科学的认识。习仲勋主政广东之后，不仅关注了农业问题，而且以高度的敏锐性看到了发挥广东毗邻港澳的区位优势，加强和港澳之间的经济联系，并动员华侨归国搞建设的重要性。针对广东在这方面工作中存在的不足，习仲勋明确提出批评："现在思想很不解放，条条框框太多，机构运转不灵，办事效率太低，这种状况必须迅速改变，否则就做不好生意，甚至可能造成经济损失。"[①] 因此，习仲勋当时就特别提出广东省要加强调查研究，要和港澳厂商建立更密切的联系，并建议中央考虑在来料加工、补偿贸易等经济业务方面，授权广东省灵活处理，减少不必要的层级和程序。不久后，广东省委还专门派工作组到宝安、珠海两地调研外贸基地建设问题。这些努力都为后来深圳经济特区的成立提供了实践经验。

1978年5月，《光明日报》的特邀评论员文章《实践是检验真理的唯一标准》掀起了一场思想解放运动，这篇文章重申了一个道理，那就是社会实践不仅是检验真理的标准，而且是唯一的标准。这就打破了"两个凡是"的思想束缚，实事求是的基本原则逐步得到了越来越多人的拥护，这场解放思想的大讨论实际上成为改革开放的先声，为中国共产党重新确立马克思主义思想路线、政治路线和组织路线奠定了理论基础，成为实现党和国家历史性转折的思想先导。

时任广东省委书记的习仲勋在真理标准大讨论中敢于担当，体现出强烈的历史使命感和无私无畏的胆识魄力，是全国最早一批公开表态支持真理标准讨论的省委书记之一。他当时明确提出："最近报纸上有些文章要好好地读，如《马克思主义的一个最基本的原则》、《实践是检验真理的唯一标准》等。理论要与实践结合起来，理论要指导实践，实践反过来又丰富这个理论，离开实践，理论一文不值。马列读得多，但不同实践结合，那有

[①] 《习仲勋文集》上卷，中共党史出版社2013年版，第422页。

什么用处呢？"① 习仲勋以实事求是的理论品格和敢于担当的政治责任感推动了真理标准讨论在广东深入发展，深刻总结了极左的错误政策，解放了广东各级干部的思想，切实整顿了作风，为广东在改革开放中能够"先走一步"奠定了坚实的基础、做出了充分的准备。习仲勋在回顾这一历史时指出："使我们各项工作重新走上马列主义、毛泽东思想的轨道。这是一场意义极为深远的思想解放运动。它对我们端正思想路线，恢复和发扬实事求是、一切从实际出发、理论联系实际和群众路线的优良作风，对于促进各条战线的拨乱反正，实现工作着重点的转移，加快四个现代化建设的步伐，起着巨大的推动作用。"②

在邓小平等老一辈无产阶级革命家的坚定支持下，遍及全国的真理标准大讨论成为一场影响深远的广泛思想解放运动，通过这场讨论使全党同志更加深刻地反思了过往的极左错误，更加清醒地认识到了实事求是思想路线的重要性，同时也促使全党进一步思考未来的前进方向：如何才能走出一条新路，改善人民生活，推进社会主义现代化建设。尽管在思想路线和政治路线问题上，当时党内特别是领导层还没有达成共识，但是通过真理标准大讨论已经为党的十一届三中全会实现历史转折提供了重要的思想酝酿和舆论准备。

1978年11月10日召开的"三十六天中央工作会议"，原定是要讨论经济工作和农业工作，陈云等老一辈革命家在会议之初提出首先要解决一系列历史遗留问题，要为一些历史上的冤假错案平反。陈云的发言得到了全场的热烈反响，通过发扬党内民主，这次中央工作会议对一系列重大历史遗留问题、真理标准讨论问题达成了共识，一些同志也以不同形式作出了自我批评，为接下来召开党的十一届三中全会提供了基本的思想基础和政治前提。所以，邓小平在中央工作会议上的重要讲话《解放思想，实事求是，团结一致向前看》也就成为十一届三中全会事实上的主题报告。邓小平在讲话中指出："一个党，一个国家，一个民族，

---

① 《习仲勋传》下册，中央文献出版社2013年版，第374页。
② 同上书，第381页。

如果一切从本本出发，思想僵化，迷信盛行，那它就不能前进，它的生机就停止了，就要亡党亡国。"① 邓小平的这一重要历史文献开篇就强调解放思想，将其作为当前一个重大政治问题，可谓抓住了长期制约中国发展的主要矛盾，体现了邓小平作为历史伟人的思想高度和战略眼光。正如前文所述，新中国成立后的很长一段历史时期，在社会主义建设的过程中，面临前无古人的事业，我们没有经验，对"什么是社会主义，怎样建设社会主义"这一根本问题没有完全弄清楚，而是出现了对社会主义的种种教条主义的、僵化的、形而上学的理解。很多符合实际、有利于提高生产力水平的和改善人民群众生活水平的实践被认为是资本主义或修正主义错误，所谓"宁要社会主义的草，不要资本主义的苗"。

1978年12月18日到22日，党的十一届三中全会胜利召开，全会决定将党和国家的工作重心以及全国人民的注意力转移到社会主义现代化建设上来，恢复了实事求是的政治路线，而且高度评价了真理标准大讨论，明确这场大讨论在恢复党的实事求是思想路线方面的重要贡献。全会认为："只有全党同志和全国人民在马列主义、毛泽东思想的指导下，解放思想，努力研究新情况新事物新问题，坚持实事求是、一切从实际出发、理论联系实际的原则，我们党才能顺利地实现工作中心的转变，才能正确解决实现四个现代化的具体道路、方针、方法和措施。"② 全会还做出了实行改革开放的伟大决策，认为要想实现四个现代化，推动生产力迅速发展，就必须改变和生产力发展不适应的生产关系和上层建筑，还要改变一切不适应的生产管理体制和思想方式，必然是一场深刻广泛的革命。全会还认为，应在自力更生的基础上同世界各国发展平等互利的经济合作，努力采取世界先进技术和设备。因此，这次全会就标志着中国由在僵化半僵化和封闭半封闭状态下搞建设，开始向在全面改革和对外开放环境中搞建设转变，具有深远的历史影响。

---

① 《邓小平选集》第2卷，人民出版社1994年版，第143页。
② 《中国共产党第十一届中央委员会第三次全体会议公报》，1978年12月22日。

值得注意的是，邓小平在讲话中提出让一部分地区和一部分人通过辛勤劳动，先让生活好起来的政策，并明确指出这一政策会产生极大的示范效应，能够带动周边地区乃至全国波浪式向前发展。邓小平这一极具前瞻性的战略设想正是深圳等经济特区成立的思想先导。

党的十一届三中全会结束了"文革"后的徘徊前进时期，开启了改革开放的新时期，是中国特色社会主义事业发展迈步进入新时期的标志。正是因为党的十一届三中全会重新确立了解放思想、实事求是的思想路线，实现了党的指导思想的拨乱反正；果断停止"以阶级斗争为纲"的错误口号，要求全党的工作重心转移到经济建设上来，在党的政治路线方面实现了拨乱反正；而且在事实上形成了以邓小平同志为核心的党中央领导集体，在党的组织路线方面也实现了拨乱反正。所以，党的十一届三中全会就结束了"文革"后党的工作在徘徊中前进的局面，开启了党和国家从僵化半僵化到全面改革，从封闭半封闭到对外开放的宏伟历史画卷，促进了中国经济、政治、文化等各项事业的大发展，为人民生活水平和国家综合国力的提高拉开了序幕，也为中国特色社会主义理论体系的形成提供了根本的政治基础和历史前提，这次会议是党和国家转危为安的重要标志，也是中华民族伟大复兴历史进程中的重要里程碑，具有重大而深远的历史意义。

第二节　深圳经济特区的酝酿

深圳经济特区是沐浴着改革开放的春风诞生的，其诞生有一个酝酿和成熟的过程。

习仲勋主政广东带领省委一班人直接推动了深圳经济特区的成立。广东省毗邻南海，自古是海上丝绸之路的重要枢纽，一直就有"下南洋"的历史传统，近代以来也是中国民主革命的重要策源地，和全国其他省市相比，是思想文化得风气之先的地方。新中国成立后，西方国家采取对中国封锁包围的政策，我们与世界的交往非常有限。20世纪70年代后，随着中美两国打开外交新局面，西方一些国家陆续与我们建立了外交关系，中国也恢复了联合国的合法席位，但是真正意义上的对外开放还是没有启动。特别是由于"文革"极左思想的影响，和外国交往、引进西方的技术往往被错误地批判为"洋奴主义"。因此，在改革开放之前中国事实上处于封闭半封闭的状态，广东等沿海地区在对外交流方面的区域优势并没有充分发挥出来。

1977年中央开始考虑如何打破闭关自守的状态，通过进入国际市场加速中国经济发展。于是，中央派出很多代表团到国外境外参观考察，其中由国家计委副主任段云率领的港澳考察组赴港澳考察，在香港、澳门参观考察了工业、农业、建筑、交通、港口等情况，探索了港澳和内地合作的可能性，希望能够借鉴港澳经验，通过三五年的艰苦奋斗，把比邻港澳的宝安、珠海两地划为出口基地、加工基地和吸引港澳同胞的旅游区。考察组回京前在广州同广东省委进行了讨论，考察组向广东省委建议将宝安和珠海改为省辖市，加强领导，将"以粮食为主"的农业经济转变为"以经营出口副食为主"，大力发展建材工业和加工工业，发展旅游文化业等服务业。考察组和广东省委"英雄所见略同"，以习仲勋为班长的广东省领导大胆地提出了在这些临近港澳的地方建立试验区并开始着手进行调查研究，了解外国特别是"亚洲四小龙"的先进经验，准备在国内实现突破，展示出了强烈的政治勇气和"敢为天下先"的拓荒牛精神。

国务院港澳考察组回到北京后向中央提交了《港澳经济考察报告》，其中提出了借鉴港澳经验，用三五年时间将宝安、珠海建设成为具有相当水平的外向生产基地、加工基地和吸引港澳同胞的旅游区。这个报告得到了当时中央主要领导人华国锋的认可，华国锋听取报告后明确作出批示："总的同意，说干就干，把它办起来。"[1]

习仲勋和广东省委以高度的政治责任感和强烈的历史使命感

---

[1] 《习仲勋传》下册，中央文献出版社2013年版，第444页。

贯彻中央的决议，迅速召开省委常委会，专门听取省委常委王全国汇报随谷牧副总理出访西欧五国的情况，并向广东省、广州市处级以上干部进行了传达，产生了非常大的反响。当时"有些同志说，只要改革国家高度集中的计划经济管理体制，充分发挥地方和企业的积极性，利用广东沿海的有利条件，广东的现代化建设一定可以高速度前进"①。随后，习仲勋又主持召开省委常委会议，专门研究发展对外加工业务合作与宝安、珠海两县建设问题。会议认为中央对广东工作的重视说明了对广东的关心，广东省应当坚决及时地贯彻落实中央的决策部署，做好对外加工装配业务，做好宝安和珠海的建设。要在省委的领导下，组织一个班子研究制定宝安、珠海两县的发展规划，并要求省委常委李建安负责牵头，召集省有关部门负责人研究宝安、珠海两县的建设和外贸出口问题，后来写出了《关于搞好宝安、珠海边防县建设和外贸出口的意见》，该意见从建设农副产品出口基地、来料加工、引进生产线、工业交通建设、发展旅游业、组织保障等方面做出规划，初步形成了宝安、珠海两地发展的蓝图。习仲勋作为省委书记亲自到一线调查研究并大力推动落实，经过反复研究后于1978年10月向国务院上报了《关于宝安、珠海两县外贸基地和市政规划设想》。1979年1月6日，广东省和交通部共同起草了《关于我驻香港招商局在广东宝安建立工业区的报告》，提出在宝安蛇口建立工业区，利用国内廉价的土地和劳动力，借助外国资金和先进技术，从而推动中国交通航运的现代化和宝安以及广东的发展。1979年1月31日，李先念代表中央批准了这个报告并同意在深圳南头半岛划出一块土地由招商局建立广东宝安工业区。

1979年1月23日，中共广东省委决定将宝安县改为深圳市，由张勋甫担任深圳市委书记。此时，邓小平还针对一份关于港商希望在广州开设工厂的来信做出批示："这种事，我看广东可以放手干。"② 邓小平和中央的态度给予了广东省委极大的信心和勇

---

① 《中共广东省委常委会议纪要》，1978年6月20日。
② 王全国：《在中央工作会议中南组的发言》，1979年4月10日。

气。特别是党的十一届三中全会以来，在全党解放思想推动下形成的社会活力是习仲勋带领省委一班人大胆突破，最终"杀出一条血路"的重要原因。习仲勋曾深情地回忆过这段历史："三中全会关于解放思想、开动脑筋、发扬民主、实事求是、团结一致向前看的方针和把党的工作着重点转到经济建设上来的重大决策，为我们展现了广阔的前景，同时又促使我们认真思考，如何按照实事求是的思想路线，从广东的实际出发，把广东的四化建设搞得快一些，如何充分发挥广东的特点和优势，使广东在全国的改革开放中先走一步。当时广东省委的同志分头到各地去调查研究，深感三中全会精神传达贯彻后，农村形势一片大好，广大干部、群众心情舒畅，稳定，高兴，充满希望——这是当时形势的概括。……我和杨尚昆同志以及省委其他同志经过认真讨论，确认根本的出路还是希望中央给广东放权，抓紧当前的有利的国际形势，让广东充分发挥自己的优势，在四化建设中先走一步。"[①]

至此，在中央的领导下，广东省本着解放思想、实事求是的政治勇气大胆探索，深圳经济特区这一全新的事物正如躁动于母腹的一个婴儿，就等时机成熟后呱呱坠地了。

第三节　深圳经济特区正式成立

在中央的支持和关心下，在习仲勋等老一代"拓荒牛"的努力下，经过辛勤探索和充分酝酿，深圳经济特区的成立逐步提上了日程。1979年4月初，广东省委举行省委常委会，为即将召开的中央工作会议紧锣密鼓地准备材料。经会议讨论，结合广东的实际情况，认为应当向中央提出具体建议和诉求，希望中央能够多给广东一些自主审批权和外汇资金。会议希望能够向中央"讲清广东的有利条件，先走一步可以为全国提供经验；先让地

---

① 《习仲勋文选》，中央文献出版社1995年版，第480—481页。

方松动一些，将来中央拿的外汇可能更多一些；广东市场长期紧张，不给我们一定的权力和外汇，这个现实问题就解决不了。要讲清我们的要求和大的措施，争取中央同意我们先走一步；否则，能解决好几个具体问题也好"①。在省委讨论中，关于出口工业区的名称有过"出口加工区""自由贸易区""贸易出口区""贸易合作区"的考虑，最后习仲勋决定以"贸易合作区"为名在中央工作会议上向中央汇报。

1979年4月初，习仲勋和王全国赴京参加中央工作会议，习仲勋在会上做了多次发言，内容涉及经济体制改革、行政体制改革、走自己的现代化建设道路、因地制宜发挥地方的积极性、反对形式主义和权力过分集中的问题。在向中央要求向广东下放权力的具体问题上，习仲勋提出："广东邻近港澳，华侨众多，应充分利用这个有利条件，积极开展对外经济技术交流，我们省委讨论过，这次来开会，希望中央给点权，让广东先走一步，放手干。""广东希望中央给个新的体制和政策。""麻雀虽小，五脏俱全，广东作为一个省，是个大麻雀，等于人家一个或几个国。但现在省的地方机动权力太小，国家和中央部门统得过死，不利于国民经济的发展。我们的要求是在全国的集中统一领导下，放手一点，搞活一点。这样做，对地方有利，对国家也有利。"②

在4月17日会议上，中央政治局召开各组召集人汇报会，华国锋、邓小平、李先念、谷牧等领导同志参加。习仲勋在汇报中进一步郑重提出建议："广东临近港澳，可以发挥这一优势，在对外开放上做点文章。广东打算仿效外国加工区的形式，进行观察、学习、实验，运用国际惯例，在毗邻港澳的深圳市、珠海市和重要侨乡汕头市划出一块地方，单独进行管理，作为华侨、港澳同胞和外商的投资场所，按照国际市场的需要组织生产，初步定名为贸易合作区。我们省委讨论过，希望中央让广东能够充分利用自己的有利条件，先走一步。"③

---

① 广东省委办公厅：《省委常委会议决定事项》，1979年4月4日。
② 《中央工作会议简报》（中南组）（5），1979年4月8日。
③ 吴南生：《经济特区的创立》，《广东党史》1998年第6期。

邓小平和华国锋等领导同志都非常重视并赞同习仲勋的建议，邓小平以高瞻远瞩的视野敏锐地意识到这可能是中国改革开放的一项重大创新，是打开局面、实现经济社会发展的一条新路。当听到关于"贸易合作区"的名称有争论的时候，邓小平明确指出："还是叫特区好，陕甘宁开始就叫特区嘛！中央没有钱，可以给些政策，你们自己去搞，杀出一条血路来。"①

在邓小平等中央领导同志的支持下，1979年的中央工作会议重点讨论了广东省和福建省的建议，作出了发挥广东和福建的积极性，在深圳、珠海、汕头、厦门等地试办出口特区的决定。中央还要求国务院副总理谷牧牵头，组织工作组和广东、福建两省共同研究如何创办特区，实行更加灵活的特殊政策。习仲勋对中央的支持非常拥护，感到非常振奋，回到广东后立即召开省委常委会传达中央精神。他在会议上提出："广东要求先走一步，不光是广东的问题，是关系到整个国家的问题，是从全局出发的。广东这事，今天不提明天要提，明天不提后天要提。中国社会发展到现在，总得变，你不提，中央也会提。拼老命我们也要干。……我们挑的担子很重，但很光荣。要好好搞。"②

1979年5月14日，习仲勋、杨尚昆、刘田夫向谷牧率领的中央工作组汇报了广东省《关于试办深圳、珠海、汕头出口特区的初步设想》，谷牧对广东的方案给予了充分的肯定和鼓励，并提出了经济体制改革和立法工作等方面的一些具体意见。经过中央工作组和广东省委的充分讨论，广东省委于当年6月6日向中共中央和国务院提交了《关于发挥广东优越条件，扩大对外贸易，加快经济发展的报告》，主要内容为："一、扩大对外贸易，加快经济发展的优越条件；二、初步规划设想；三、实行新的经济管理体制；四、试办出口特区；五、切实加强党对经济工作的领导。"③ 7月15日，《中共中央 国务院批转广东省委和福建省

---

① 《邓小平年谱（1975—1997）》（上），中央文献出版社2004年版，第510页。
② 《中共广东省委常委会议记录》，1979年5月3日。
③ 《中共广东省委关于发挥广东优越条件，扩大对外贸易，加快经济发展的报告》，1979年6月6日。

委关于对外经济活动实行特殊政策和灵活措施的两个报告》（中发〔1979〕50号）明确指出，广东、福建两省在对外经济活动中实行更加灵活的政策，给予地方主动权，抓住有利国际形势，发挥优越条件，先走一步，把经济搞上去是一个重要的历史决策。在特区建设方面，"试办深圳、珠海、汕头三个出口特区，积极吸收侨资、外资，引进国外先进技术和管理经验。……特区内允许华侨、港澳商人直接投资办厂，也允许某些外国厂商投资办厂，或同他们兴办合营企业和旅游事业。……既要维护我国的主权，执行中国的法律、法令，遵守我国的外汇管理和海关制度；又要在经济上实行开放政策"①。

习仲勋带领广东省委一班人迅速组织领导小组，负责中央文件的贯彻落实，为了进一步加强对经济工作的领导，还成立了广东省经济工作办公会议。在贯彻中央文件精神、创办经济特区的过程中，习仲勋展示出了一名老布尔什维克的政治勇气和胆识魄力，有力地带动广东全省党员干部热情地投身于特区建设这一前无古人的伟大事业。习仲勋在全省地委书记会议上满怀激情地提出了"三要三不要"的精神："第一，要有决心有信心，不要打退堂鼓；第二，要有胆识，勇挑重担，不要怕犯错误，怕担风险；第三，要有务实精神，谦虚谨慎，不要冒失，不要出风头，不要怕否定自己。特别是我们各级领导干部，拼老命也要把广东这个体制改革的试点搞好。要下这样一个决心，即使是可能犯错误，也要干。我们是干革命的，现在搞四化就是革命，要发扬革命战争年代的那股拼命精神。"②谷牧此时明确支持广东的探索，并非常形象地表示广东应当有点孙悟空大闹天宫的精神。广东省委决定由吴南生负责广东三个经济特区的具体规划和建设工作。在1979年9月党的十一届四中全会上，习仲勋和杨尚昆向中央做了汇报。之后，在10月的省市自治区第一书记座谈会上，习仲勋、杨尚昆又向邓小平做了汇报。邓小平高度肯定广东的首创

---

① 《中共中央　国务院批转广东省委和福建省委关于对外经济活动实行特殊政策和灵活措施的两个报告》，1979年7月15日。

② 习仲勋：《在地委书记会议上的总结发言》，1979年9月21日。

精神，并对广东工作作出重要指示，习仲勋在向全省传达时说小平同志"要我们放手搞，不要小手小脚，只要不丧权辱国，能够把经济快点搞上去，就放手搞"①。

1980年3月底，谷牧受中央委托在广州主持召开了广东、福建两省负责人会议，本次会议主要是检查中发〔1979〕50号文件的执行情况，充分肯定在特区建设中取得的初步成就，对一些问题达成了共识，要求广东根据财力物力的可能性集中力量办好深圳特区。本次会议还采纳了广东省的建议，将"出口特区"改为内涵更加丰富的"经济特区"，会议最终形成了《广东、福建两省会议纪要》。

1979年12月27日，广东省人大审议通过了《广东省经济特区条例（草案）》。1980年8月26日，第五届全国人大常委会第十五次会议批准了广东省深圳、珠海、汕头和福建省厦门设置经济特区，还通过了《广东省经济特区条例》，并由时任国家进出口委员会副主任江泽民代表国务院对《条例》内容进行说明。全国人大常委会通过《广东省经济特区条例》，标志着深圳经济特区的正式成立、横空出世！中国改革开放政策走出了关键一步！深圳经济特区的成立具有重大的现实意义和深远的历史影响，是中国共产党探索中国特色社会主义道路历程中的光辉篇章！具体而言，深圳经济特区成立的历史意义体现在以下几个方面。

第一，深圳经济特区的建立起到了对内地示范、辐射作用，为全国改革开放和社会主义现代化建设积累了宝贵经验，在中国特色社会主义道路的开辟和探索过程中发挥了"拓荒者"和"排头兵"的作用。尽管党的十一届三中全会实现了伟大的历史转折，开启了改革开放的新时期，但是如何改革开放，如何进行经济建设，如何从高度集中的计划经济体制中突出重围，如何充分利用外资和国外的先进技术还是一个全新的课题，需要在实践中不断探索。邓小平在党的十一届三中全会上明确向全党提出了"研究新情况，解决新问题"的号召，他指出："要向前看，就

---

① 《习仲勋传》下册，中央文献出版社2013年版，第472页。

要及时地研究新情况和解决新问题，否则我们就不可能顺利前进。各方面的新情况都要研究，各方面的新问题都要解决，尤其要注意研究和解决管理方法、管理制度、经济政策这三方面的问题。"[①] 深圳在改革开放之前是一个工业基础非常薄弱的农业镇，选择这个地方作为改革开发的"试验田"，一方面可以最大限度减少万一失败的风险和成本，另一方面这个地方历史负担比较轻，能够迅速发展"杀出一条血路"，找到一条不同于旧有经济体制的新路来。实践证明，在深圳经济特区成立之后，坚决贯彻党的改革开放政策，始终发扬"敢为天下先"的精神，先行先试，开拓进取，在社会主义市场经济体制、对外开放、城市管理、高新技术产业、民生建设等方面都无愧改革开放的"排头兵"，经济社会发展多项指标位于全国前列，朝着国际化、现代化创新型城市的目标发展，成为中国改革开放政策和中国特色社会主义道路正确性、科学性的经典案例。在党的十八大之后，以习近平同志为核心的党中央非常关心深圳的发展，习近平总书记多次视察深圳，对深圳工作作出重要指示批示，并赋予深圳建设中国特色社会主义先行示范区和社会主义现代化强国城市范例的崇高使命。因此，深圳经济特区的成立和发展不仅具有重大的实践意义，同时也具有重大的理论意义。没有改革开放就没有中国特色社会主义理论体系，深圳经济特区是中国改革开放得风气之先的地方，深圳的成功实践是中国特色社会主义道路的成功缩影和精彩样板，有力地证明了中国特色社会主义的"四个自信"，同时也丰富了中国特色社会主义的内涵，为推动马克思主义中国化的历史进程做出了不平凡的贡献。

　　第二，深圳经济特区的成立和发展为中国探索社会主义市场经济体制、推动经济体制改革开拓了道路，提供了先行先试的丰富经验，为内地的改革开放和创新发展提供资金、人才、管理等方面的重要支撑，成为中国内地走向国际市场的重要枢纽，也是国际各类生产要素进入内地的重要渠道，深圳经济特区作为"排

---

① 《邓小平选集》第 2 卷，人民出版社 1994 年版，第 149 页。

头兵"和"试验田",在实现自身又好又快发展的同时也有力地带动了内地经济社会的发展。社会主义制度的一个重要优越性就是能够将个人利益和集体利益、当前利益和长远利益、地方利益和全局利益有机地结合起来统筹考虑,充分发挥各方积极性。在党的十一届三中全会上,邓小平高瞻远瞩地谈到了让一部分人和一部分地区先富起来的重要命题,他明确指出:"在经济政策上,我认为要允许一部分地区、一部分企业、一部分工人农民,由于辛勤努力成绩大而收入先多一些,生活先好起来,一部分人生活先好起来,就必然产生极大的示范力量,影响左邻右舍,带动其他地区、其他单位的人们向他们学习。这样,就会使整个国民经济不断地波浪式地向前发展,使全国各族人民都能比较快地富裕起来。"① 深圳经济特区的发展成功地印证了邓小平当年判断的正确性,深圳在发展的过程中不仅创造了举世瞩目的"深圳速度"和"深圳奇迹",而且在推动内地发展的过程中也切实发挥了积极作用,不仅在资金、人才、管理、对口帮扶等方面提供了重要支撑,在理念和思想文化方面也是"开风气之先",创造出了"空谈误国,实干兴邦""时间就是金钱,效率就是生命""敢为天下先""赠人玫瑰,手留余香"等先进文化理念,在精神文明建设方面也发挥了不可替代的重要作用。自深圳经济特区成立后,不仅内地大量移民到深圳干事创业,而且大量的政府、企业、文化教育团体到深圳特区学习先进经验。深圳作为一个移民城市,其从无到有、由小到大的崛起案例,充分说明了社会主义制度的优越性,中央动员整合各种力量支持深圳发展,深圳也以优异的成绩和宝贵的探索回馈党中央和全国人民的关心和支持。

第三,深圳经济特区是中国对外开放的一个"窗口",在探索中国对外开放政策中发挥着不可替代的重要作用。如前文所述,在改革开放之前,中国处于封闭半封闭的状态,对外开放是中国共产党的一项历史性决策,深刻地改变了中华民族的历史进程。习近平总书记在总结改革开放40年成功经验时明确指出:

---

① 《邓小平选集》第2卷,人民出版社1994年版,第152页。

"改革开放40年的实践启示我们：开放带来进步，封闭必然落后。中国的发展离不开世界，世界的繁荣也需要中国。我们统筹国内国际两个大局，坚持对外开放的基本国策，实行积极主动的开放政策，形成全方位、多层次、宽领域的全面开放新格局，为我国创造了良好国际环境、开拓了广阔发展空间。"① 深圳经济特区以其独特的地理优势和先试先行的灵活政策，对中国的对外开放政策具有重要的探索意义。在特区成立之初的几年里，深圳在引进外资以及体制创新方面取得了显著的成绩。据统计，截止到1983年，深圳经济特区已经和外商签订"2500多个经济合作协议，成交额达18亿美元，工农业总产值比1978年增长了11倍，基本建设投资比建国后30年的总和增加20倍"②。尽管深圳经济特区当时也面临着种种偏见和争论，但是邓小平对深圳的发展是充分肯定的，他特别强调了深圳经济特区在对外开放方面的重要意义。在1984年第一次视察深圳后，邓小平指出："特区是个窗口，是技术的窗口，管理的窗口，知识的窗口，也是对外政策的窗口。从特区可以引进技术，获得知识，学到管理，管理也是知识。特区成为开放的基地，不仅在经济方面、培养人才方面使我们得到好处，而且会扩大我国的对外影响。"③ 正是由于深圳的成功经验证明了我们改革开放政策的正确性，在邓小平的支持下，1984年3月，中央书记处和国务院召开了沿海部分城市工作座谈会，做出了进一步开放部分沿海城市的决策。5月4日，中央批转了座谈会纪要，正式决定开放大连、秦皇岛、天津、烟台、青岛、连云港、南通、上海、宁波、温州、福州、广州、湛江、北海14个沿海港口城市。这些沿海开放城市尽管不叫特区，但是实行比较灵活的管理体制，给外商投资者提供政策便利，而且可以在城市内的一定区域建立经济技术开发区，其中利用外资项目的审批权限可以进一步放宽，大体比照经济特区的政策执行。1985年，在前期经验的基础上，中央决定进一步扩大开放，决

---

① 习近平：《在庆祝改革开放40周年大会上的讲话》。
② 《中国共产党新时期简史》，中共党史出版社2009年版，第44页。
③ 《邓小平选集》第3卷，人民出版社1993年版，第51—52页。

定将珠三角、长三角和闽南厦漳泉三角洲、辽东半岛、胶东半岛开辟为沿海经济开放区，通过沿海经济开放区的布局形成了贸—工—农的生产结构，即根据对外贸易的需要发展加工工业，再根据加工工业的需求进行农业生产，这种战略布局就将内地和国际市场有机联系起来，中国的开放事业呈现出由点到面、由沿海到内地多层次滚动式发展的格局，为中国释放出"后发优势"和"比较优势"，大踏步赶上时代提供了重要的保障，并为后来中国抓住加入世界贸易组织（WTO）第二轮开放契机以及自贸区建设第三轮开放契机奠定了基础，提供了准备。可见，深圳经济特区的建立和发展在对外开放历史进程中具有重要的先行和示范作用。

第二章　特区事业在艰难中起步

习近平总书记在回顾改革开放历程中曾经指出："艰难困苦，玉汝于成。40年来，我们解放思想、实事求是，大胆地试、勇敢地改，干出了一片新天地。"① 中国改革开放事业是前无古人的事业，因此不可能是一帆风顺的，深圳经济特区从无到有、由小变大也是一个艰辛探索、不断成长的过程。

第一节　以坚定的步伐回应争论

在广东实行更加灵活的政策以及创立经济特区之后，广东的活力明显增强，经济社会发展的势头迅猛，经济结构也进一步优化。据统计，1980年广东省的工农业总产值比1979年增长8.2%，对外出口总额增长27.9%，财政收入增长10.5%。② 深圳经济特区事业也有长足进展，效果显著，基础设施打下初步基础，利用外资建立了一部分企业，群众收入水平明显提高，部分外流人员开始回归。但是，在实际工作中也出现一些诸如具体工作落实不到位、经济发展的规划性不够等问题。特别是在意识形态上出现了"特区会不会变成租界？是不是殖民地？"的思潮。对于这些问题都要作出正确的回答和解决，否则刚刚起步的特区事业就有可能难以为继。

为了建设好特区事业，国务院于1981年5月2日在北京召开

---

① 习近平：《在庆祝改革开放40周年大会上的讲话》。
② 《国务院批转〈广东、福建两省和经济特区工作会议纪要〉的通知》，1981年7月19日。

了广东、福建两省和经济特区工作会议，总结特区创办以来的经验，讨论了实行更加灵活政策中存在的一些问题，对未来发展提出了具体的举措，也回应了一些关于特区的争论。会议认为试办经济特区，是个新事物、新工作，各方面认识不够或不一致是难免的，但是要及时提高认识，统一思想。

在广东实行更加灵活的政策方面，会议提出对外政策要更加开放，积极利用侨资和外资，对内政策要更加宽松，允许社会主义经济领导下多种经济成分并存，还要更好地运用价值规律和经济杠杆，把经济搞活。在特区发展问题上，会议在因地制宜发挥现有优势、进出口货物关税优惠、出入境手续简化、劳动工资制度改革、金融货币政策、基础设施建设、法制保障等问题上都作出了具有创新性的改革举措，营造了相对宽松的发展空间，极大地提高了特区人干事创业的热情。

针对"特区租界论"的问题，会议也明确作出回应："这些疑问是没有根据的。我国特区是经济特区，不是政治特区。特区内全面行使我国家主权，这和由不平等条约产生的租界、殖民地在性质上根本不同。世界上许多国家的经验证明，特区是扩大出口贸易、利用外资、引进技术、发展经济的比较成功的好形式。对我国来说，特区是我们学习与外国资本竞争、学习按经济规律办事、学习现代化经济管理的学校，是为两省甚至全国训练和造就人才的基地。"[①] 这次会议在特区发展的起步阶段发挥了重要的作用，有利于特区建设者大胆探索，不断创新。截止到1982年8月，"深圳特区（含蛇口）引进外资项目共七百二十八项：其中工业五百六十四项，农牧业六十四项，已投入使用的外资二点四亿多美元。完成基本建设投资七点三亿元。一九八一年工农业总产值达到三亿七千万元，比一九七八年增长一倍多，其中工业产值增长三倍；财政收入比一九七八年增长四倍多，地方外汇收入

---

① 《国务院批转〈广东、福建两省和经济特区工作会议纪要〉的通知》，1981年7月19日。

也增长一倍多。"①

但是，在特区建设取得显著成就的同时，特区建设过程中由于经验不丰富、制度不完善导致的一些负面现象也随之出现。诸如对外签订经济合同不完善、基础建设摊子铺得过大、走私贩私、偷税漏税、货币流通混乱等问题。针对这些负面现象，由于长期思维惯性致使从中央到地方都对特区疑虑很多，非议很大。谷牧对此曾回忆道："给特区创办工作增加了困难，建设发展步履维艰。我是分管经济特区和对外开放工作的，深感压力不小。特别是1982年上半年，很有些秋风萧瑟的味道。"②

为了更好地总结特区建设经验，破解发展中存在的问题，国务院于1982年12月3日作出了《关于批转〈当前试办经济特区工作中若干问题的纪要〉的通知》（以下简称《通知》），要求广东、福建两省和国务院的相关部门都要加强特区工作，在总结经验的基础上，加强配合，改进工作，不断破解特区建设中遇到的新问题。《通知》针对未来的特区工作特别指出："各特区的党委和特区人民政府（管理委员会），对本特区内各方面的工作实行全面领导，对于不属于中央统一管理的工作，可以根据党和国家有关政策法令的精神，结合自己的实际情况，灵活处置。"③ 同时，《通知》也针对特区发展中存在的薄弱环节，提出要深入开展打击走私贩私、投机诈骗、贪污受贿和其他犯罪活动的斗争。

在特区艰难起步的历史时期，应当看到以广东省委书记任仲夷，深圳市委书记吴南生、梁湘等为代表老一代"拓荒者"在顶住压力、推动发展中所发挥的担当作用。比如在广东压力最大的1982年上半年，省委于3月20日到4月3日召开了省、地（市）、县三级党政主要领导干部会议，任仲夷发扬担当精神，将原本"杀气腾腾"的会开成了"热气腾腾"的会。在会上，任

---

① 《国务院关于批转〈当前试办经济特区工作中若干问题的纪要〉的通知》，1982年12月3日。

② 《广东改革开放决策者回忆录》，广东人民出版社2008年版，第226—227页。

③ 《国务院关于批转〈当前试办经济特区工作中若干问题的纪要〉的通知》，1982年12月3日。

仲夷提出："凡是过去省委、省政府决定和指示过的事情，错了由省委、省政府负责，下边执行者没有责任。只要不搞各种违法乱纪和犯罪活动，工作上还是允许犯错误。对干劲足、闯劲大的干部应予鼓励。"① 广东省委这种敢于负责、敢于担当、鼓励探索、鼓励创新的精神无疑为深圳经济特区的发展创造了良好的环境，注入了强劲的发展动力。

第二节 蛇口成为改革的"试管"

"时间就是金钱，效率就是生命。"这是深圳十大观念之首，也是全国最为家喻户晓的一句话。这句话正是中国改革先锋人物之一、招商局常务副董事长袁庚的名言。回顾中国改革开放，回顾深圳经济特区发展历史，蛇口工业开发区和袁庚是不能忽略的重点。1978年10月，交通部向中央提出了《关于充分利用香港招商局问题的请示》，明确提出了适应国际市场特点，走出去做买卖的对外开放建议。中央同意"立足香港、背靠国内、面向海外、多种经营、买卖结合、工商结合"的经营方针。之后，交通部又与广东省联名向中央提出《关于我驻香港招商局在广东宝安建立工业区的报告》，并得到了中央的批准，于1979年1月31日正式成立蛇口工业开发区，自此蛇口就成为中国改革开放的热土和"试管"，发挥了重大的不可替代的先试先行作用。

在当时普遍实行计划经济体制的时代背景下，要想走出一条新路，必须以顽强的意志品质和敢为天下先的担当精神"杀出重围"。僵化体制的束缚是全方位的，在袁庚的带领下，蛇口开启了引领风气之先的全面创新模式，这种创新一开始就带有鲜明的市场导向，强调按经济规律办事。

首先，在码头工程建设中推行超产奖励制度，打破了平均主义的大锅饭。1981年，蛇口工业区实行基本工资加1.15倍于基

---

① 《广东改革开放决策者回忆录》，广东人民出版社2008年版，第37页。

本工资的工业区工资，拉开了中国工资制度改革的序幕。到了1983年7月，蛇口的工资制度进一步完善，实行基本工资加岗位职务工资加浮动工资的工资改革方案，基本上实现了与市场经济相适应的分配制度，有利于提高职工的积极性和主动性，有效避免了"一潭死水"的消极被动心态。

其次，蛇口在住房制度方面实现突破。袁庚认为商品房不能靠特权获得，在商品面前应当人人平等，如果职工因为房屋问题无法摆脱对企业的依赖，那就无法实现真正的择业自由。因此，蛇口在全国率先解决了职工住房良性循环的问题，有力地保障了"住者有其屋"。

再次，在招聘人事制度方面实行公开自由招聘。为了打造一支面向世界具有国际视野和专业素养的干部队伍，袁庚认为必须打破传统的组织人事制度。1981年8月，蛇口工业区通过考试对外招聘干部，从清华大学、上海交通大学、浙江大学、同济大学招聘了一批大学生，实现了人事招聘制度改革的突破。在干部使用制度上，蛇口也主张废除领导职务终身制，实行干部职务聘任制，领导干部要能上能下，流动顺畅。蛇口还强调群众对干部的监督，自1983年首届蛇口管委会成立时，受到聘用的干部都要接受群众的监督，每年度都要由群众决定是否投信任票。通过改革，蛇口在全国率先打破了干部职务"铁饭碗"的传统，有力地激发了干部队伍的活力和主动性。

最后，蛇口为了解决工程建设中质量和工期等方面存在的弊端，在全国率先实行工程招标制度。1980年，蛇口最先在中瑞机械工程公司实行公开招标，有效地杜绝了此前工程建设中的一些弊端。

蛇口在起步时期不仅为全国提供了一系列可以复制的创新模式，为打破旧有计划经济体制、探索社会主义市场经济体制提供了有力的动能，蛇口的探索更为全国提供了一种和市场经济相契合的理念与精神，这种精神对中国改革开放事业有着更为深远的影响。袁庚是在1981年3月蛇口工业区的一次工作会议上提出"时间就是金钱，效率就是生命"的。虽然一经提出就获得了热烈的反响，但是在传统观念的束缚下，也面对着各方的指责和质疑。但是这句话体现了重视时间、重视生产效率的精神，这是和市场经济体制相适应的理念，不仅是深圳的重要观念之一，更是引领中国改革开放事业发展的时代精神的集中体现。蛇口还以其灵活的体制机制以及先进的理念培养造就了诸如招商银行、平安保险等国内最具活力、最富效率的一流企业，时至今日依然担当着中国企业"弄潮儿"的责任和使命。

第三节　基建工程兵的重大贡献

在回顾深圳发展历史的时候，在理解深圳城市精神气质的时候，基建工程兵都是一支不可忽略的重要力量。特区建设，基础设施先行，当中央决定创建深圳经济特区之时，深圳还是一个百废待兴的边陲小镇，基础设施落后，自身的设计施工队伍和建设能力严重不足。当时"全地区只有一个700多人的集体性质的建筑公司，一个10多人的建筑设计室，三个水泥厂，一个红砖厂，一个石灰厂"[①]。因此，仅靠自身力量无法完成庞大的基建需求，深圳市向中央提出加强外援的申请，中央决定派遣基建工程兵冶金系统的一部赴深圳支援特区建设和开发事业。

中国人民解放军基建工程兵冶金系统调集1041人组成先遣团于1979年奔赴深圳，拉开了基建工程兵在深圳拓荒的序幕。基建工程兵成立于1966年，中央军委明确基建工程兵的建设方针是"劳武结合，能工能战，以工为主"。自基建工程兵组建后，在全国各地承担了很多大型钢铁基地、煤矿基地、化工基地、水电基地、水文地质勘探等重大基础建设项目和国防建设项目，具有雄厚的建设能力，为中国社会主义建设发挥了不可替代的重要作用。

当时的深圳并不是今天这样繁华的国际化大都市，而是各种生活设施都不具备的荒坡野岭，所以基建工程兵面临着缺少淡

---

①《两万基建工程兵集体转业深圳纪实》，2013年4月，《深圳文史》第9辑（http://www1.szzx.gov.cn/content/2013-04/23/content_7972988.htm）。

水、缺少蔬菜、台风侵袭、蚊虫叮咬、高强度劳动等多重考验。基建工程兵发扬了人民解放军忠诚于党和人民、敢于拼搏、艰苦奋斗、纪律严明、顾全大局的传统优良作风，充分发挥了自身的技术优势和人才优势，在特区的热土上辛勤开垦、风雨无阻，为特区早期建设奠定了扎实的基础，是"深圳速度"和"深圳奇迹"的重要贡献者，也是以艰苦奋斗、开拓创新为基本内核的深圳精神的重要贡献者。

据统计，早期的基建工程兵通过艰苦卓绝的奋斗，为特区建设营造出良好的环境，结下了累累硕果。比如义务清理布吉河，建设深圳市政府办公大楼、深圳电子大厦、深圳国商大厦、友谊商场、泮溪酒家等重大工程项目，基建工程兵以其优良的作风和过硬的工程质量赢得了深圳市人民的赞誉。特别是他们建设的市委、市政府大楼建筑面积8539平方米，在当时条件来看建筑难度比较高，施工工具严重缺乏，基建工程兵战士甚至要用最原始的作业方法进行建设，最终不到一年时间就完成了这项工程，这可以说是以当时的工具装备条件创造了建筑史上的一个奇迹。时任市委书记梁湘明确表示："这是一支能吃苦、肯打硬仗的部队。把深圳的建设交给你们，我非常放心。深圳人民也相信你们一定会把深圳建设好的。"① 1982年深圳市政府门前的"拓荒牛"塑像正是为纪念基建工程兵的卓越贡献，而这一塑像也形象生动地诠释了深圳精神的内涵。

随着深圳经济特区建设的进一步发展，中央派遣了更多的基建工程兵开赴深圳支援建设开发。1982年秋天，中央从天津、上海、唐山、鞍山、沈阳、本溪、锦州、西安、汉中、安顺、遵义、荆门、郑州等地组织了2万多名基建工程兵开赴深圳。这支部队体制完整、实力雄厚，据统计"拥有各类专业技术干部1088人，固定资产原值6053万元，流动资金9981万元，设备总值5161万元"②。这对当时各项条件都非常薄弱，人才、资金

---

① 《两万基建工程兵集体转业深圳纪实》，2013年4月，《深圳文史》第9辑（http://www1.szzx.gov.cn/content/2013-04/23/content_7972988.htm）。

② 同上。

严重缺乏的深圳来说，无疑是一支不可或缺的基础性保障力量。

1982年8月，国务院、中央军委作出了《关于撤销基建工程兵的决定》。深圳市委、市政府于1983年9月19日召开"基建工程兵驻深圳部队改编大会"，2万多名基建工程兵在深圳集体转业，成为深圳市属建筑工程企业的职工。对当时专业的基建工程兵来说，这不仅是身份的转变，更要面对环境、体制、观念的强烈的冲击，这种冲击所带来的考验不亚于与自然环境做斗争。一方面，部队的供给制不复存在，企业和职工面临着激烈竞争的市场环境，只能靠自己的努力，所以在这些刚刚转业的队伍中曾流传出一个口号："不靠天，不靠地，要靠自己救自己！"① 这些企业和职工在刚开始的时候确实经历了很大的不适应，如何在市场环境中获得机会，如何适应市场规则，如何和客户打交道，这些都是全新的课题，在适应的过程中很多人也经历了挫败和委屈，甚至遇到了生存的压力，但是基建工程兵过去的光荣传统和敢于拼搏的魂魄不会丢失，这种精神力量已经熔铸在每个基建工程兵的血脉深处，这种基因在逆境中就会被激发出来，迸射出顽强的意志，展现出强大的适应能力和创新能力！后来在深圳甚至是中国市场经济中的很多成功的弄潮儿都来自这支部队，其中的佼佼者有任正非、梁光伟、汪家玉等人。

还应当看到，来到深圳经济特区的基建工程兵有着过硬的政治素质和业务素质，是当时人才奇缺的深圳经济特区发展中不可或缺的一支生力军，为特区早期建设提供了重要的人力资源支撑。据统计："市纪委成立初期，集中从部队选调37人，占当时全市150多人纪检队伍中的四分之一；1984年深圳成立市基建办时，最初的25名干部中的三分之一多来自基建工程兵部队；基建工程兵部队调入全市公安战线有一千多人，大大增强了公安战线的力量。"② 如果从当时整体情况看，全市只有30多万人口，特区范

---

① 《两万基建工程兵集体转业深圳纪实》，2013年4月，《深圳文史》第9辑（http://www1.szzx.gov.cn/content/2013-04/23/content_7972988.htm）。
② 段亚兵：《基建工程兵：建设深圳经济特区的"拓荒牛"》，2018年3月11日，中国军网（http://www.81.cn/jwgz/2018-03/11/content_7967699.htm）。

围内只有2万人口，所以2万名基建工程兵集体转业深圳自然对城市的发展进程留下深深的烙印，产生了巨大的推动作用。

基建工程兵的辉煌篇章尽管已经成为过去，但是基建工程兵的优良传统和开拓创新、顾全大局、甘于奉献的精神却深刻塑造了深圳的城市精神，特别是由基建工程兵脱胎而来的一些国有企业在特区的建设中传承发扬了这种精神，坚持忠诚于党和人民，坚持改革创新精神，顾全大局，追求卓越，在未来的特区建设中发挥了不可替代的重要作用。

第四节 邓小平第一次视察深圳

深圳经济特区成立以来，在经济社会发展和体制机制改革创新方面都取得了显著的进步，初步展示了中国特色社会主义的优越性。据统计，"到1983年，深圳已和外商签订了2500多个经济合作协议，成交额达18亿美元。与1978年相比，1983年深圳工农业总产值增长11倍，财政收入比办特区前增长10倍多，外汇收入增长2倍，基本建设投资比建国后30年的总和增加20倍"[①]。但是，由于旧有思维强大惯性的影响，再加上经济特区建设本身就是全新的事业，缺乏经验和参照，在建设过程中难免存在一些问题，所以特区从成立以来就没有脱离过争论和质疑，甚至出现"特区租界论"等严重的非难，还有一些同志来到深圳后提出深圳还是不是社会主义的疑问。关于经济特区建设的速度和规模在党内也存在着不同的看法。

当时也有一些老同志将深圳经济特区成立初期所面临的旧有思维束缚导致的困难向邓小平进行了反映，邓小平尽管没有亲临深圳，但是针对这些问题的批示都显示出了对深圳发展的关心与呵护。比如，1982年12月，中顾委委员章蕴向邓小平写信反映：1982年以来，由于"条条"增加导致深圳经济特区灵活性

---

① 《1984年邓小平首次深圳特区行》，《瞭望》2010年8月25日。

受到影响的问题。邓小平批示明确要求国务院财经部门加以重视、加以研究。这就说明邓小平对他亲自领导支持成立的深圳经济特区具有深厚的情感,希望特区能够健康成长。

邓小平非常关注深圳的发展,迫切地想了解深圳经济特区成立以来的情况,究竟办得怎么样?遇到了哪些问题和挑战?为了对深圳经济特区有更加全面、更加准确的了解,一贯重视实事求是、调查研究的邓小平决定亲自到深圳看一看,对此他曾指出:"办经济特区是我倡议的,中央定的,是不是能够成功,我要来看一看。"① 因此,邓小平于1984年1月24日首次到深圳视察。

在这次视察深圳期间,邓小平并没有发表太多的讲话,而主要是观察和提问。邓小平对此曾指出:"这个地方正在发展中,你们讲的问题我都装在脑袋里,我暂不发表意见,因为问题太复杂了,对有些问题要研究研究。"②

尽管邓小平此次视察深圳讲话不多,但是肯定特区、关心特区、支持特区发展的态度是鲜明而坚决的。邓小平对深圳热火朝天的建设局面印象深刻,赞许深圳这种兴旺发达的气象。邓小平还对蛇口采取的生产责任制、实现了较高的建设速度表示赞许。他后来曾指出:"我们的建筑施工速度慢得很,像蜗牛爬。深圳蛇口因为采取责任制,建筑速度快,几天一层楼。建筑队伍还是那些人,只是办法改了一下。我们的一些制度要改,吃大锅饭不行。"③ 强调生产责任制其实是邓小平一贯非常重视的问题,他早在1978年党的十一届三中全会上就明确强调了责任制的重要性,他曾指出:"在管理制度上,当前要特别注意加强责任制。现在,各地的企业事业单位中,党和国家的各级机关中,一个很大的问题就是无人负责。名曰集体负责,实际上等于无人负责。一项工作布置之后,落实了没有,无人过问,结果好坏,谁也不管。所以急需建立严格的责任制。"④

---

① 《1984年邓小平首次深圳特区行》,《瞭望》2010年8月25日。
② 同上。
③ 同上。
④ 《邓小平选集》第2卷,人民出版社1994年版,第150—151页。

在这次视察深圳过程中，邓小平还了解到了深圳经济特区人民群众生活水平的提高以及收入的提高，这种情况非常符合他推行改革开放政策的初心，因此自然会对深圳经济特区的发展充满希望。此外，邓小平还非常关心深圳经济特区的青年，鼓励深圳青年多挑担子，多干工作。他还非常关心深圳的教育事业，提议深圳要办一座大学。邓小平的这些重要指示尽管内容不多，但是非常符合当时中国发展的实际情况，也非常好地回应了当时深圳经济特区发展的迫切需要。日后的历史证明，邓小平的重要指示非常深刻，非常具有远见和战略意义。深圳经济特区的人口年龄结构比较年轻，是一座年轻的移民城市。这既是深圳经济特区的特征，也是深圳经济特区的显著优势，正是深圳青年们的开拓进取精神和艰苦奋斗的韧性赋予了这个城市活力，也是支撑深圳经济社会长期快速发展的内在动力和创新源泉。

离开深圳后，邓小平在广州珠岛宾馆为深圳经济特区题写了"深圳的发展和经验证明，我们建立经济特区的政策是正确的"。之后，邓小平又多次表达了自己视察深圳经济特区的良好印象，他曾指出："特区是个窗口，是技术的窗口，管理的窗口，知识的窗口，也是对外政策的窗口。"①

邓小平第一次视察深圳就给深圳以充分的肯定和热情的关心，这无疑是给在争论中前行的深圳经济特区以莫大的鼓舞和巨大的支持，从此深圳市广大干部群众以更加饱满的热情和积极进取的开拓精神投身于经济特区精神这一伟大事业中，向党中央和全国人民，也向改革开放的总设计师邓小平交出了一份优异的答卷。

邓小平此次视察深圳具有深远的历史影响。正是因为深圳的成功经验进一步增强了党中央推进改革开放政策的决心和信心，正如邓小平在离开深圳后发表的讲话："我们建立经济特区，实行开放政策，有个指导思想要明确，就是不是收，而是放。"② 而且，党中央在此后不久就决定进一步开放港口城市，复制一些经

---

① 《1984年邓小平首次深圳特区行》，《瞭望》2010年8月25日。
② 同上。

济特区的经验，逐步形成经济特区、沿海开放城市、沿海经济开放区多层次的开放新格局。由此可见，深圳经济特区在中国改革开放的进程中发挥了不可替代的"排头兵"和"试验田"的重要作用。

第五节　邓小平第二次视察深圳

邓小平第一次视察深圳并对深圳工作表示充分的肯定，这就极大地鼓舞了深圳经济特区进一步坚持改革开放的决心和信心，在总结前期经验的基础上，以求真务实的精神回应种种争论，继续以"排头兵"的无畏姿态为中国改革开放之路艰辛探索。1985年初，深圳经济特区又迎来了一场新的争论。这场争论是以香港《广角镜》杂志的文章《深圳的问题在哪里？》《深圳特区向何处去？》引发的，文章认为深圳的经济结构不是以工业为主，而是以贸易为主。还认为深圳不是出口经济。总体而言，这些文章认为深圳没有做到《广东省经济特区条例》中关于经济特区要积极发展对外贸易、吸引外商投资的要求，也没有贯彻国家关于经济特区的"产业结构以工业为主，资金以利用外资为主，产品以出口为主"的方针。应当看到，深圳经济特区作为社会主义国家创办的经济特区是一个新事物，必然有经验不足的地方，但是深圳当时面临的挑战和1985年国家为避免经济过热压缩基建投资是有关系的，而且深圳特区是一个发展的过程，执行国家战略的效果也是一个循序渐进的过程。中央非常关心深圳在发展中遇到的困难，1985年2月，主管经济特区工作的谷牧副总理来到深圳调研并主持座谈会，要求深圳"爬好一个坡，更上一层楼"，更好地发展外向型经济。之后，中国社科院副院长刘国光带领研究人员赴深调研，形成《深圳经济特区经济、社会发展战略问题研究报告》，进一步探讨未来的发展思路。邓小平始终关注深圳的发展，于1985年8月1日在会见日本公明党第十三次访华代表团时指出："我们特区的经济从内向转到外向，现在还是刚起步，所以能出口的好的产品还不多。只要深圳没有做到这一步，它的关就还没有过，还不能证明它的发展是很健康的。不过，听说这方面有了一点进步。"[①] 1985年12月25日到1986年1月5日，国务院全国经济特区工作会议在深圳召开，会议总结了深圳特区成立以来的经验，形成了深圳未来进一步发展外向型经济的共识和工作思路，在深圳特区发展史上具有重要的作用。

经过这次争论，深圳经济特区经过几年的艰辛探索，在打造外向型经济的过程中取得了显著成绩，也再次得到了邓小平的肯定，邓小平在1987年6月12日会见南斯拉夫客人时指出："他们自己总结经验，由内向型转为外向型，就是说能够变成工业基地，并能够打进国际市场。这一点明确以后，也不过两三年的时间，就改变了面貌。深圳的同志告诉我，那里的工业产品百分之五十以上出口，外汇收支可以平衡。现在我可以放胆地说，我们建立经济特区的决定不仅是正确的，而且是成功的。所有的怀疑都可以消除了。"[②] 1990年，经济特区成立十周年，广东经济理论界召开经济特区理论研讨会，总结了特区创办十年来的经验，认为深圳经济特区十年来在经济体制、政治体制等方面的改革都取得了长足的进步，成为全国改革开放的"排头兵"，成功地实现了"四个窗口"的定位。

20世纪80年代末90年代初，国际风云突变，苏联解体、东欧剧变使世界社会主义运动走向低潮，第二次世界大战后的冷战结束。国际局势的变化也给中国带来很大的影响，各种思潮的斗争非常激烈。面对严峻的形势和错综复杂的意识形态交锋，很多党员群众产生了思想上的困惑，有一些人对社会主义前途失去信心，坚持党的基本路线的定力不够，还有一些人对党的改革开放政策提出质疑，认为"多一分三资企业，就多一分资本主义""要以防止和平演变为中心"，担心经济体制改革、经济特区的发展会导致资本主义。改革开放姓"资"姓"社"的问题困惑着很多干部群众的思想。在这种背景下，邓小平曾在1991年明确

---

① 《邓小平选集》第3卷，人民出版社1993年版，第133页。
② 同上书，第239页。

指出:"如果不坚持改革开放,不拿实际行动证明这一点,也是不行的。坚持改革开放是决定中国命运的一招。这方面道理也要讲够。"①

在特殊的历史时期,作为改革开放"试验田"的深圳经济特区自然会面临极大的压力,迎来了创立之后又一次严峻的挑战。邓小平在关键时刻又一次亲临深圳等地视察,发表了重要的南方谈话,不仅给予深圳经济特区以巨大的支持和鼓舞,也澄清了很多理论和实践上的模糊认识,推动了中国改革开放事业再上一个新台阶!

南方谈话内容丰富、理论深刻、高屋建瓴。具体而言,南方谈话重点阐释了坚持党的基本路线;改革开放胆子要大一点;抓住时机推进经济发展;两手抓,两手都要硬;正确的政治路线要由正确的组织路线来保障;历史唯物主义揭示了人类社会的规律六大方面的内容。"南方谈话"作为《邓小平文选》第3卷的"压卷之作",是推动改革开放和社会主义现代化建设进入新时期的又一个解放思想、实事求是的宣言书,具有重大的理论意义和实践意义。

(1) 在国际风云变幻、国内思潮交锋尖锐的形势下,邓小平在南方谈话中提出要毫不动摇地坚持党在十一届三中全会以来的路线、方针、政策,有力地统一了全党全国的思想。邓小平高度评价改革的重要性和必要性,认为革命是解放生产力,改革也是解放生产力。邓小平认为过去十几年的发展成绩充分说明了改革开放政策的正确性。因此,"一个中心、两个基本点"的基本路线必须坚持,不能因为内外环境的变化而轻易改变我们的基本路线。党的基本路线是我们党在总结历史经验教训中得出的重要经验,是确保国家长治久安的基本保障。邓小平强调党的基本路线要坚持一百年不动摇,体现了邓小平作为一代历史伟人的政治智慧和高瞻远瞩的战略思维。

(2) 邓小平的南方谈话大胆突破在计划和市场问题上长期束

---

① 《邓小平选集》第3卷,人民出版社1993年版,第368页。

缚人们的思想观念，促进了马克思主义中国化的历史性飞跃。邓小平作为无产阶级革命家，具有超强的理论勇气和政治魄力，在"左"的思潮对中国改革开放大局造成影响的时候，能够挺身而出，鼓舞全党解放思想。他强调改革开放胆子要大一点，不能像小脚女人，要大胆地闯、大胆地试。邓小平在南方谈话中还高度肯定了深圳"敢为天下先"的精神，他指出："深圳的重要经验就是敢闯。没有一点闯的精神，没有一点'冒'的精神，没有一股气呀、劲呀，就走不出一条好路，走不出一条新路，就干不出新的事业。不冒点风险，办什么事情都有百分之百的把握，万无一失，谁敢说这样的话？一开始就自以为是，认为百分之百正确，没那么回事，我就从来没有那么认为。"① 重要的是，邓小平在南方谈话中破解了长期束缚人们思想的一个"症结"，即姓"资"姓"社"的问题，计划经济和市场经济的争论，为确立社会主义市场经济的改革目标提供了重要的政治前提和理论基础，有力地推动了马克思主义中国化的进程。邓小平指出："计划多一点还是市场多一点，不是社会主义与资本主义的本质区别。计划经济不等于社会主义，资本主义也有计划；市场经济不等于资本主义，社会主义也有市场。计划和市场都是经济手段。"② 在此基础上，邓小平进而明确揭示了社会主义的本质，即解放生产力，发展生产力，消灭剥削，消除两极分化，最终达到共同富裕。社会主义本质论的提出就从根本上解决了长期困扰中国共产党的"什么是社会主义"这一重大理论问题，为马克思主义中国化的第二次历史性飞跃提供了关键基石。邓小平在南方谈话中还特别强调了共同富裕的问题，要求一部分地区先发展起来，带动后发展地区的发展，最终解决沿海地区和内地贫富差距的问题。此外，邓小平还提出了中国要警惕右，但主要还是防"左"的重大论断，这一论断后来被写入党的十四大党章修正案。

（3）面向未来，提出了一系列重要的发展战略部署。第一，抓住时机，发展自己，关键是发展经济。邓小平深刻分析了中国

---

① 《邓小平选集》第3卷，人民出版社1993年版，第372页。
② 同上书，第373页。

经济发展的规律，强调了抓住机遇、加快发展速度的重要性。邓小平认为，在新的时代环境中，发展的低速度就等于停步，甚至是后退，要抓住发展机遇。中国作为发展中的大国，经济发展不可能总是平平静静，稳稳当当。稳定和协调是相对的，不是绝对的。如果谨小慎微，结果是丧失时机，要有雄心壮志。中国经济要争取隔几年上一个台阶，要在某个阶段，抓住时机加快发展，在现代化建设过程中出现若干发展又好又快的阶段是有可能的。第二，科学技术是第一生产力。邓小平一贯重视科技的重要性，1977年在全国科学大会上他就明确指出："同样数量的劳动力，在同样的劳动时间里，可以生产出比过去多几十倍几百倍的产品。社会生产力有这样巨大的发展，劳动生产率有这样大幅度的提高，靠的是什么？最主要的是靠科学的力量、技术的力量。"[1]对于中国这样的发展中国家，要想实现较快的发展和长远的发展，必须紧紧依靠高科技来提高生产效率，提升产业机构。邓小平在南方谈话中也高度重视发展科技的问题，他指出要提倡科学，靠科学才有希望。中国在世界上的高科技领域要有一席之地。因此，要做好知识分子工作，再次明确知识分子是工人阶级的一部分，要通力合作，发展中国科技和教育事业。邓小平还强调高科技越高越好，越新越好。第三，坚持两手抓，两手都要硬。邓小平作为马克思主义者，非常重视马克思主义辩证法。因此他非常重视统筹兼顾的战略思想，在强调一手抓改革开放的同时，一手打击违法犯罪活动，扫除社会丑恶现象，营造风清气正的精神文明。在坚持改革开放的同时又要坚持"四项基本原则"，要坚持人民民主专政。第四，正确的政治路线要用正确的组织路线来保障。邓小平以深沉的历史忧患意识，站在保障国家长治久安的高度，明确强调了防止西方和平演变的问题。因此，必须加强干部的教育培养工作。邓小平指出："要注意培养人，要按照'革命化、年轻化、知识化、专业化'的标准，选拔德才兼备的人进班子。我们说党的基本路线要管一百年，要长治久安，就要

---

[1]《邓小平选集》第2卷，人民出版社1994年版，第87页。

靠这一条。真正关系到大局的是这个事。"① 邓小平强调要把人民公认是坚持改革开放政策并有政绩的人放进领导机构。

（4）强调用历史唯物主义认识社会发展规律，坚定了全党全国对社会主义前途的理想信念。邓小平发表南方谈话的时候，正是国际共产主义运动处于低谷的时候，"岁寒然后知松柏之后凋"，全党及广大人民群众能不能坚定对社会主义的信心，将直接影响着投身社会主义现代化建设的热情和干劲。邓小平以马克思主义者的深邃目光，充满信心地指出："我坚信，世界上赞成马克思主义的人会多起来的，因为马克思主义是科学。它运用历史唯物主义揭示了人类社会发展的规律。封建社会代替奴隶社会，资本主义代替封建主义，社会主义经历一个长过程发展后必然代替资本主义。这是历史发展不可逆转的总趋势，但道路是曲折的。"邓小平的讲话既坚定了全党全国坚持走社会主义道路的信心，又强调了要始终保持埋头苦干精神，承担起应有的历史责任！

邓小平的南方谈话是中国改革开放历史上的一个里程碑，有力地推动了改革开放向纵深发展，再创新局，使中国改革事业又迎来了一个春天。南方谈话对深圳经济特区的腾飞更是起到了决定性的推动作用。1992年3月26日，《深圳特区报》发表了题为《东方风来满眼春》的报道，记录了邓小平视察深圳时做出的重要谈话。其中记录邓小平在听取李灏汇报了深圳未来的工作思路后，鼓励深圳经济特区的干部说："我都赞成，大胆地干。每年领导层要总结经验，对的就坚持，不对的赶快改，新问题出来抓紧解决。不断总结经验，至少不会犯大错误。"②

邓小平南方谈话对深圳经济特区的影响是承上启下的。江泽民、胡锦涛都多次亲临深圳经济特区视察调研，为深圳的发展指明了方向，提供了巨大的支持，深圳经济特区赢得了新的发展机遇，在探索社会主义市场经济体制、城市管理创新、高科技产业发展等方面都取得了巨大的成就。如果说从特区创办到20世纪

---

① 《邓小平选集》第3卷，人民出版社1993年版，第380页。
② 《深圳特区报》1992年3月26日。

90年代初，深圳的发展模式具有鲜明的"贸易立市"特征，主要靠贸易和工业品的加工制造。那么邓小平南方谈话之后，深圳的发展战略更加侧重高科技产业发展。1993年，深圳市顶住巨大阻力，主动适应世界科技发展趋势，以强烈的担当精神推动产业升级，对"三来一补"企业进行了整顿，停止注册新的"三来一补"企业，为后来深圳市的高科技产业发展奠定了坚实的基础。1995年7月，深圳经济特区召开全市科技大会，提出贯彻全国科技大会精神，实施"科技兴市"战略，明确重点发展信息、新材料、生物技术三大产业。之后，深圳市又颁布了《关于推动科学技术进步的决定》，明确提出"以高新技术产业为先导"的发展思路。

从2010年7月1日起，深圳经济特区的范围扩大到深圳全市，宝安、龙岗纳入特区范围，有效地解决了特区发展空间局限和特区内外不平衡的问题。胡锦涛在纪念深圳经济特区成立30周年时高度评价了深圳的历史性成就，并高度肯定了深圳经济特区在改革开放事业中的实践意义和理论意义："深圳等经济特区的发展成就，是邓小平理论和'三个代表'重要思想以及科学发展观的实践成果，是改革开放以来我国实现历史性变革和取得伟大成就的生动缩影，是我国社会主义制度优越性的有力印证。"[①]

党的十八大之后，习近平总书记离京调研第一站就来到了深圳前海自贸区，而且此后多次对深圳工作做出重要讲话和批示指示。习近平总书记2017年4月对广东工作作出重要批示，提出了"四个坚持、三个支撑、两个走在前列"的要求。2018年3月，习近平总书记对广东提出了"四个走在全国前列"的要求。2018年10月，习近平总书记视察广东、深圳，又提出了深化改革开放、推动高质量发展、提高发展平衡性和协调性、加强党的领导和党的建设四个方面的要求。当年12月26日，习近平总书记又对深圳工作作出重要批示，要求深圳朝着建设中国特色社会主义先行示范区的方向前行，努力创建社会主义现代化强国的城

---

① 胡锦涛：《在深圳经济特区建立30周年庆祝大会上的讲话》。

市范例。

党的十八大之后,习近平总书记亲自谋划、亲自部署、亲自推动新时代深圳经济特区的发展,体现了以习近平同志为核心的党中央对深圳的关心。2019年,中央颁布了关于支持深圳建设中国特色社会主义先行示范区的意见。这是中国特色社会主义进入新时代后,深圳面临的又一个重大历史机遇。深圳经济特区应当抓住中国特色社会主义先行示范区和粤港澳大湾区"双区驱动"的优势,始终保持"敢为天下先"的精气神,继续解放思想、求真务实,改革开放再出发,在新时代勇当改革开放的尖兵,不辜负党中央和全国人民的期望!

第三章　打造外向型经济特区

深圳是对外开放的先行者，是对内改革的试验田。在对外开放方面，深圳经历了从出口加工区到出口特区再到经济特区的探索过程，最终确立发展外向型经济的战略思想，其发展不断推进国内经济体制改革。新时期深圳处在对外开放的新阶段，以前海蛇口自贸区和粤港澳大湾区为平台，积极参与"一带一路"建设，率先构建开放型经济新体制。

第一节　探索发展外向型经济特区

经济特区最早的设想是建立类似出口加工区。"文革"结束后，高度集中统一的发展模式有所松动，各地自主发展的积极性被激发。特别是广东省沿海地区，毗邻香港、澳门两个发达城市，边境两边的发达与落后、富裕与贫困形成鲜明对照，要把本地经济发展起来，人们首先想到的是出口加工区。西方国家工业革命以后，生产技术和产品的生产能力大大提高，贸易的竞争也随之激烈。许多国家和地区为了提高出口能力，纷纷在沿海或边境地区设立出口加工区，给予关税和其他税费优惠。到20世纪70年代，世界各地兴建的出口加工区有70多处，大部分收到较好的经济效益，可以说，出口加工区是世界各国、各地区提升竞争力，扩大出口的成功做法。

从出口加工区到出口特区是一大进步。1979年7月15日，《中共中央　国务院批转广东省委和福建省委关于对外经济活动实行特殊政策和灵活措施的两个报告》（〔中发1979〕50号）认为，广东、福建两省靠近港澳，华侨多，资源比较丰富，有加快经济发展的许多有利条件。中央决定先在深圳、珠海两市试办出口特区，待取得经验后，再考虑在汕头、厦门设置出口特区。出口特区的提出，说明我们对其有了新的认识。我们要做的不仅仅是出口加工，而是比出口加工层次要更高，内涵要更丰富，特色要更鲜明。

从出口特区到经济特区又是一次大的飞跃。1980年8月26日，第五届全国人民代表大会常务委员会第十五次会议审议批准建立深圳等经济特区，批准实施《广东省经济特区条例》，完成了建立经济特区的法律程序。与出口特区比较，经济特区在层次、内涵等方面又有了新的提升。总体来看，这是一个不断探索、试验和先行的过程，深圳担当了"四个窗口"的使命，1984年邓小平第一次考察深圳，他指出：这次看出了一个问题，就是"特区是个窗口，是技术的窗口，管理的窗口，知识的窗口，也是对外政策的窗口"①。这是邓小平同志第一次给经济特区定位。既然是窗口，就要"走出去"和"引进来"，1985年邓小平说："深圳经济特区是个试验，路子走得是否对，还要看一看，它是社会主义的新生事物。搞成功是我们的愿望，不成功是一个经验嘛。"② 这一阶段，深圳贯彻中央的指示和要求，积极探索经济特区发展外向型经济的道路，并明确为"三个为主"，即资金以外资为主、企业以外企为主、产品以出口为主，取得明显成效。

仅从对外开放的指标来看，一是在出口产值方面，经济特区前的1979年，出口产值仅占当年工业总产值的20.5%；1985年出口产值为8.63亿元，占当年工业总产值的35.78%；1986年出口产值为18.19亿元，占当年工业总产值的55%，产品一半以上进入国际市场，实现了外销为主；1987年出口产值比例进一步上升到56%。同时，1986年深圳市规模以上工业企业出口产品产值达到18.19亿元，占同时期工业总产值33.05亿元的

---

① 《邓小平文选》第3卷，人民出版社1993年版，第51—52页。
② 同上书，第130页。

55%，首次超过50%，反映了深圳经济发展以工业为主的特点，而且在外向型经济发展方面迈上了新的台阶。工业企业出口占工业总产值的比值已过一半，说明深圳跨入外向型经济。这一时期在深圳市1582家工业企业中，850多家有自产产品出口，其中年出口额100万美元以上的有72家，年出口额500万美元至1000万美元和1000万美元以上的各有17家，形成一批外向型骨干企业。由于深圳特区的经济发展战略总目标以发展工业为主导，1988年工业总产值约占国内生产总值的35%，为其他产业之冠，对深圳外向型经济发展具有举足轻重的作用。也就是说，深圳工业在出口总额中的比重日益提高，反映出深圳制造业增长快，质量逐渐提高，国际竞争力愈益增强，开始发挥出口基地的功能。二是引进外资方面，到1987年底，深圳市利用外资达到了一定规模：累计签订利用外资协议合同5517项，协议投资总额46.2亿美元，已有18.99亿美元实际到位。外商投资企业遍及各行各业，并且形成比较合理的结构，到1987年底，深圳市已有外商投资企业1400家，其中工业企业占60%，商业饮食服务业占12%，房地产业占10%，交通运输、电信企业占3%，建筑业占7%，农林牧渔业占3%，科研、文教、卫生、金融保险与其他占5%。三是外汇收入逐年增加，从1979年的2.45亿美元增加到1987年的19.57亿美元，年平均递增29.7%。1987年外汇收入19.57亿美元，支出为19.75亿美元，基本实现了收支平衡。

外向型经济发展带来的经济成就也是非常明显的。从生产能力方面看，形成了一定规模的固定资产和以工业为主的社会生产力。1980—1987年，深圳市基本建设投资累计达103亿元，开发城区面积达到48平方公里，建成工业厂房总面积312万平方米，形成年均70亿元工业产值的生产能力，为利用外资拓展了较大空间。从发展速度看，创办特区之后深圳经济一直保持高速增长，其中工业明显处于领先地位。深圳市生产总值从1979年的1.96亿元增加到1987年的55.90亿元，年平均递增52%。同期工业总产值从1979年的0.61亿元增加到1987年的54.77

亿元，年平均递增75.5%，远远高于深圳市生产总值的年平均递增速度。

在这一时期，蛇口工业区成为中国第一个外向型经济开发区。1979年1月成立的蛇口工业区，比较接近出口加工区模式，是中国最早的外向型工业区，在短短几年内蛇口工业区取得了很大成就。至1985年底，深圳特区吸收了3.5亿美元的外资和5亿元的内联投资，建立了包括电子、轻工、纺织、食品、建材、石化、机械等行业在内的770多家工厂，1985年产值达25亿元，比1979年增长39倍。已经有一批产品进入国际市场，1985年工业产品出口额占总销售额的43%，其中蛇口工业区为68%，占比接近70%，走出一条"蛇口模式"的道路。

第二节 确立工业为主的外向型战略

一 "三来一补"成为外向型经济基础

1984年邓小平站在深圳当时最高的国际商业大厦22层天台上，他看到了一个欣欣向荣的城市。在深圳他主要看了三个地方，但是基本上只看不说，然后前往珠海。邓小平离开深圳后写下了这样一段话："深圳的发展和经验证明，我们建立经济特区的政策是正确的。"[①] 邓小平这次视察，不仅结束了国内要不要办特区的争论，结束了对特区的不断批评，同时也对推动全国开放新格局的形成发挥了重要作用。1984年5月，中共中央、国务院决定开放沿海14个城市，又提出大循环的国际发展战略，把中国的改革开放事业推上了一个新的台阶。从1984年开始，逐渐在全国范围内形成了"经济特区—沿海开放城市—沿海经济开放区—沿江和内陆开放城市—沿边开放城市"的多层次开放格局。

从考虑设立经济特区起，相关决策者及大量研究人士关心的

---

① 《邓小平文选》第3卷，人民出版社1993年版，第239页。

核心问题之一，便是深圳将与香港建构起何种关系。初期曾有观点认为，深圳成为香港的后勤基地，但这未成为主流。当然也有观点认为港澳和深圳经济特区的政治、经济、文化的发展规划，应当结合起来考虑，要做长远规划。从经济角度看，在经济特区的建设过程中，是开放使拥有政策、地理位置等便利条件的深圳把握住了新机遇——香港经济结构受一系列因素影响在转型升级，劳动力密集型轻工业需外迁——并在一段时期内构成了其发展主动力之一。从政策角度看，20世纪70年代末，广东向国务院提交的报告中亦曾对深圳角色进行了定位，要求深圳在重点发展农业生产的基础上积极发展来料加工、装配业务和建材工业，建设旅游区和城市。到80年代初学界和政界在总结"蛇口模式"时，基本达成了一个共识，即蛇口工业区善于从香港和外国引进资金和先进技术，结合国内丰富的人力和土地资源，发挥优势，扬长避短，发展外向型经济，这就是后来的"三来一补"，主要采取中外合资、中外合作、外商独资、来料加工、来样加工、来件装配和补偿贸易的方式引进外资，以吸引外商直接投资为主。

"三来一补"经济是深圳初创时期引进外资、发展外向型经济的一种主要形式，具有形式灵活、投资少、时间短、见效快、风险小、成本低等特点，在解决劳动就业、增加外汇收入等方面具有积极作用，是促进深圳早期外向型经济发展的一条有效途径。从深圳"三来一补"经济发展的轨迹看，在20世纪80年代末期以前有两个显著特点：一是协议合同、协议投资和实际投资的数量呈现逐年增长的趋势；二是"三来一补"占深圳市引进外资总数的比重呈现逐年下降趋势，但绝对值仍逐年增长。

二 外向型经济进入爬坡期

经过几年的发展，外向型经济取得显著成就的同时，也存在盲目引进项目导致的"大路货""空架子"等问题，这些问题显然不利于外向型经济的可持续发展。尤其是20世纪80年代中期国内经济环境的变化和政策的调整，深圳已开始考虑如何积极引进技术密集型、知识密集型产业，外向型经济如何升级提质等新问题。这一阶段，外向型经济发展进入爬坡期。

　　事实证明，产业升级有客观规律。"深圳速度"更多体现在基础设施建设方面。由于体制与机制、人才及产业发展等方面均未夯实基础，深圳有更急迫的现实问题要解决。随着特区建设逐渐显出成效，从中央到地方对深圳定位的认识亦在不断调整：1983年底至1984年，把深圳特区建成自由港的构想曾引起相关领导重视。但对其建设方略——是外向型还是内向型——并没有明确共识。曾有一种方案是以引进外资为主、以出口为主、以市场调节为主（并没有明确强调以工业为主）的内外结合型经济特区。还有一种观点认为经济特区不要搞产品内销的来料加工，要注重进行"外引内联"，利用国内工业基础和技术力量搞产品出口创汇，争取外汇平衡。除此之外，对于类似这些定位及特区建设取得了何种成效也曾一度引起各方讨论。例如，1984年8月，一篇题为《深圳建设资金来源的一个初步考察》的文章对于深圳是否达到以出口为主、以外资为主为条件的外向型经济等问题进行了探讨，进而引出了特区政策值不值得推广到其他沿海城市的讨论。随后延展到20世纪80年代末90年代初有关特区姓"资"姓"社"的问题，以及经济特区套取内地其他区域资金的争论。这是因为经济特区初期主要依靠特殊的经济政策进口商品和物资来赚取国内差价，以及基建资金主要依靠银行贷款赚取利润差等。当时对这些现象有一个十分有趣的比喻：一些上海人跑到深圳买了一把折骨伞，发现竟是从上海运输到香港又转回深圳的。上海人很高兴，说是比在上海买少花了几块钱；深圳人也很高兴，说赚了几块钱；香港百货公司也高兴，同样说赚了几块钱。虽然存在上述争论，但有一个共识就是：经济特区设立的目的就是允许去做当时制度和文件还不允许做的前提下，真正创新、走出一条不同于以往的但又可以创造生产和需求的新路。

　　随着1985年中国经济大形势的相对收紧，深圳经济的小环境也迎来了新挑战：从1985年第二季度开始，因信贷不足等原因，经济特区内很多工程被迫停建，亏损企业亦明显增多，外来投资也放缓了脚步。这既在一定程度上反映了深圳外向型经济中真正"外向型"因素的占比，亦形成了倒逼形势，深圳需要从早期的"铺摊子、打基础"转向"上水平、求效益"。相关政策对此亦有所反映。1985年初，中央在深圳召开全国经济特区工作会议，对深圳经济特区工作进行总结并明确发展方向。其产业结构开始加速向外向型转变，并从整体上推进改革与发展。一个相对简化的发展方略也被提出，那就是在三年内把其建成一个"以工业为主、以出口创汇为主"的外向型综合性经济特区。为避免争议，上述调整和转向被冠以"爬坡"的名义。对于发展方向，1985年3—4月，中国社会科学院的相关专家到深圳调研时提出，深圳经济发展的战略目标应该是外向型的，以先进工业为主、工贸并举、工贸技结合的综合性经济特区，这个综合性经济特区不同于出口加工工业区，也不同于保税区，资金来源仍以外资为主，产品仍以外销为主，进出口贸易的外汇收支要平衡有余，但强调了工业的占比结构。这不同于过去几年单以产品能外销、外汇平衡作为外向型经济的标志，发展"三来一补"是非常容易达到这个目标的，但这只是一种初级的外向型经济，难以真正发挥深圳经济特区所谓"四个窗口"和"两个扇面"的辐射枢纽作用。这个问题也引起政界和学界的重视，在1986年的相关会议上与会人员热议1983年关于提升经济特区产业层次的问题，以及经济特区产业结构是否应该以具有先进技术水平的工业为主的问题。

回顾来看，"爬坡"阶段一系列调整取得较大实效，部分是因为各方对深圳经济特区尽快转向以出口工业为主的外向型经济下了决心。1985年8月，《人民日报》发表《深圳特区的发展战略目标》和《深圳特区发展面临新的战略阶段》两篇署名文章，提出实施外向型经济战略的具体指标和步骤。形势倒逼之下，被称为"壮士断腕"的调整拉开了改革大幕。通过解决铺摊子、盖楼房等问题，提高深圳的发展水平和效益。提升产业层次和项目效应中的过程之"疼痛"令深圳经济增长几乎跌入历史谷底，亦有"特区试验失败了"的声音出现。但在多重因素推动下，深圳的外向型经济结构升级一直延续下来。1986年10月，国务院出台《关于鼓励外商投资的规定》，深圳吸收利用外资工作迈开新步伐；1987年初，深圳就"三来一补"引进工作提出"一要发展、二要提高"的指导思想，市一级下放审批权力。虽然"三来一补"曾因引进的技术水平偏低而受到非议，但在艰难的经济形势下，深圳意识到采取何种对外经济合作形式，不是一个抽象的理论问题，不能进行简单类比，而是根据经济发展水平和实际需要，因此，深圳采取了鼓励"三来一补"发展的政策。1990年2月5日至8日，国务院在深圳召开第四次全国经济特区工作会议，进一步帮助深圳解决了一系列外向型经济发展问题。至此，20世纪80年代末，深圳特区开始初步形成外向型经济格局，并确立了以工业为主的外向型经济的战略思维。在这一背景下，1987年深圳出口总额在全国城市中排第三、1988年跃居第二；自1993年起，深圳进出口贸易总额连年居全国第一位。

第三节　对外开放进一步推动改革

一　改善投资环境

深圳发展外向型工业的优势在于两个方面：一是地缘优势。毗邻的香港是资本主义市场经济最发达的地区之一，有利于深圳发展外向型经济。二是深圳有大片未经开发的土地和廉价的劳动力，这恰恰是香港所缺乏的。1980年前后，深圳一个普通工人一个月的劳务费（包括工资和福利）只有700港元，而香港一个普通工人的工资至少要7000港元。香港的工业用地价格比深圳高10倍以上。土地和劳动力是生产要素中的两个重要内容，两地优势互补是深圳和香港双方经济发展的共同需求。深圳对港商投资有着巨大的吸引力。把潜在优势变成现实，需要做大量艰苦的工作。深圳经济特区要进一步开展对外经济、技术合作和发挥特区应有的作用，就要充分发挥特区优势，不断完善投资环境。

深圳当时有丰富的土地资源，但是必须经过开发才能用于工业经济发展。开发成片土地，改善投资环境，是打造对外开放型经济特区必须做的第一项基础工作。当时，由深圳市政府统一组织，前后向银行贷款 8 亿元人民币，在 40 万平方米的范围内进行"三通一平"，把稻田、旷地变成了工业和城市建设用地，这是深圳工业经济起步的重要一环。与此同时，又开办了沙角头电厂和深大电话公司，解决了电力不足和电话不灵的问题。后来又开始建设高速公路、机场和盐田港等多个码头，使深圳的交通、物流条件得到了极大改善。这就初步形成了引进外资的条件和优势。深圳经济特区建设初期进行的是以市场经济为取向的经济体制改革，在劳动工资、物价、流通体制、外汇、外贸体制、经营体制等方面进行了一系列改革，这是创造深圳特区投资环境的重要组成部分。

深圳外汇体制改革促使特区成为外向型特区。1985 年 11 月，经深圳市政府批准，深圳经济特区外汇调剂中心正式成立。这是全国第一家外汇调剂中心，是中国金融和外汇管理体制的一项重大改革。1987 年 11 月，国家外汇管理局在全国外汇调剂工作会议上介绍推广了深圳经验。1988 年 4 月，经国务院批准，全国各地相继成立了外汇调剂中心，外汇调剂业务在全国全面铺开。外向型经济需要相适应的外汇体制。中国当时的外汇体制是计划经济的产物，对于市场化程度比较高的深圳并不适合。成立外汇调剂中心是外汇制度的重大突破，是建立外向型经济特区的前提和基础。深圳从 1993 年起出口总额连续在全国居第一位，与深圳早期外汇体制改革密切相关。

外贸体制改革服务于外向型经济。从 1981 年开始，深圳市逐步实行政企分开，撤并商贸行政管理机构，撤销了商业局，改为商业总公司，撤销供销社，设立市政府财贸办公室。1984 年，财贸办公室改为贸易发展局，商业总公司、外贸总公司分别改为工业品集团公司和外贸集团公司。贸易发展局对商品流通、物资供应、旅游业、饮食服务业、修理业等流通领域统一进行宏观调控，制定发展规划和产业政策。从 1987 年开始，政府商贸主管部门与下属外贸企业脱钩，实行行业管理，建立起企业自主经营、自负盈亏、自我发展、自我约束的经营机制。

二 狠抓内部联合

狠抓内部经济联合是促使深圳外向型工业发展必须做的第二项基础工作。深圳急需发展本土经济以加强引进外资的实力,当时国内提出军转民(军用工业转为民用工业),许多"大三线"的企业希望通过深圳这个窗口走向国际市场,这为深圳实施对内经济联合、壮大本土工业提供了难得机遇。对内实行经济联合的实践使我们深刻体会到,依靠中央各部和总公司的强大工业力量,依靠国内广大腹地的工业力量,克服深圳工业基础薄弱的劣势,发挥深圳实行特殊政策的优势,加速工业发展的正确方针。因此,早在1983年,深圳就制定了《深圳经济特区近期内联企(事)业若干政策的暂行规定》,明确提出"举办经济特区必须以引进外资为主,但同时要重视同内地的联合",强调"内联的重点是工业项目",并在土地使用费、税收减免、原材料与设备的进口以及产品销售和利润分成等方面制定了内联的优惠政策。深圳的工业内联逐步从初级形式向高级形式发展。从初期的同县市甚至社队的联合发展到同中央各工业部、总公司、各有关省市骨干企业的联合;从开始一地一厂联合发展到由中央有关部牵头、各省市参加的行业联合;由工业企业之间的联合发展到和科研机构、高等院校(如中国科学院、复旦大学)、科研生产相结合的联合;由国内经济实体的双边联合发展到内联单位通过各自渠道引进外资的多边联合(所谓"中中外")。经过反复实践,深圳内联工业企业形成了四种基本的组织形式:第一,由国家工业部门牵头,联合各省市同行业和深圳组成联合股份公司,如纺织部组织的华联纺织有限公司,轻工业部组织的振华、兴华联合股份有限公司、广深医药联合有限公司等。第二,由深圳工业行业公司和国家有关部门在深圳的分公司组成工业集团公司或联合公司,如深圳电子工业集团公司。除此之外,还吸收其他系统的电子工业企业进行松散的经济联合,有利于同业规划,协调发展;有色金属总公司和深圳的公司组成联合公司,依靠有色金属总公司的强大力量,利用深圳经济特区的优势发展外向型工业。

第三，以国家有关工业部门为主，组织所属企业到深圳办厂，开展外引内联。如深圳中航工贸中心，就是航空工业部主办的企业集团，到1985年已拥有40多家企业，其中有18家发展成为中外合资企业。第四，以深圳市市属企业为主，联合各省市地方企业或部属企业，组成独立的内联企业。如华发电子公司、第二砂轮厂深圳联合公司等。经过几年的努力，到1985年9月底，已有24个中央部委、总公司，25个省、市在深圳签订工业内联项目442个；内联企业协议投资总额24.5亿元，其中内地企业投资12.5亿元人民币，实际投资额已近5亿元人民币；已建成投产的内联工业企业157个，占深圳市工业企业总数的21.7%；1984年内联工业企业的产值为3.18亿元，占深圳市工业总产值的17.5%。这些内联工业企业生产的产品涉及电子、机械、纺织、轻工、医药、石化、建材等各个行业，有相当一部分产品已打入国际市场。正是通过内联，深圳的电子信息产业才能从零开始，迅猛发展成经济特区的支柱产业，并且至今仍在全国占有重要地位。通过内联，深圳和内地实现了双赢，合作双方除按股份或合同规定，共享经济发展成果与创汇收益外，对深圳来说，主要是通过联人才、联资金、联技术、联设备和联产品以促进特区的工业发展，并为工业引进外资、向外向型发展创造了有利条件。对与深圳联合的内地一方来说，也通过转移先进技术、传递国际市场信息、吸引管理经验、打通出口渠道、培养外经人才等方面促进内地企业的发展。实践说明，只有通过内联才能更好地发挥特区"两个扇面"的枢纽作用和"四个窗口"作用。深圳发展内联经济，不但使特区借助内地的人才优势，突破深圳经济特区初期人才紧缺的瓶颈；也使内地利用深圳的特殊环境，造就一批改革开放型的、敢于冲向世界市场经济舞台的新型人才。

第四节　从外向型特区到开放型经济先行区

经过40年发展，深圳已经成为外贸强市。新时期，在全球化逆行、对外贸易发展阻力增大的背景下,深圳作为中国首个对外开放的窗口城市,勇担国家全力构建全方位开放新格局的排头兵,继续巩固和提升外贸大市、外贸强市地位;更好地协调"走出去"和"引进来",为加快培育国际经济合作和竞争新优势率先打造开放型经济先行区奠定坚实基础。

新业态不断涌现,推动外贸转型升级。多年来,深圳狠抓政策落实,确保外贸稳定增长,加大力度发展外贸新动能,培育外贸新业态,推动加工贸易转型升级,积极推进国际市场多元化。构建覆盖业务全流程的通关服务平台,支持跨境电商产销对接及公共海外仓、物流、供应链、金融服务平台建设,实现"全球中心仓""保税+实体新零售""供应链协同发展"等创新试点落地。2017年,深圳市跨境电子商务交易额为491.7亿美元,是2013年的3.6倍。为了应对国际经济的疲软态势,深圳市创新外贸综合服务企业扶持政策,鼓励银行对经国税部门审定通过的出口退税资金予以先行垫付周转金,解决具有增长潜力的企业在出口退税、融资方面的困难。推动国家部委出台支持外贸综合服务企业健康发展的政策措施,帮助企业用好用足退(免)税相关政策,有效提振了企业发展信心。深圳市深化和推进加工贸易业务全程信息化改革,精简作业环节,帮助企业实现"零跑动""全天候"办理网上业务,加工贸易单项业务办理时间缩减70%以上。优化企业经营状况及生产能力证明审核流程,加强事中事后监管,简化申报材料,积极落实取消加工贸易银行保证金台账制度,加强政策宣讲,做好企业服务。这些措施扭转了近4年来加工贸易业务的下降颓势,2017年,深圳市实现加工贸易进出口为9217.9亿元,增长5.7%。2017年,外贸综合服务企业进口为3275.2亿元,增长20.8%。2018年深圳市进出口总值为3万亿元,同比增长7%,其中出口为1.63万亿元,出口规模连续26年居内地大中城市第一位;进口为1.37万亿元,进口规模为内地大中城市第三位。

深化深港合作,前海努力打造高水平的对外开放门户枢纽。在基础设施建设、打造国际化法治化营商环境、落实优惠政策等方面着力，为港人、港企拓展空间，为香港企业进入前海提供良好条件。前海和香港在金融、航运、贸易、青年创业和专业服务业等范畴优势互补、互利共赢的合作模式正逐步成熟，共同开发建设的合作格局逐渐形成。截至2017年1月，前海蛇口自贸区注册的企业有12.6万家，有4.93万家企业开业运作。前海蛇口成为全国经济最活跃、发展最快、效益最好的自贸片区。在入驻前海的企业中，香港企业贡献突出。2016年，片区新增注册港企1894家，累计港资背景企业达到4223家。全年注册港企实现增加值占片区的27.7%；完成固定资产投资占片区的41.2%，纳税占片区的31.7%；合同及实际利用外资分别占片区的95%和94.8%，港资作为经济支柱作用日益显著。为加强深港产业合作，在有关部门支持下，前海降低港企进入内地证券市场的准入门槛，香港汇丰银行、恒生银行、东亚银行成立港资控股的内地证券和基金公司。港交所前海联合交易中心落户前海。前海深港基金小镇于2018年建成投入使用。为港企量身定做的前海深港创新中心已经投入使用。成功引入汇丰集团、周大福、新世界、东亚银行、香港嘉里、九龙仓等知名港企，打造优质港企集聚高地。建成华南地区唯一集"海、陆、空、铁"于一身的太子湾国际邮轮母港，为深圳连通香港、走向世界打开了"海上门户"。前海试行"港人、港资、港服务"深化深港合作，前海加大对港土地出让力度，向香港企业出让前海不低于1/3的土地，建设银行、证券、保险、基金、跨境要素交易平台、供应链管理、信息服务、科技服务、专业服务及文化创意等香港服务业产业基地，试行"港人、港资、港服务"，为香港产业转型升级和创新发展服务。2016年，前海公开出让8宗土地，其中有4宗定向对香港企业，面积5.86万平方米，占比为65.6%。目前，前海通过挂牌出让、公告出让方式，累计向香港出让土地14宗，嘉里、东亚银行、新世界、周大福、华润、世茂、弘毅等知名港企皆在前海拿地，谋求长远发展。

依托"一带一路"倡议，大力推进国际市场多元化。在贸易方面，近年来，深圳市与"一带一路"沿线国家和地区贸易额不断提升,其中,2017年出口额达到3386.9亿元,增长17.4%,占深圳市出口总额比重的20.5%,较2011年提高4.2%,成为拉动外贸的新增长点。深圳市支持企业参加境外重点展览,每年惠及企业超过1000家,重点支持深圳市具有制造优势的传统产业和高端新型电子信息等战略性新兴产业,开展跨国合作,获取先进技术,提高创新能力,打造具有国际影响力的自有品牌。在投资方面,深企加快"走出去",国际合作之路越走越宽广。近年来,深圳市企业对外投资规模迅速增长,截至2017年12月底,经深圳市核准备案的深圳企业已在全球137个国家及地区,累计直接投资、设立企业和机构6004家,境外协议投资总额857.37亿美元,中方协议投资总额433.22亿美元。截至2016年底,深圳市累计对外投资存量852.56亿美元,位居全国地方城市前列。2017年,对"一带一路"沿线国家协议投资额达4.1亿美元,巴新拉姆水电二期项目正式启动,中兴收购土耳其最大系统集成商,特建发巴新援建学校项目建设进展顺利。支持"走出去",深圳加大了政策资金扶持力度。加强对东盟、非洲、拉美、南太等重点区域经贸合作的研究,出台提升企业国际竞争力、"一带一路"经贸合作、市场拓展等领域的政策文件,政策引导、扶持力度不断加大。设立"走出去"扶持资金,涵盖项目调研、市场拓展、落地运营、信贷保险等多个领域和国际化各主要环节,资金规模从2012年的0.78亿元快速增长至2017年的4.075亿元,资助行业、领域、企业数、项目数增长均超过一倍,有力支持了深圳市战略性新兴产业龙头企业开展国际并购和工程承包。积极搭建深圳市"走出去"综合服务平台。围绕企业"走出去"涉及的人流、物流、资金流、信息流需求,整合外汇、出入境、对外投资等多个部门信息,搭建深圳市"走出去"综合服务平台,提供"走出去"各类业务办理和海外投资信息发布的"一站式"服务平台。积极搭建多种形式的国际交流平台。充分发挥港澳国际交流平台作用,组织带领企业参与国际基础设施投资与建设高峰论坛、香港投资贸易合作交流会、"一带一路"高峰论坛等。同时,成立深圳市"走出去"战略合作联盟,加大公共服务力度。2016年2月，深圳市"走出去"战略合作联盟正式成立以来，与100多个国家和地区的驻华、驻粤使领馆及各国商务代表处等境外机构建立了长期良好联系，举办了70余场投资推广、研讨、专业培训、商务考察等交流合作活动，覆盖目标投资地区包括欧洲、东南亚、美洲等。积极支持企业、中介服务机构开发企业"走出去"公共服务平台、开展国际化人才教育培训等，不断加大深圳市企业对外投资公共服务供给。

优化营商环境，加大力度吸引高质量外资。据广东省商务厅的调研数据，2013—2017年，深圳市批准外商直接投资项目1.88万个，实际使用外资319.07亿美元，较2008—2012年分别增长64.41%、35.01%。截至2017年，深圳市历年累计批准外商直接投资项目67191个，累计吸收合同外资2251.01亿美元，累计实际使用外资金额916.5亿美元。更值得关注的是，随着深圳经济重心的转变和创新创业活力的增强，外商投资深圳也在依时依势而发生巨变，从最初的加工贸易、来料加工，转向更高一级的生产服务业、研发中心等。目前，深圳正围绕降低外资准入门槛、精准扩大招商合作、提升外资发展质量、创造公平竞争环境等方面，大力实施改革创新，吸引着更多外资集聚深圳。深圳对《外商投资产业指导目录（2017年修订）》"限制外商投资产业目录"中的35个限制类领域，逐个行业进行分析，逐个条目进行梳理，形成外资准入审批前置许可目录。同时，以"证照分离"、主体资格与经营资格分离为改革方向，将未规定必须前置审批的事项，改为后置审批；加快推行审批权责清单标准化，实现外资审批纳入政务大厅"一口受理"平台；发挥深圳市外资工作联席会议作用，对重点外资企业开展专项服务活动。

第四章 建立市场经济体制

深圳经济特区是改革开放试验田,是在全国计划经济大格局下进行的局部市场经济试验,深圳经济特区的经济体制改革,主要是围绕建立市场经济体制而开展的。新中国成立后我们长期实行计划经济体制,对市场经济体制没有实践经验。深圳经济特区建立后,对市场经济体制做了大量有益的探索,由于经验不足,也走了一些弯路。

第一节 让"看不见的手"发挥作用

一 市场决定价格

价格对市场需求的反映最灵敏,价格也是市场经济最重要的经济杠杆之一。中国计划经济体制一个重要特征是政府定价,价格基本不反映市场需要。当时广东省委一位领导同志说到一个事例:一盒火柴,要提价两分钱,拿到省委常委会上讨论决定。由于商品短缺,中国在计划经济时期,许多商品采取凭票供应的办法,在这种状况下,价格也无法起到调节生产和消费的作用。而市场经济的重要特征是市场决定价格,价格引导市场。如果市场价格机制不能建立起来,市场经济体制就无法建立。深圳经济特区初期的一项重要改革,就是建立市场价格机制。

深圳经济特区建立后,外来人口急剧增加,计划分配粮食遇到困难,农副产品的供应也严重不足。由此引起自由市场价格飞涨,居民日常生活开支大大增加。当时国有粮店的大米售价是0.146元一斤,而自由市场涨到0.56元一斤。如果由政府补贴差价，一年将要几千万元，这是政府难以承受的，而且政府补贴也不利于市场价格机制的形成。但是，要放开价格，风险也很大，弄不好会引起物价飞涨和抢购商品，并引发社会动荡。深圳市委、市政府经过大量调研，采取了非常慎重的做法。

1982年，深圳市政府提出"以调为主，调放结合，分步理顺价格体系与价格体制"的物价改革方针。提高主要农副产品收购价格，放开部分商品价格，实行随行就市，鼓励市场竞争，拉开价格档次，允许一定幅度的浮动。部分商品价格放开后，特别是与居民生活密切相关的商品价格放开后，物价一时高涨，引起了短暂的抢购风。但这时价格机制开始发生作用，精明的商人看到市场有利可图，多方组织货源，增加商品供应，供求很快平衡，抑制了较高的物价，抢购风也随之消失。此后，市政府根据主次缓急的原则，逐步放开物价，先小商品后重要物资，先一般农副产品后日用工业品，先日用消费品后凭证定量供应的商品，先市场紧缺商品后供求平衡商品。到1984年初，除粮、油、肉等九种商品外，其他商品价格基本放开。

深圳的物价改革顺利过关。经过一段时期波动的物价趋于平稳，较高的商品价格回落到居民能接受的正常水平。长期以来使用的票证被取消，老百姓头一次可以自由购买商品。

二 奖金激发活力

时间观念差、不讲经济效益、办事效率低、平均主义、铁饭碗、大锅饭等，是计划经济体制下的一些弊端。深圳经济特区建设初期，这些不良习气也带到了特区。

1979年8月，交通部四航局承建蛇口工业区首项工程蛇口港。工人的收入主要是工资，奖金分三个等级，分别是7元、6元、5元。工人对每月几元奖金兴趣不大，工作干劲不高，每人每天8小时运泥20—30车。交通部四航局工程处为了调动工人的积极性，提高工作效率，决定实行定额超产奖励制度。做法是每人每个工作日劳动定额为运泥55车，完成定额每车奖2分钱，超过定额每超一车奖4分钱。新制度实行后，工人劳动积极性大大高涨，每人每个工作日运泥80—90车。工人们还主动要求加班加点，实行每天工作12小时的大班制。最突出的一位工人一天运泥多达131车，可拿到4.14元高额奖金。据蛇口工业区建设指挥部统计，从1979年10月到1980年3月，由于实行定额超产奖励制度，码头施工速度大大加快。工人们为国家多创造130万元产值，而他们每人每月平均得到的超额奖金仅为24.3元，只占其多创产值的2%。

由于有资本主义的嫌疑，这种行之有效、大为工人喜欢的做法，受到指责并被勒令停止，低效率的施工又开始恢复。但是，经济规律不可违背，劳动者的积极性也不能压抑，平均主义产生不了效率。这种情况很快反映到中央领导处，时任国务院副总理谷牧在一份有关于蛇口码头的材料中批示：既实行特殊政策，交通部、劳动总局这些规定在蛇口完全可以不实行。不久，定额超产奖励制度在蛇口再次执行。

蛇口港的施工给蛇口人感触很大，他们深切感到时间的重要，效率的重要。后来，他们在蛇口工业区竖立一块引起全国争议的标语牌，上面写着：时间就是金钱，效率就是生命。这句话现在看起来很普通，但当时需要相当大的勇气和胆量。由于这句话的内容与旧体制的观念格格不入，从经济体制看，这句话的实质是对旧体制的冲破。它一出现就引起争论和非议，被认为是资本主义的东西。更多的人认为它是冲破思想禁锢的春雷，邓小平同志对这句话做了充分肯定，他说："深圳的蛇口工业区更快，原因是给了他们一点权力，五百万美元以下的开支可以自己作主。他们的口号是'时间就是金钱，效率就是生命'。"① 1984年10月1日国庆节，蛇口工业区的"时间就是金钱，效率就是生命"彩车出现在天安门的游行队伍中，这个口号迅速传遍全国。

三 汇率随行就市

改革开放初期，中国实行贸易外汇和非贸易外汇留成办法。

---

① 《邓小平文选》第3卷，人民出版社1993年版，第51页。

外汇留成制度的推行，在当时的条件下有效地调动了出口企业的积极性，促进了对外贸易的发展。但是，在外汇留成制度的实施过程中也出现了一些问题，主要表现为外汇额度与实际外汇资源分离，形成外汇供给和外汇需求在一定程度上的错位，如有的企业有外汇留成却并不需要使用外汇，有的企业需要使用外汇却没有外汇留成额度，国家计委常常不能予以安排满足。这种供求的脱节对外汇调剂市场产生了一种内在的需求。1980年10月，中国银行和国家外汇管理局制定了《调剂外汇暂行计划》，中国银行开始在北京、上海等12个大中城市办理外汇调剂业务，有偿转让外汇资源的使用权，中国外汇调剂市场开始产生。

1985年前后，深圳有三种汇价：一是官方牌价；二是调剂外汇价格；三是市场外汇价格，也称黑市价格。

1985年1月官方牌价是1美元合2.80元人民币，1港元合0.36元人民币，1985年10月29日调整为1美元合3.18元人民币，1港元合0.40元人民币。调剂外汇价格是官方牌价加10%，调剂外汇价比进出口贸易比价约低18%。1985年初黑市价格，1美元合5.85—6.24元人民币，1港元合0.75—0.80元人民币，比进出口贸易比价高50%—60%。

上述情况表明，官方牌价严重脱离出口贸易比价。据当年深圳国家外汇管理局初步统计，1985年第一季度平均出口比价是1美元合3.75元人民币，进口比价是3.87元；第二季度出口比价是3.99元，进口比价是4.51元；第三季度出口比价是4.02元，进口比价是3.89元。由于实际比价大大超过官方牌价，外汇收支通过官方牌价结汇的比例较低。1983年外汇收入结汇数占收入总数的9%，1984年为7%，1985年上半年为6%。1983年、1984年外汇支出中结汇数约占支出总数的16%，1985年上半年为10%。

人民币汇价高估，使得进口赚钱，出口亏损，不能起到调节外汇收支的作用。1985年，国家对外汇黑市高价买卖进行检查，加强管理，抑制了黑市。但是，由于国家规定的外汇调剂价低于出口换汇成本，持有者即使需要人民币资金也不愿意出卖外汇，而需要外汇从事生产、经营的企业不能从正常渠道取得外汇，从而影响外汇和人民币资金的运转流通。

为了调剂人民币、外汇资金的余缺，解决出口亏损问题，使市场外汇价格合法化，深圳市在1985年提出建立外汇调剂中心的设想，以市政府名义举办，由人民银行深圳分行具体办理。在外汇调剂价格方面，贸易外汇按参加交易单位所在行业或集团公司上一季度平均换汇成本向上浮动2%—8%，最高不得超过全市上一季度平均换汇成本加10%。非贸易外汇中，"三来一补"外汇按官方牌价向上浮动15%—25%。调剂中心卖出外汇时，对工业生产企业进口原料设备给予优惠价格，对商品流转、利润高的给予高价。在外汇调剂方式方面，为了便于管理和控制，买卖双方不见面，不直接进行交易。买方或卖方都需向国家外汇管理局深圳分局申请批准。外汇调剂中心从卖方买入外汇，向买方卖出外汇，分别进行。

1985年11月，经深圳市政府批准，深圳经济特区外汇调剂中心正式成立。这是全国第一家外汇调剂中心，是中国金融和外汇管理体制的一项重大改革。1987年11月，国家外汇管理局在全国外汇调剂工作会议上介绍推广了深圳经验。1988年4月，经国务院批准，全国各地相继成立了外汇调剂中心，外汇调剂业务在全国全面铺开。深圳外汇调剂中心的成立，改善了特区的投资环境，疏通了外汇和人民币资金的流通渠道，提高了外商投资和企业创汇的积极性；保证了市政建设、市重点工程和人民生活必需品的用汇需求；在一定程度上，打击了外汇黑市，维护了正常的金融秩序。外汇调剂中心在保证全市企业调剂外汇正常运作的情况下，从不画地为牢，努力做到立足特区，服务全国，积极帮助内地、边远地区融通外汇资金。

外汇调剂中心成立后，由于汇价接近实际，成交量成倍增长。1985—1986年，成交量是5800万美元，1987年达到4.72亿美元，1988年为9.72亿美元，1989年为12.46亿美元，1990年为15.1亿美元，1991年为28亿美元。

到1992年，深圳外汇调剂市场已经相当成熟，开办了外汇调剂公开市场，制定了《深圳市外汇交易管理暂行办法》和《深圳经济特区外汇调剂中心会员管理暂行办法》，外汇调剂业务引入市场竞争机制，市场价格由供需关系决定，自由竞价。外汇调剂业务从手工操作全部改为电脑化，使外汇交易操作手段现代化，增强了市场的公开性、公平性和公正性，提高了工作效率和质量。

第二节 用工和工程市场化

一 打破"铁饭碗"

深圳经济特区建立后，大批外商纷纷来到深圳投资办厂，但传统的劳动用工制度与之产生了尖锐矛盾。特区经济的发展迫切要求打破劳动用工方面的"铁饭碗"。市委、市政府从深圳建设的实际需要出发，在劳动用工体制方面大胆进行改革，其改革目标是打破"统包统配"的"铁饭碗"就业制度，实行"双向选择"机制，逐步建立市场化就业机制。1980年，首先在中外合资企业竹园宾馆和友谊餐厅试行劳动用工合同制，以适应外商投资企业自主选择用工形式的需要。从1982年起，这项改革开始逐步推广到国营企事业单位和国家机关。1983年至1984年，市政府先后颁布了《深圳市实行劳动合同制暂行规定》和《关于打破干部、工人身份界限，实行全员劳动合同制的意见》等文件，将改革范围进一步扩大到全社会范围，明确合同制是特区的用工方向，率先在全国突破固定工的传统体制，打破企业干部和工人的身份界限。从此以后，深圳经济特区的劳动用工全部向劳动合同制过渡，基本适应了多种所有制企业的用工需要。截至1984年5月底，全市已有303个单位实行了劳动合同制，招收合同制职工10052人。与此同时，深圳经济特区仍实行多种用工形式，以适应不同企业特点的需要。

与劳动用工体制改革相配套，从1982年开始，建立合同制工人的社会保险基金统筹制度；从1985年开始，对全民所有制单位职工实行退休养老保险基金社会统筹；从1986年起，相继建立职工待业保险制度、劳动争议仲裁制度、劳动合同见证制度，为劳动力的合理流动创造了基本条件。

由于劳动用工制度的改革，与之相配套的劳务市场也应运而生。1985年以前，内地劳动力每年通过各种渠道进入深圳经济特区各企事业单位的约有4万人，形成了一种无形的劳动力市场。以后，每年进入深圳经济特区的内地劳动力逐年成倍增多，为此，1984年深圳市成立了全国第一家企业化经营的劳动服务公司——深圳市劳动服务公司，对劳动力市场进行管理。

二　实行承包制

"深圳速度"是深圳的代名词，它起源于一座大楼的兴建。1982年，深圳兴建中国第一高楼国贸大厦，中建三局一公司中标承建。国贸大厦高160米，共53层，总建筑面积10万平方米。按当时建筑行业水平，主体工程的施工速度，深圳一般是6—8天一层楼，香港是7—9天。国贸大厦的主体工程采用国内从未用过的内外筒整体同步滑模新工艺，即只用一个钢模，将混凝土浇在钢模中间，然后逐级滑升。滑模工艺最大的特点是建设速度快，当时在国外高层建设中已经很流行，但在中国还很少使用。国贸大厦使用滑模工艺时，开始并不顺利，确实是万事开头难，但越到后面越顺利。五层到十层，平均是七天一层；十层到二十层，平均是五天一层；二十层到三十层，平均是四天一层；三十层到五十层，平均是三天一层。从1982年10月动工，到1985年12月29日竣工，历时仅37个月。1984年3月15日，新华社报道，深圳国际贸易中心大厦施工单位创造了三天建成一层楼的建筑史上的新纪录，标志着中国超高层建筑工艺及速度已达到世界先进水平。从此，"三天一层楼"成为享誉中外的"深圳速度"。

1984年2月24日，邓小平视察了广东、福建、上海等地后回到北京，与几位中央负责同志谈话，对"深圳速度"产生的原因做了深刻分析，他说："这次我到深圳一看，给我的印象是一片兴旺发达。深圳的建设速度相当快,盖房子几天就是一层,一幢大楼没有多少天就盖起来了。那里的施工队伍还是内地去的,效率高的一个原因是搞了承包制,赏罚分明。"①

"深圳速度"的内涵已远远超越了建楼本身,成为思想解放的标志,追求效率的标志。中国在计划经济时期,不太讲究办事效率,实现飞跃式的发展是人们的普遍愿望。深圳解放思想,高速发展,让人们看到了希望。这就是一座楼的建设引起如此大的社会反响的主要原因。

三 建设工程招投标

深圳经济特区建立后,开始了大规模的基本工程建设。在计划经济体制下,工程建设由政府分配,无须竞争,工程队也是按部就班,没有积极性。外资的大量进入及外向型经济的建立,要求深圳观念、体制、方式等与之相适应。原有建设工程的运作方式明显不适应市场经济,打破这种僵化的体制是深圳首先遇到的问题。

1980年底,香港中发大同地产公司与深圳经济特区房地产公司合资兴建深圳国际商业大厦。按惯例,广东省建工部门把这项工程分配给省内一家建筑公司。由计划分配的这项工程不仅拖时间,造价还高,每平方米建筑面积造价从500元涨到550元,再涨到800元。建筑工程要求审批调拨的水泥、钢材、木材等三大材料,迟迟到不了。半年过去了,仍然开不了工,工地长满了杂草。市房地产公司从蛇口工业区"三通一平"基础工程实行承包的做法中得到启示,并参考海外工程承包的一些做法,决定公开招标。他们制定了《房地产公司工程招标试行方法》,基本原则是:谁的价格低、质量好、力量强,就给谁承建。有八家公司参加投标,最后第一冶金建设公司中标。这次改革产生的效果令人惊异和兴奋,国商大厦提前完工,工程节约1000多万元。

这是深圳在基建工程中第一次采取招标的方式,是深圳早期

---

① 《邓小平文选》第3卷,人民出版社1993年版,第51页。

的一项重要改革，也是全国基建体制的重大突破。它突破了传统的做法，对计划经济体制是一次冲击，引起比较大的社会反响，各种指责也随之而来。由于打破了"大锅饭"，一些靠计划分配任务的国有建筑公司，第一次感受到生存危机。一些公司因不能适应市场被淘汰了，一些公司则很快适应了市场，成为建筑领域的生力军。

随着建设工程施工招投标日益增多且不断积累经验，深圳多次修改完善招投标方法，并制定了相应的法规。1981年8月，深圳市建委成立招标领导小组。1982年，深圳市政府制定颁发《深圳经济特区建筑工程施工招标投标暂行办法》。1993年11月10日，深圳市第一届人民代表大会常务委员会第十九次会议通过了《深圳经济特区建设工程施工招标投标条例》。2001年12月20日，深圳市第三届人民代表大会常务委员会第十二次会议修订，决定自2002年3月1日起施行。为了贯彻实施《深圳经济特区建设工程施工招标投标条例》，进一步加强深圳市建设工程招标投标的监督管理，深圳市政府于2007年4月制定《深圳关于进一步加强建设工程施工招标投标管理的若干规定（试行）》。

目前，深圳市依照条例规定必须进行施工招标的新建、改建、扩建、重建的建设工程，包括土木工程、建筑工程、市政基础设施工程、线路管道和设备安装工程及装修工程等。任何单位和个人不得将必须招标的工程化整为零或者以其他任何方式规避招标，也不得以征地、拆迁、设计、垫资和介绍建设用地等为条件，或以供水、供电、供气、通信、消防等专业为理由，要求工程发包人将建设工程发包给其指定的单位或者个人承包。经过逐步完善，深圳现有招标方式分为公开招标和邀请招标两种。公开招标是招标人以招标公告的方式邀请不特定的施工企业投标，并按条例规定程序选定中标人的招标方式；邀请招标是招标人以投标邀请书的方式邀请特定的施工企业参加投标，并按条例规定的程序选定中标人的招标方式。依照条例规定必须进行施工招标的工程，全部使用国有资金投资或者国有资金投资控股或者占主导地位，一次发包工程造价在 200 万元人民币以上的，应当公开招标，其余工程可以邀请招标。

第三节 "第一生产要素"进入市场

一 土地制度最大的问题是土地被固化

深圳经济特区成立后，拉开了大规模基本建设的序幕。深圳的建设几乎是在一张白纸上起家，原有的路、水、电等基础都不能适应城市的需要，急需大量资金投入。特区建立至 1986 年，市政府在基础设施上投资达 6 亿元，而同期土地使用费收入只有 3848 万元，不足同期财政收入的 1.5%，还不够偿还基建贷款利息。资金极度缺乏是深圳市基本建设的一大难题。这时，决策者不得不把眼光投向脚底下的土地。

土地是最重要的自然资源之一，是有价值的，是重要的财政收入，是城市建设中最稳定的收入，是经济发展不可缺少的载体和推动力。但是，长期以来，中国的土地资源没有得到合理利用，没有发挥其应有的价值。深圳当时的土地管理与内地基本是一个模式，但稍为有所改进。1981 年 11 月，广东省第五届人大常委会第十三次会议通过了《深圳经济特区土地管理暂行规定》，规定特区范围内的所有土地均由深圳市人民政府统一管理，并对土地的权属、征用、使用、经营管理、使用年限及收费等做了要求。根据暂行规定，深圳市政府制定了有关城市规划、建设、管理等方面的办法。

深圳当时土地管理的基本模式是：多头管理，分散经营，行政划拨，收取土地使用费。特区建立初期即开征土地使用费，规定土地使用年限，并将房屋建设纳入商品化经营的轨道，实施统一规划、统一征地、统一开发的方针。市政府将成片土地划拨给房地产开发企业，边建、边售、边回收，不断积累，扩大经营。房地产开发经营的商品化，一改传统城市建设的模式，给城市发展注入了市场动力。1982 年收取的土地使用费是每平方米 1—21

元,每年可收取1000多万元。深圳的这种做法开创了有偿使用土地的先例,无疑是对过去无偿使用土地的一大进步。对节约用地,加快城市开发,促进经济发展,创造良好的投资环境,提高城市的综合经济效益等起了积极作用。

但是,土地管理存在的问题仍然很突出。主要表现在:土地资源的配置由行政决定,排斥了市场机制的作用;土地的划拨渗透了人为因素;土地作为重要的资源而不能转让,不能发挥土地最大的经济效益;没有理顺土地经营者与土地所有者在土地收益上的分配关系,土地的级差收益为企业所得,土地带来的超额利润掩盖了企业的经营状况,模糊了企业的经济责任;政府在土地上的投入多、收益少、负担重;土地使用费征收标准过低,不能体现土地的经济价值。据统计,特区建立至1986年底,市规划局拨地总数为82平方公里,税务部门收取土地使用费的面积仅为17万平方公里,只占拨地总数的21%,土地使用费只占财政收入的1.58%。1986年,深圳市收取的土地使用费为1381万元,仅相当于香港当年拍买半山区天后庙道一块658.5平方米土地的收入。

二 土地制度改革的目的是让土地进入市场

1986年10月,深圳成立了以主管副市长为组长的土地专题研究组,1987年3月提升为房地产改革领导小组,下设土地管理体制改革办公室。土地管理体制改革成为全市改革的重点,也被列为广东省及全国改革的试点。得到国务院特区办、国家土地管理局、建设部、广东省人大、省政府,以及广东省国土厅、香港地产界专业人士的大力支持。1987年5月、10月,分别召开了改革方案与改革理论研讨会。1987年12月,广东省人大常委会通过《深圳经济特区土地管理条例》,并于1988年1月3日颁布施行,标志着特区新的土地管理制度建立。

土地制度改革涉及土地使用权的转让,这在中国是一个禁区。为了学习先进经验,做好深圳土地制度改革工作,1987年,深圳组团到香港考察,通过考察受到许多有益的启示。香港土地管理的一个重要特点就是统一管理，各司其职。土地行政和经营管理统一归地政署。土地重大政策、长远规划由土地发展政策委员会制定，土地发展委员会由布政司任主席，成员均为官方人员，以便于协调相关部门的工作。根据市场需求，还有一些咨询机构和中介机构，如建设咨询委员会、仲量行、测量师行、土地审裁处等。香港土地管理的严密主要表现在法律健全。涉及土地的法规有几十个，土地的买卖、租赁、转让、赠予、回收、纠纷、仲裁及各方的权利、义务、责任等，均有法律依据。由于土地是重要的资源，香港的土地交易频繁，政府的土地收益较大。香港规定土地交易活动必须到田土厅登记注册，1986年仅登记费收入就高达7000万港元。土地收入一般占香港财政收入的20%左右，最高时达40%。土地市场化后，投机不可避免，香港专业人士认为，合法的投机是一种正常现象，正因为有合法的投机，房地产市场才会活跃。对于不合法的投机，政府可以通过加强立法、设置税种加以控制。对于土地的拍卖，香港专业人士认为，在土地制度改革初期，不宜拍卖大块土地，而应拍卖小块土地。深圳在后来进行的土地使用权的拍卖中吸收了这些意见。

经过反复酝酿，1987年7月，《深圳经济特区土地管理体制改革方案》出台。在讨论改革方案时，邀请了香港物业、城市规划、法律、咨询界的专业人士参加，还听取了国务院特区办、国家土地管理局、省国土厅、省特区办、省人大、省建委等部门的意见。

土地制度改革的指导思想是，强化土地管理，维护城市土地的国家所有；正确处理土地和特区经济社会发展的关系，使之与特区的市场经济体制相适应；科学合理地利用土地，使特区有限的土地资源发挥最大的经济效益；土地的所有权与使用权相分离，全面有偿使用土地。在全国率先建立国有土地有偿有期出让制度，开放土地市场。

土地制度改革的主要措施是，在坚持统一开发的前提下，以公开竞投为主，竞投、招标与行政划拨相结合。特区范围内属于农村集体所有的土地应根据建设的需要逐步征用，收归国有，由市政府统一开发和管理。后来经过进一步讨论,将土地使用权的转让确定为三种形式,即公开拍卖、招标和协议。为了加强土地的管理,1988年1月深圳新组建了国土局。对过去行政划拨的土地,逐步过渡或转轨,以消除行政划拨和有偿出让两类土地在市场运作中的摩擦。

改革方案出台后,土地的有偿使用开始推行。1987年9月9日、9月29日、12月1日,分别对协议、招标和拍卖等三种出让方式试点。1987年9月9日,一块5321平方米的住宅用地以协商议标的方式出让给中航工贸中心,每平方米200元。9月29日,对文锦花园一块面积为46350平方米的住宅用地实行公开招标,有9家公司投标,最后由深华工程开发公司夺得,中标价为1705万元,每平方米地价为368元。1987年12月1日,在深圳会堂敲响了中国土地使用权拍卖的第一槌。被拍卖的地块位于罗湖区布心路翠园新村西侧,紧靠深圳水库,面积8588平方米,为住宅用地,使用年限50年。有44家公司参加角逐,经过激烈竞争,深圳市房地产公司终于取胜,竞投价为525万元,每平方米611元。时任中共中央政治局委员李铁映亲临拍卖现场,来自全国17个城市的市长、28位香港企业家和经济学家也来到了现场。深圳的试点被称为"中国自1949年建国以来的空前壮举"。

深圳敲响土地使用权拍卖第一槌后,虽然引起了种种猜测、怀疑、不理解,甚至严厉批评和指责,但是,土地制度改革是大势所趋,不可阻挡。深圳的做法逐步为人们所接受,深圳的经验也开始在全国推行。这次具有突破性的改革推动了中国宪法的修改,1988年4月12日七届全国人大一次会议通过的《中华人民共和国宪法》对原有条款"任何组织或者个人不得侵占、买卖、出租或者以其他形式非法转让土地"做了如下修改:"任何组织或者个人不得侵占、买卖或者以其他形式非法转让土地。土地使用权可以依照法律的规定转让。"

到1991年5月,深圳共出让土地372幅,752万平方米,合同地价10.32亿元人民币,实收地价6.5亿元人民币。这些资金用于征地、土地开发和城市基础设施建设,加快了城市建设的步伐。土地制度改革促进了房地产业的发展。1991年全市有房地产开发企业76家，至1990年底共建成各类房屋1381万平方米，总投资95.5亿元，占全市总量的比例分别为56.5%和41.3%，实现利润15.3亿元，上缴利税8.64亿元。房地产业成为深圳的支柱产业之一。

土地有偿转让虽然取得了一些成绩，但改革并不十分完善。1987年至1991年5月底，全市出让土地面积共759.30平方米，其中协议733.99平方米、招标23.56平方米、拍卖1.75平方米。招标和拍卖的土地面积共25.31平方米，仅占出让面积的4.3%。1992年以后基本停止了土地的拍卖，到1998年才再次敲响拍卖的槌声。

三 住房制度改革

改革开放以前，中国城镇一直是实行计划性、福利型住房分配制度。住房不是商品，居民也无须投资。改革开放初期，中国开始进行向城镇居民出售公房的试点工作，目的是收回资金、减少住房建设中的财政补贴和节省公房维修费用的支出。深圳经济特区建立后，由于城市建设迅速，人口急剧增加，对住房的需求也日益扩大。1979—1987年，深圳住房建设投资约22.4亿元，占特区总投资97.67亿元的23%。住房竣工面积596万平方米。住房投资平均每年递增40%，为全国最高水平，但住房问题不仅没有缓解，反而越来越突出。1983年初缺房5000户，1987年上升为22000户。《羊城晚报》记者挺斐为此写了一篇文章——《为何投资越多住房越紧？》。他认为主要是个人付出的房租极低，助长了职工争住大房、争住好房。而职工工资构成中基本没有住房消费部分，人们头脑中根本没有形成住房是消费的观念。同时，资金匮乏，无法加快住房建设。

蛇口工业区和南油最早对住房制度进行了改革。1979年蛇口工业区建设的第一批职工住房交付使用时，每月每平方米建筑面积租金为0.7元，住房消费约占职工家庭平均收入的20%。尽管当时的租金并没有达到成本租金的水平，但住房福利型模式被打破，住房商品化观念开始形成。1984年12月，蛇口工业区制定《蛇口工业区职工住房经营管理暂行办法》，提出逐步实现职工住房完全商品化。当时由于职工收入水平比较低，只能达到职工住房的基本商品化。职工住房的售价分三种，即优惠价、成本价和商品价。其中商品价包括成本、利润和有关费用，如税收、管理费等。南海石油深圳开发服务总公司则采取补贴住房的"三三制"做法。即职工按每平方米建筑面积280—360元的成本价购买住房，单位补贴2/3，个人负担1/3，房款一次付清，可向银行抵押贷款。

1985年2月26日，深圳市人民政府制定并颁发《深圳经济特区行政事业干部职工住宅商品化试行办法》（深府〔1985〕40号），拉开了全市住房制度改革的序幕。该《办法》明确提出改革干部职工的住房制度，逐步以经济手段取代行政分配，加快住宅建设资金的回收与周转，实行住宅商品化，促使住宅业的发展。鉴于当时干部职工收入水平不高，商品化住宅实行补贴出售，由市政府或干部所属管理部门按规定面积标准补贴50%，购房的干部职工自付50%及超出标准部分的金额。房价分为两个等级，一级为每平方米450元，二级为400元。按规定购买的房屋，产权归个人所有，在全部房款付清后，由市政府发给房屋产权证书，受国家法律保护。购房者对已取得房屋产权的住宅，可由其他直系亲属继承，也可以转让，但不得出租、抵押或转手买卖。

为了加快住房制度改革，1987年3月5日，深圳市成立房地产改革领导小组。1987年，在全市开展特区住房调查，并清理超标准住房。1988年6月10日，深圳市人民政府公布《深圳经济特区住房制度改革方案》。这次改革的目的是在减轻财政和企业的负担，职工又能承受得了的前提下，正确引导和调节消费，促进消费结构趋向合理，加速资金周转，形成并活跃房地产市场，通过财政、企业和个人的共同努力，实现住房的供求平衡。这次改革要实现住房商品化，把当时的低租金过渡到准成本，同时，发给职工住房补贴，在职工的工资构成中，增加住房消费部分，争取到 2000 年实现每户都能住上一套单元式的住房。改革分三步进行：第一步实现住房准成本的简单再生产，即不计地价、不赢利，1988 年前老房本体造价是每平方米 249.97 元；第二步实现住房全成本的简单生产，即计地价、不赢利；第三步实现住房盈利型的扩大再生产，即实现住房资金投入产出的良性循环。

1999 年 10 月 12 日，深圳市发布《深圳市国家机关及事业单位住房制度改革若干规定》，将安居房分为准成本房、全成本房、全成本微利房和社会微利房。自 1988 年深圳房改方案出台以来，职工买房仅取得住房的使用权和占有权，没有获得住房的全部产权。而 1999 年的改革则规定经市房改办审核后占有安居房全部产权的，安居房即成为市场商品房，权利人依法享有占有、使用、收益和处分权。

现在，深圳的住房制度进一步完善。2007 年 12 月，深圳市人民政府颁发《关于进一步促进我市住房保障工作的若干意见》（深府〔2007〕262 号），提出 2007 年实现享受市民政部门核定的最低生活保障待遇的户籍家庭应保尽保、全面覆盖，力争到"十一五"期末基本解决户籍低收入家庭的住房困难，采取有效措施不断改善非户籍常住低收入人口的住房条件。建立健全面向不同层次低收入户籍居民家庭的廉租住房、公共租赁住房、经济适用住房等保障性住房制度，完善住房公积金制度，规范房屋租赁市场秩序，完善房屋租赁市场管理制度。

第四节　国有集体民营共同发展

一　改革国有经济体制

国有企业改革历来被认为是改革的难点之一，如何既建立有效的国有企业管理模式，又激发国有企业的积极性，是深圳要解决的主要问题。

清产核资是对国有企业改革的一项基础性工作。1987 年 10

月 24 日，深圳市政府办公厅转发市投资管理公司《关于开展市属企业资产清查的方案》（深府办〔1987〕882 号），清产核资工作正式拉开序幕。这次清产核资的目的是查清各个单位现有财产，了解债权债务、奖金占用情况，分析库存结构，弄清家底，为政府职能部门加强对国有企业的宏观控制、制定有关经济政策提供第一手资料，并科学地考核和评估企业的经营情况，挖掘现有财产和物资的潜力，加速物资和资金周转，提高设备利用率，改善经营管理。清产核资的范围主要是四大类：一是市属国有企业，二是行政、事业单位的下属企业，三是驻港澳地区和驻国外企业，四是深圳驻内地企业。要求一直清查到独立核算的工厂、门店等。清查的内容包括流动资产、固定资产及库存现金、银行存款、各种证券、债权债务等。基本建设单位、城市建筑开发企业和建筑安装企业的设备、材料、在建工程和停缓建工程及相互之间的往来账目，也在清查之列。据市投资管理公司对所属国有企业的资产清查，截至 1987 年 12 月 31 日，全市市属国有企业账面资产总值为 82.6 亿元，其中固定资产 14.3 亿元，流动资产 58.9 亿元，专项资产 9.4 亿元。资产在各个分行业的分布是：工交、城建开发企业 44.2 亿元，商贸企业 40.6 亿元，行政事业单位下属企业 7561 万元。截至 1987 年 12 月 31 日，全市市属国有企业总负债为 66.5 亿元，资产负债率为 80.5%，其中银行借款 36.1 亿元，其他负债为 30.4 亿元。各个行业的负债情况是：工交、城建开发企业 30.9 亿元，商贸企业 35.0 亿元，行政事业单位下属企业 6550 万元。根据资产负债情况，可知全市市属国有企业的总资本是 16.1 亿元，占总资产的 19.5%。与 1980 年特区建立时相比，国有资产增长幅度很大。1980 年全市国有企业固定资产仅为 6134 万元，1987 年达到 14.3 亿元，增长了 22 倍。

这次清产核资除摸清了国有资产的家底外，对国有企业的问题也有了比较清楚的了解。负债过高是国有企业一个突出问题，市属国有企业达到 80.5%。从负债的情况看，主要由两类组成。一是向银行借款，共 36.1 亿元，占总负债的 54.3%；二是占用其他单位的资金,共29.3亿元,占总负债的44.1%。国有企业总资产中银行借款的比例大,是深圳国有企业的一个特点。说明深圳的国有企业较早走向市场,较早通过市场筹集和运作资金。但在负债过高的背后也隐藏着许多问题。向银行借款的相当大一部分用于基本建设,1987年底基建资金的余额是3.5亿元。这种资金结构的后果是造成基建规模过大、战线过长、效益不佳。在1986年经济结构大调整时,压缩过大的基建规模是主要任务,因此,国有企业普遍遇到很大困难。在占用其他单位的资金中,相当一部分已无法收回。企业为了生产经营和资金周转,不得不再向银行借款,因而造成恶性循环。国有企业负债率过高,与急功近利、片面追求自身利益的经营思想不端正有关。有些国有企业为了获得暴利,利用银行贷款大量进口价高质劣的产品。由于这些产品销售不畅,库存增加,因而占用大量资金。同时,部分金融机构也存在经营管理方面的问题。有的金融机构为了争取客户和完成贷款指标,采取送贷款上门的方式,促使信贷规模失控,大量资金无法收回。国有企业负债率过高与企业之间的"三角债"日趋严重也有关系。据1987年清产核资调查,市属国有企业的应收款中,有问题的账款达4.1亿元,预计坏账损失超过亿元。企业之间的"三角债"使不少国有企业陷入困境。通过调查还发现,国有企业财产损失及亏损严重。1987年底,市属国有企业有待处理固定资产损失209万元,待处理流动资产损失1.97亿元,未弥补亏损1.42亿元。市属一级、二级国有企业中,共有25户资不抵债,占被调查396户的6.31%,资不抵债总额达1.5亿元。其中资不抵债在1000万元以上的有5家企业。

深圳国有企业改革从20世纪80年代开始。1988年3月1日,市政府决定,赛格集团、城市开发建设集团、物资总公司、石化总公司等国营企业实行股份化。1988年9月17日,市委召开局以上领导干部会议,部署调整市直党政机关工作机构。党政分开,政企分开,转变机关职能。政府对企业的管理由直接管理为主转为间接管理为主。增强宏观调控能力,减少环节,提高办事效率。1989年4月23日,深圳首次公开出售4家国营企业,允许国内外企业和个人购买。这是深圳市经济体制改革继土地拍卖后采取的又一项重大突破。

在计划经济时期,政企不分曾作为国有企业的一大优势和特点,但实践证明,这是国有企业产生种种问题的根源。国有企业改革,第一步是政企分开,让政府成为国民经济的管理者,而不是直接经营者,让企业成为自主经营、自负盈亏的独立经济实体。

政企分开的一个重大举措是成立"深圳市投资管理公司"。在此之前,深圳市的国有企业与全国各地一样,都有行政隶属关系,按工业、商业、建筑业等不同行业,分属政府各经济管理职能局,企业的生产经营直接听命于政府机关指挥。实际上企业成了政府机关的附属,而不是独立的经济实体。经过反复酝酿,1987年,市委、市政府决定组建市投资管理公司。1987年3月10日,市政府批准市体制改革办公室和市政府财金办公室制定《组建深圳市投资管理公司方案》,具体操作工作正式开始。

当时的设想是,市投资管理公司是在市政府领导下,负责管理企业中市属国有资产的机构,是市属国有控股公司,具有法人资格。职能主要是管理、监督和投资三个方面。投资管理公司的任务:一是作为国家股份的代表机构,向参股企业派出国家股东代表,并对国家股东代表实行统一管理。二是投资固定资产。三是通过投资与控股,调节经济结构,促进经济发展。四是控制、监督国有企业税后利润分配。五是管理市属国有企业财会人员,行政上由所在企业领导,业务上以投资管理公司领导为主。

投资管理公司成立后,税、费、利等由财政局与投资管理公司分收分管。即税收、土地使用费、能源基金、罚没收入以及各类规费由财政税务部门征收;企业税后利润、资金占用费由投资管理公司征收。投资管理公司根据国家财经政策和制度,对企业财务会计实行具体管理;财政局按其职能对企业行为实行宏观控制、指导和监督。投资管理公司接受财政和审计机关的监督。投资管理公司对企业财产和财务活动实施管理与监督,根据需要可以制定、修改财务制度,税后利润分配、成本列支范围等规定。

企业的劳动人事及产、供、销活动仍按其隶属关系接受主管部门的管理和监督。除对投资管理公司的性质、职能、任务等作出规定外，对其机构编制也有要求。由市财政局负责组建工作，工作人员主要从市财政局管理企业的干部中选派，另从各单位商调部分干部。内设机构为一室五部，即总经理办公室、计划财务部、工交管理部、投资开发部、商贸管理部、咨询信息部。编制数为60—70人。

建立投资管理公司在全国是一个创举，当时没有先例可循。这种改革是及时的，也是必要的，对后来国有企业一系列改革起了重要作用。虽然改革不够彻底，但在当时那种情况下，已是迈出了一大步，而且是突破性的一步。当时对投资管理公司的看法并不统一。有人认为投资管理公司不创造利润，反而还要增大费用，是一个多余的机构。还有人认为国有企业的利润不上缴财政，由投资管理公司支配，会成为政府的小金库。由于认识有限，很多工作还在探索，因此，资产经营机构在运行中存在一些问题是正常的。但总的来说，成立资产经营机构对国有资产保值增值，对政企分开的进一步深化起了积极作用。投资管理公司成立后，在实践中探索了一整套国有资产的监管方法。如按经营规模、效益水平对企业进行分类定级；按行业类别和效益特点实行企业利润分类上缴；企业经营者收入与企业分类定级挂钩；开展清产核资，颁发国有资产授权占用证书，强化企业投资和财务约束；将干部管理和资产管理有机结合；推行企业公司制改造；等等。

20世纪80年代，深圳市撤销冶金局、轻工局等直接管理企业的职能部门，撤销计划局并将其职能进行调整。到90年代，直接管理企业的政府部门全部撤销，实行企业无行政主管部门改革，减少政府的审批事项。政府经营企业的职能完全脱离，政企分开有了实质性进展。1992年，深圳成立市国有资产管理委员会，使各部门分头管理国有资产转为集中由国有资产管理委员管理。1993年成立市国有资产管理委员会的办事机构——深圳市市属企业国有资产管理办公室。通过这一系列改革，逐步形成国有资产三个管理层次，即市国有资产管理委员会—资产经营公司—国有企业。

如果说成立投资管理公司主要是解决政企不分的问题，是国有企业改革的第一步，那么推行股份化则是将企业推向市场，是更深层次的改革。政企分开后，国有企业内部也进行了一系列适应市场经济的改革。1993年1月出台《深圳经济特区贯彻〈全民所有制工业企业转换经营机制条例〉实施办法》，决定推进四项改革：一是推进企业产权制度改革。推动企业兼并、产权转让和依法强制性破产，办好产权交易所，使产权进入流通领域，逐步理顺产权关系，建立健全以产权关系为基础的企业管理体系，培育和形成一批实力很强的企业集团。二是推进企业制度改革。逐步将企业改造成股份有限公司、有限责任公司和股份合作公司。符合上市条件的，争取成为公众公司。三是取消企业的行政级别，建立以经营规模、实现利税等效益指标为标准的新的企业分类定级体系，建立企业的激励机制。四是进一步改革完善企业领导体制。根据企业不同的产权结构，对企业领导实行分类、分级管理，实行人事管理和资产管理相结合，做到谁投资、谁派人、谁管理、谁负责。扩大企业人事管理权限，缩小市管干部范围，做到一级管一级。同时，加强对企业主要负责人的考核监督。打破企业中干部和工人的界限，统称"企业员工"，实行全员劳动合同制。

1993年2月出台《深圳市属国有企业分类定级实施方案》，市属国有企业不再有科、处、局等行政级别，而是建立以经营规模、效益水平为基准的客观公正的企业评价系统，逐步形成符合市场经济规律的新的企业分类定级制度。

国有企业的改革，主要是达到"四个转变"：一是转变到自主经营上来，彻底改变企业是政府附属物的地位，真正走向市场，一切围绕市场转，在市场竞争中求生存、求发展。二是转变到以经济效益为中心上来，围绕利润转，努力消灭企业亏损和亏损企业，实现自我发展和优胜劣汰。同时，健全企业内部约束机制，主要是健全盈亏约束机制、投资约束机制和分配约束机制，克服短期行为,确保国有资产的保值、增值。三是转变到依靠科技进步,提高科技水平和劳动者素质上来。四是转变到搞好企业内部综合配套改革上来,特别是要抓好全面质量管理、劳动定额管理、经济核算、劳动人事、分配制度等方面的配套改革,全面提高企业素质,使企业真正成为依法自主经营、自负盈亏、自我发展、自我约束的独立商品生产和经营的经济实体。

二 集体经济转型发展

深圳市农村城市化起始于1992年,完成于2005年。城市化是工业化中的一个阶段,深圳的城市化起步较晚,但过程较短。深圳的农村城市化经历了三个阶段。

第一个阶段是1992年,当时深圳经济特区相对已较发达,因城市建设大量征用农村集体用地,农民已无地可种。洗脚上田的农民利用征地款和靠近香港的便利条件,兴办了大量合资企业和"三来一补"企业。特区内的农村不再具有传统的农业功能和条件,工业成为经营的主要形式和收入的主要来源。随着农村的工业化,特区内城乡差距基本消除。同时,农村已被都市包围,农村的存在不利于特区的统一规划和建设。因此在1992年,深圳市将特区内的农村一次性全部转变为城市,共涉及68个行政村、一个农场和4万多常住农业户口农民。

第二个阶段是1993年,当时考虑到深圳市仅有特区的高速发展是不够的,需要特区内外协调发展。因而,当时将所辖宝安县一分为二,改制为宝安、龙岗两个市属行政区,深圳市也由此成为全部土地面积为市区面积的城市,市区面积从331平方公里扩大为2020平方公里。但是,这一次农村城市化只完成了一半,因为县已改制为区,而区以下仍保留原农村体制,如镇、行政村、自然村等。

第三个阶段是2003年,县改区后经过十年的发展,农村的情况发生了很大变化,农村集体土地已被大量征用,工商业成为农村主要经济形式,农村城市化的时机已经成熟。因此,2003年深圳市决定将特区外两个区的18个镇、218个行政村一次性全面转变为城市体制，27万村民一次性全部转变为城市居民。2003年10月29日，深圳市委下发《关于加快宝安龙岗两区城市化进程的意见》（深发〔2003〕15号），特区外的城市化工作正式开始，至2005年完成这项工作，深圳成为全国首个无农村的城市。从1992年第一次农村城市化开始，深圳市农村城市化经历了13年时间。

城市化对农村集体经济提出了新的要求，集体经济转型势在必行。土地是农村集体经济生存的基础，在城市化进程中，集体土地转为国有，给予补偿费，划定非农建设用地。宝安、龙岗两区约260平方公里的集体土地转为国有土地，农村城市化后，非农建设用地按以下标准确定：平均每人100平方米工商用地；每户100平方米居住用地，建筑面积不超过480平方米；平均每户200平方米公共设施用地。四类土地不补偿：已建成区，经批准尚未使用建设用地，山林地，坡度大于25度不作为建设用地的园地。集体土地转为国有给予土地补偿费、青苗补偿费和地上附着物补偿费。土地补偿标准：水田、鱼塘、菜地，每亩24000元；旱地每亩17000元；园地（平地）每亩17000元；园地（丘陵地）每亩12000元。青苗补偿标准：水田青苗每亩700元；菜地青苗每亩1800元；旱地青苗每亩600元。

城市化后，村民转为城市居民，妥善解决就业，办理医疗和养老保险。享受城市居民最低生活保障标准344元，享受800元左右的退休金。

从1992年到2002年，深圳经济特区农村城市化以来的10年，特区内各股份合作公司用于基础设施和公益事业的支出，累计达13.17亿元。特区外同样存在类似情况，2001年深圳市龙岗区农村二级集体经济总收入为18.8亿元，总支出为10.7亿元，其中教育、治安管理、文明村建设三项费用支出就达3.3亿元，占总支出的30.8%。大部分集体企业每年用于基础设施和公益事业的支出超过1000万元，有的仅治安费用一项就达600多万元。城市化后，市政建设由财政承担，实行三年过渡期。

农村集体经济改制是城市化中一项重要内容。在清产核资、资产评估、股权设置、股权界定、制定章程的基础上，组建新的股份合作公司。村统一组建股份合作总公司，村民小组组建股份合作分公司。以村、组资产评估后的经营性资产值为总股本，以各自经营性资产额折成出资比例。总股本中，村所占比例大、成为总公司，各村民小组为分公司，不具有独立的法人资格。村、组可分别组建股份合作公司，公司间相互交叉持股，均有独立的法人资格。村、组可根据实际各自单独组建股份合作公司，组与组之间也可联合组建股份合作公司。股份合作公司组建后，原集体经济组织的财产属于全体股东集体所有。

三 大力发展民营经济

深圳过去一直为姓"社"姓"资"问题所困扰，一些成功做法被称为资本主义的东西。在南方谈话中，邓小平鲜明地指出深圳姓"社"不姓"资"。因此，这个时期深圳一个大的突破就是私营经济的发展。深圳私营企业从1991年的1024家，猛增到1993年的4224家，注册资金37.8亿元。私营经济是深圳经济发展中的重要力量，私营经济的兴起，为深圳的发展注入了活力。

深圳的私营经济是从个体经济逐步发展壮大的。1980年深圳经济特区建立之前，只有6家个体户，年营业额不到3万元。深圳经济特区建立后，随着大规模开发建设和经济快速发展，个体经济初具规模。到1985年底，全市有2118家个体户，有些经营规模较大的个体户开始雇用一定数量的员工，已具备私营经济的性质，当时这类企业约300家。此后，私营经济有了较快发展，1991年底，全市私营企业1024家，从业人员21302人，注册资金约1.5亿元。但与公有制经济比较，私营经济规模较小，仍然处于从属地位，仅对国民经济发展起补充作用。私营经济的大规模发展是1992年小平同志南方谈话以后，连续几年出现了跳跃式发展。1993年全市私营企业达到4224家，注册资金37.8亿元，缴纳税金7.36亿元，分别是1991年的4.1倍、25.2倍和4倍。到2000年底，全市私营企业达43086家，占全市企业总数

107457家的40.1%，注册资金614.3亿元，从业人员47.4万，年营业收入272.91亿元。2006年，深圳私营企业注册资金超过1亿元的有14家，注册资金100万—500万元的有25252家。

2000年12月31日，深圳市委、市政府颁发《关于加快发展个体、私营经济的意见》，提出放宽个体、私营经济登记政策。取消对个体户、私营企业投资者户籍所在地的限制规定，境内符合法律规定的公民均可来深投资兴办私营企业、个体户。自然人可以作为发起人，申办股份有限公司。支持符合条件的私营企业实行股份制改造和股票上市。鼓励私营企业采取参股、购买、兼并、租赁、承包等多种形式参与国有企业的改组、改造，允许私营经济成分占控股权。

2003年3月31日，深圳市委、市政府召开全市民营经济工作会议，会后制定了《关于加快民营经济发展的意见》。

深圳民营经济有以下特点。

第一，高科技型企业多。经深圳市科技局认定的民营高新技术企业，占全市认定的高新企业总数的一半以上，全市民营科技企业实现高新技术产品产值占全市的近一半。

第二，外向型企业多。民营企业的出口年均增长204%，成为深圳市出口的重要增长点。全市获得进出口经营权的民营企业的出口总额，占广东省民营企业出口额的一半以上。

第三，规范化的现代企业多。民营企业逐步摆脱家族式企业管理模式，开始向规范性、开放式的现代企业转型。据初步统计，深圳民营企业改造为有限责任公司的占99%。

但是，深圳民营经济总体规模偏小。虽然企业户数占全市企业户数的一半，但是产出比例偏小。20世纪90年代，注册资金在500万元以下的私营企业占83%。

民营经济产业分布不均匀。第三产业占90%，第三产业中从事零售商业和餐饮业的企业占55%，制造业占10%。高速公路、机场建设、港口建设等基础设施建设领域基本没有民营经济参与。

深圳市总商会（工商联）是由深圳市委领导下的深圳市工商

企业、工商界知名人士、工商社团组成的人民团体，是党和政府联系非公有制经济人士的桥梁和纽带，是政府管理非公有制企业的助手。

第五节　占领制高点"资本市场"

一　股份制改革

1986年10月，深圳市人民政府颁发《深圳经济特区国营企业股份化试点暂行规定》，企业股份化工作正式开始。据1989年市投资管理公司调查统计，当年全市共有股份公司189家，注册资本34.7亿元。这些股份公司的基本情况是：比较规范地发行股票的股份公司有15家，发行股票总额1.2亿元，公开发行股票的股份公司有3家，公开发行股票9310万元，其余为非公开和非规范性股份公司。在189家股份公司中，国有资本参股的公司有44家，其中6家由原国有企业改造成股份公司。44家公司注册资本2.8亿元，占当年深圳市股份公司注册资本总额的80.3%。发展、万科、金田、安达、原野等公司成为深圳第一批发行股票的上市公司。

从上述情况可以看出，深圳作为比较早出现市场经济的城市，企业股份化的积极性比较高，发展也比较快，国有资本也比较早地参与了股份化。但是，市属国有企业股份化的步伐还不够快，到1989年，仅有6家市属国有企业进行了股份制改造。市属国有资本参股的数量也较少，总共只有6000多万元，而当时市属国有企业总资产有36.4亿元。

股份化对国有企业转变经营机制、筹集社会资金、调整产业结构等都起了推动作用。深圳经济特区从1980年建立到1990年十年间，共投入基本建设资金182亿元，但国家直接投入的只有3.5亿元，其他资金都靠自筹，主要来自内地资金、外资、银行贷款、市财政、企业资本等。其中通过股份化筹集了大量资金，到1990年，5家上市公司累计发行股票2.7亿元。更可喜的是，通过股份化把企业推向市场，经营机制有了较大改善，经济效益明显提升。1990年，5家上市公司实现的利润平均比上年增长215%，净资产平均增长87%，固定资产平均增长155%，职工月工资平均增长83%。

二 资本市场形成

证券市场是市场经济不可或缺的组成部分，经济特区建立后，深圳不断培育、推动证券市场，最终形成比较完善的证券市场。1990年，深圳成立证券市场领导小组，替代原资本市场领导小组。当时确定深圳证券市场有四大目标：一是促进企业体制改革，为改善企业运行机制创造市场条件；二是改变多年来依靠银行的单一融资方式，开拓融通资金新渠道；三是引导社会资金流向，将部分消费基金向生产建设资金转化；四是按市场原则吸收国内外资金为特区经济建设服务。在具体操作中，既要努力按国际惯例办事，又要紧密结合中国国情和特区实际；既要积极兴利，又要认真除弊，努力探索在社会主义条件下建设证券市场，促进中国现代化建设之路。

1987年以来，深圳证券市场经历了较长的培育和启动阶段，1989年进入逐步活跃阶段。1987年5月深圳发行股票，1988年成交量为4000万元，1989年为2300万元，1990年为17.6亿元（全国18亿元），1991年上半年为3亿多元。深圳证券市场在起步阶段以股票为主体，这方面与上海以债券为主的市场有所不同。截至1991年7月1日，深圳已上市公司6家，上市股票总量5亿多元，总市值40多亿元，平均市盈率约30倍。深圳证券市场发行流通的各种债券15种，总量3.4亿元。建立证券机构14家，其中证券交易所、登记公司各一家，证券商12家、共16个营业网点。

1990年，证券市场出现过热现象，股票只涨不落，市盈率非常高。为了促进证券市场健康发展，1990年5月底开始治理整顿。主要做了以下工作：一是市政府发布"5·28"通告，坚决取缔场外非法交易，实行凭身份证登记过户。二是根据税法推出征税新规定。三是针对市场过热，调整了价格涨落停牌制度。四是加强宣传引导。五是加强对证券商的管理，并积极扩大营业网点。这些措施有效制止了场外非法交易，对过热的价格有所抑制，使市场趋于正常。

1991年深圳采取更成熟的措施进一步规范证券市场。一是依法管理股市，按市场规律调控股市。二是加强对上市公司和证券机构的监管，保证按"公开、公平、公正"的原则进行交易操作，并不断提高效率。三是扩大股市规模，通过扩股和增加一批新公司上市，使股份制改革的试点形成规模效益，也便于对股市的规模管理。四是新发行的国库券不再采取分配销售的方式，试行由证券商包销。五是增加证券品种，扩大中长期企业债券和短期融资债券的发行与转让。六是根据中国人民银行总行的意见，对内地已公开发行股票，凡符合深圳法规的，可以在深圳上市交易，并加强与上海证券市场的相互沟通，取长补短，互相促进。

三 成立深圳证券交易所

深圳作为中国经济非常活跃的一个城市，证券市场发育较早，动力较足。企业股份化改造后，必然要求建立证券市场。1987年深圳发展银行发行股票，1988年该股票在特区证券公司柜台交易。不久，深圳市国投证券部和市中行证券部相继开业。万科、金田、安达、原野等公司也发行股票并上柜交易。1989年11月，市政府决定尽快筹建深圳证券交易所。1990年12月1日，深圳证券交易所试营业。1991年4月16日，中国人民银行正式发文批复建立深圳证券交易所（银复〔1991〕182号）。经国务院批准同意组建的深圳证券交易所为会员制，是不以赢利为目的的事业法人。主要吸收深圳特区内经中国人民银行批准的证券经营机构会员。交易所以公开发行的债券、股票为主要交易对象，先进行现货交易，禁止买空卖空的投机行为。深圳证券交易所接受中国人民银行的领导、管理、协调、监督与检查。主要负责人变动报中国人民银行备案。1991年5月15日，中国第一个股票市场管理条例《深圳市股票发行和交易管理暂行办法》出台。1991年7月3日，深圳证券交易所正式开业。

第六节　市场经济的理论探索

回顾深圳市场经济体制改革，尽管阻力大、难度大，但终于走到了市场经济体制的正式确立。深圳市场经济体制的探索过程，是中国市场经济体制建立的一个缩影。

一　经济特区的定位

1980年8月21日，江泽民同志（时任国家进出口管理委员会、国家外国投资管理委员会副主任兼秘书长）在第五届全国人大常委会第十五次会议上做关于在广东、福建两省设置经济特区和《广东省经济特区条例》的说明，明确经济特区是在社会主义制度下的一个特别区域，所谓"特别"，实际是与计划经济有所不同。江泽民同志说："这种经济特区吸收了世界上一些出口加工区的有益经验和通用做法，又有我国自己的特点。这是在社会主义制度下，在特定地区内，鼓励和利用外国投资、加快经济发展的一种特殊方式。广东、福建两省毗邻香港、澳门和台湾，港澳台同胞和华侨很多，对外资、侨资具有特殊的吸引力，在两省的特定地区设置经济特区，有其独特的有利条件。"江泽民同志接着说："经济特区采取与内地不同的体制和更加开放的政策，充分利用国外的资金和技术，发展工业、农业、畜牧业、养殖业、旅游业、住宅建筑业、高技术研究制造业和其他行业。由于它比一般出口加工区的范围要广一些，是综合性经济事业，所以定名为经济特区，以资区别。"①

二　计划和市场是争论焦点

深圳建立经济特区时，中央并未明确要求深圳建立市场经济体制。但深圳作为一个新区域，作为一个外向型城市，除了走市

---

① 《江泽民文选》第1卷，人民出版社2006年版，第2页。

场经济道路,并无其他选择。深圳实际是被"逼"上这条道路的。当时全国仍处在计划经济体制中,深圳的异类做法,引起了很多责难。

改革开放初期,我们基本沿用过去的思想观念,认为计划经济是社会主义的,市场经济是资本主义的,把计划经济与市场经济完成对立起来。因此,深圳对市场经济的探索,引起社会各方面的强烈反应。

绝大部分人认为,深圳作为经济特区,应该对所谓的禁区进行大胆突破,不"破"则不能"立"。对深圳的探索应大力支持,至少应有宽容的态度。不要随意贴资本主义的标签,要让实践、让历史来证明。

但有一些人认为,马克思主义对社会主义和资本主义有明确的界限划分,搞市场经济就是搞资本主义。深圳引进外资、引进国外的先进技术、聘请国外管理人员、按资分配等,都是资本主义的做法。认为深圳已经是资本主义,深圳除了红旗是红的,其余都变颜色了。

还有人认为,中国人民经过浴血奋战,建立了新中国,把帝国主义赶走了,深圳引进外资,让外国资本家设点办厂,成为资本主义的租界。1982年3月29日,国内某大报发表《旧中国租界的由来》。文章写到,在旧中国,不少城市里有帝国主义直接统治的租界。租界里设立法院、警察局、监狱、市政管理机关和税收机关,确实是国中之"国"。租界的设立,开始并不是条约的规定,而是帝国主义用巧妙的欺诈办法利用当时封建官僚的愚昧无知、腐朽透顶而逐步通过不平等条约形成的。在租界,不仅奴役和剥削中国人,还培植了中国的买办阶级为之服务。1982年4月8日,国内另一大报发表《痛哉〈租地章程〉》。文章说,稍有点年纪的人都不会忘记,旧上海的繁华地区,几乎都是独立于中国主权之外的"国中之国"——帝国主义的租界。这些地区为什么会成为租界?这与外国侵略者迫使清朝地方官员订立所谓《租地章程》有着直接关系。回顾1845年至1868年,《租地章程》三次出笼的过程,至今仍然无限沉痛。历次《租地章程》所规定的种种租界特权，记录着上海从一个普通的通商口岸沦为半殖民地畸形城市的变化过程。对中国来说，它的后果是惨痛的。这些文章虽然没有指名道姓说深圳，但其影射含义不言而喻。

三　市场经济可以与社会主义结合

深圳经济特区初创时期的经济体制改革非常艰难。因为中国从未搞过经济特区，没有现成的模式和经验。而理论与现实、传统体制与实际需要又产生激烈矛盾。改革者既要艰苦探索，还要顶住各种思想理论压力，忍受各种指责。但是，中国改革的大趋势不可阻挡，深圳第一个时期的改革终于杀开了一条血路。

深圳早期的改革实际是一个冒风险的过程。如土地使用权的拍卖，冲击了国家的宪法；在还没有国家批复的情况下，证券交易所试营业；国有企业股份制改造，涉及公有制性质问题，等等。深圳闯过了一个又一个险区，基本都是化险为夷。如果没有深圳这种敢冒风险的精神，就不会有深圳市场经济体制的建立。

深圳经济特区早期的改革有几个明显特征：一是从单一改革到全面改革。深圳经济特区建立之初，从哪里改革，如何改革，建立什么样的经济体制，这些问题并不十分清楚，是看一步走一步。因此是遇到什么问题改革什么，如建设工程、价格机制等。而后来的改革内容和方向非常清楚，各方面的改革全面铺开，如外汇体制、土地制度、住房制度、国有企业、证券市场等。改革更具系统性和前瞻性，各种改革相互配合，形成一个有机整体。二是从触及表面到触及制度深层。第一阶段的改革已开始对计划经济体制进行冲击，但并没有完全冲开，体制障碍仍然比较严重。后来的改革将计划经济体制完全冲破，涉及许多深层次的制度问题。如国有企业改革涉及社会主义性质，土地制度改革涉及宪法条文。正是因为涉及深层次问题，改革才有冲击力并富有成效。正是因为冲破了计划经济体制，才有可能建立市场经济体制。三是从艰难前行到良性循环。全面系统地改革产生了巨大成效，城市发展步入佳境。深圳第一次实现财政收支、外汇收支、银行存贷款的平衡和良性循环。

四 社会主义市场经济体制命题正式确立

1992年，邓小平同志视察深圳等地，发表著名的南方谈话，明确指出特区姓"社"不姓"资"，这实际是充分肯定经济特区在市场经济方面的做法。在南方谈话中，有很大的篇幅讲计划与市场的关系。邓小平同志说："计划多一点还是市场多一点，不是社会主义与资本主义的本质区别。计划经济不等于社会主义，资本主义也有计划；市场经济不等于资本主义，社会主义也有市场。计划和市场都是经济手段。"[1] 邓小平同志还说："社会主义要赢得与资本主义相比较的优势，就必须大胆吸收和借鉴人类社会创造的一切文明成果，吸收和借鉴当今世界各国包括资本主义发达国家的一切反映现代社会化生产规律的先进经营方式、管理方法。"[2]

根据邓小平南方谈话精神，1992年6月9日，江泽民同志在中央党校省部级干部进修班的讲话中，第一次提出建立社会主义市场经济体制。他说："历史经验说明，商品经济的充分发展是实现社会经济高度发达不可逾越的阶段。充分发展的商品经济，必然离不开充分发育的完善的市场机制。那种认为市场作用多了，就会走上资本主义道路的担心，是没有根据的，也是不正确的。"[3] 他接着说："不要以为搞点市场经济就是资本主义道路，没有那么回事。"[4] 江泽民同志还回顾了中国经济体制的变化历程，并提出关于经济体制问题有三种提法：一是建立计划与市场相结合的社会主义商品经济体制，二是建立社会主义有计划的市场经济体制，三是建立社会主义的市场经济体制。江泽民同志说："我个人的看法，比较倾向于使用'社会主义市场经济体制'这个提法。"[5]

---

[1]《邓小平文选》第3卷，人民出版社1993年版，第373页。
[2] 同上。
[3]《江泽民文选》第1卷，人民出版社2006年版，第198页。
[4] 同上。
[5] 同上书，第202页。

1992年10月，党的十四大召开，指出中国经济体制改革确定什么样的目标模式，是关系整个社会主义现代化建设全局的一个重大问题。这个问题的核心，是正确认识和处理计划与市场的关系。传统的观念认为，市场经济是资本主义特有的东西，计划经济才是社会主义经济的基本特征。党的十一届三中全会以来，随着改革的深入，我们逐步摆脱了这种观念，形成新的认识，对推动改革和发展起了重要作用。改革开放以来，市场范围逐步扩大，大多数商品的价格已经放开，计划直接管理的领域显著缩小，市场对经济活动调节的作用大大增强。实践表明，市场作用发挥比较充分的地方，经济活力就比较强，发展态势也比较好。中国经济要优化结构，提高效益，加快发展，参与国际竞争，就必须继续强化市场机制的作用。实践的发展和认识的深化，要求我们明确提出，中国经济体制改革的目标是建立社会主义市场经济体制，以利于进一步解放和发展生产力。这是我们党在理论和初衷上的一次重大突破。党的十四大之后，深圳加快完善了社会主义市场经济体制。

第五章　高新技术产业为主导

深圳从"三来一补"加工业起步，逐渐形成强大的制造业产业集群，通过模仿创新不断向产业链的高端攀升，通过制度创新促使产业转型升级，前瞻性布局发展战略性新兴产业，经济结构不断优化、内生驱动力持续增强，创造了工业化、现代化、城市化的奇迹。

第一节　民营科技企业发展拉开序幕

1985—1990年是深圳市科技事业开始全面推进、产学研合作逐步扎根、自主创新初露端倪的阶段。

1985年7月30日，中国内地第一个高科技园区——中科院和深圳市联合开发建设的深圳科技工业园举行奠基典礼，从此拉开了中国高科技园区建设的序幕。中科院选择与深圳合作主要有两个原因：一是深圳毗邻香港，可以更便捷地获得国际经济、市场和科技信息，有利于引进先进技术和资金，也有利于中国产品打入国际市场；二是深圳作为经济特区，政策灵活、办事快捷，有吸引力。在深圳和中科院的共同努力下，大量原本束之高阁的高科技成果在这片土地上转化，吸引了包括长园、金科、长城计算机、长城国际、珀金埃尔默、艾默生、康泰等一批高新技术企业纷纷入驻。

1986年，深圳市颁布实施了《关于加强科技工作的决定》。市委、市政府提出了"经济建设必须依靠科学技术，科学技术必须面向经济建设"的方针，加强了对深圳科技工作的宏观指导，提出要加快技术引进和消化吸收，大力开发科学研究、技术开发和产品开发工作。明确指出技术市场是社会主义商品市场的重要组成部分，技术商品化是促进科技与经济结合的突破口。特区是国内外技术成果流通和交换的汇合点。并通过改革科技经费拨款制度和人事制度，进行智力投资，把现有的科技人员的积极性充分调动起来。

  为了加快发展深圳经济特区的科技创新和产业发展，深圳市政府于1987年2月4日颁发了《关于鼓励科技人员兴办民间科技企业的暂行规定》，支持和鼓励科技人员自愿结合、自筹资金、自主经营、自负盈亏兴办科技开发企业。① 这项规定引起了广大科技人员的热烈反响，国内不少高校、科研院所的研究人员纷至沓来。使深圳在缺少知名高校和科研机构的薄弱土壤上，在以往推崇商品贸易倒买倒卖和"三来一补"赚快钱的环境中，开始孕育出以华为公司为代表的一批世界级高科技企业，从而为20世纪90年代深圳民营高科技企业的崛起铺平了道路。根据这个规定，民间科技企业是指两名以上的科技人员，采取停薪留职、辞职、离退休等形式，以"自筹资金、自由组合、自主经营、自负盈亏"的原则组建公司，从事科研开发及新技术产品的生产、销售、技术咨询、技术贸易、技术服务等业务，特别是鼓励发展外向型的高科技产业。这个规定强调科技企业以科技为先导，办成经济与技术相结合的实体。这是它区别于民办科研机构和民间股份公司的实业特点。科技人员可以现金、实物及个人所拥有的专利、商标等工业产权或技术作为投资入股。民间科技企业可以吸纳其他国营企业和集体企业的股份，亦可吸纳海外投资者和涉外企业的股份，具有法人资格，享有其他类型企业的同等权力。为了鼓励和扶植民间科技企业的发展，深圳市人民政府对这些企业在税收、资金筹措、产品销售、物资进出口、办理特区居住手续、因公赴港、出国等方面给予方便和优惠待遇。这实际上就是明确了民营科技企业的产权，在全国最早形成了重视科技研发、

---

① 魏达志：《塑造崭新的市场经济微观主体——深圳民营科技企业发展的基本状况、态势与特点》，《特区经济》2003年第2期，第39—43页。

让科技人员也能先富起来的城市文化氛围。

《关于鼓励科技人员兴办民间科技企业的暂行规定》颁布之后，很快便吸引了一大批创业者，一度形成了"孔雀东南飞"的人才集聚效应。由此完成了深圳自主创新发展的"原始人才积累"，并催生了一批潜力巨大的民营科技企业。1987年，军转干部任正非以2万元注册资本创办了华为技术有限公司。1988年，张思民离开北京来到深圳，于1989年创立深圳工贸公司（海王集团前身）。1990年离职前来深圳淘金的徐少春于1991年创办了深圳爱普电脑技术有限公司（金蝶软件公司前身）。原航空工业部第四设计室的工程师陈志列于1993年在不到30平方米的房间里创立了研祥公司的前身。1995年2月，来自北京有色金属研究院的王传福在深圳成立了比亚迪科技有限公司。20世纪90年代初，原国家科委的一个调研组在深圳做的一项调查报告中也显示，深圳民间科技企业中的科技人员80%以上来自内地大专院校、科研单位、军工部门。[1]

总之，深圳大力鼓励民间科技企业的发展举措，有力地打破了以往科研人员不关注市场、自身价值难以实现的窘境，改变了科技研发与经济发展长期脱节的现状，为探索高科技产业的发展创出了新路子。运用政策引导和经济利益激励，迅速建立起有效集聚科技创新人才的机制。

第二节　资本市场助力高科技

1983年7月，中国出现了第一家股份制企业——中国宝安集团股份有限公司（组建时名为"宝安县联合投资公司"）。1984年以后，各类企业利用发行股票筹集资金的范围日渐扩大。由于股份制企业的大量出现，直接推动了股票交易市场的生成。从1986年下半年开始，中国金融体制改革的试点城市陆续试办证

---

[1] 陈雷刚：《邓小平科技思想与早期深圳自主创新的实践——以1979至1994年深圳市科技发展为例》，《深圳职业技术学院学报》2016年第2期，第3—9页。

券转让的柜台交易。

早在1985年就开始试运营,但一直以国库券买卖为主营的新中国第一家证券公司——深圳经济特区证券公司于1987年9月正式成立,逐步把代理股票买卖业务搬上日程。1988年4月,深发展股票开始在特区证券公司柜台交易。1988年5月,深圳市领导提出深圳要利用政策优势,创建资本市场,使企业筹集更多的建设资金,转换企业运行机制,调整特区产业结构,提高经济效益。1988年6—9月,深圳举办了四期资本市场理论培训班。1988年11月,深圳市政府成立了资本市场领导小组,下设专家小组和顾问小组。至此,深圳证券市场初具雏形。

由于股票和股份制在当时是新生事物,政府也没有颁布相关法律,许多人是在朦胧状态下开始发行股票,搞起股份制的,因此,不规范和无法可依就成为这个时期资本市场的最主要特征。在深圳证券交易所成立之前,深圳证券商一身兼包销、交易、过户结算三职,又实行分散交易、分散保管、分散过户,这就为股市存在的舞弊和内幕交易开了方便之门。当时深圳的证券市场还处于柜台交易阶段,个别时段可以说到了失控的地步。1990年以前证券商在服务客户的同时,还从事自营买卖,低进高出,利用便利条件同顾客抢生意,损害客户利益。事实证明,分散进行柜台交易已经到了非改不可的地步,它不仅阻碍了一个高效、公正的市场环境的形成,还直接影响到股份制改革和资本市场试点的成败。如果对股票的二级市场不加强管理的话,黑市交易、幕后交易、恶意炒作、少数人操纵股市等现象将会愈演愈烈。为此,深圳市委、市政府决定借鉴国外经验成立证券交易所,加强股市的规范化管理。

1989年9月8日,深圳市证券市场领导小组及人民银行深圳分行向中国人民银行总行报送了《关于筹组深圳证券交易所的报告》,这份报告于1989年11月15日得到总行批复。于是,深圳证券交易所长达一年的筹备工作就开始紧锣密鼓地进行。经过筹备,深圳证券交易所进行了调试,所有操作运行正常,上报的待批文件已报到中国人民银行总行,总行也转呈到了国务院,等待国务院股票办公室讨论。当看到深圳证券交易所已可正常运作时，深圳市委领导认为深圳应该充分利用中央给予的特区试验权，在培育健康有序的股票市场方面先行一步，当即决定开始试营业。1990年12月1日，在尚未拿到"出生证明"的情况下，深圳证券交易所开始了试营业。王健作为创办者亲手敲响了深交所宣告正式开业的宝钟，宣告改革开放后中国第一家证券交易所开始运营。1991年4月16日，中国人民银行发布了《关于建立深圳证券交易所的批复》，深圳证券交易所正式获得了"出生证明"。

1992年1月22日，邓小平在深圳视察时发表了对股市发展至关重要的谈话。邓小平谈道："证券、股市，这些东西究竟好不好，有没有危险，是不是资本主义独有的东西，社会主义能不能用？允许看，但要坚决地试。看对了，搞一两年对了，放开；错了，纠正，关了就是了。关，也可以快关，也可以慢关，也可以留一点尾巴。怕什么，坚持这种态度就不要紧，就不会犯大错误。"[①] 邓小平视察南方掀起的市场经济大潮极大地刺激了中国的资本市场，促进了股份公司的发展。

改革开放后中国第一家运作的证券交易所诞生，标志着证券市场朝着规范化、制度化方向发展。深交所既是新中国第一家按照国际惯例集中交易的证券交易所，也是一家发挥特区作为试验田和窗口作用的示范性的证券交易所。在几年的规范发展后，深交所于1993年在全球第一个全面实现了交易电脑化、交收无纸化、通信卫星化、运作无大堂化，跳跃式地赶超世界一流水平，其交易系统的技术水平到现在仍处于全球领先地位。从宏观上看，深圳证券交易所的成立，不仅标志着深圳证券市场逐步走向成熟，也标志着中国金融和企业体制改革迈出了重要一步。从微观上看，深圳证券交易所的诞生使分散交易走向集中交易，提高了市场效率，加强了市场调控与管理，有利于维护国家、企业和社会公众的合法权益，有利于证券市场的规范化运作。

---

① 《邓小平文选》第3卷，人民出版社1993年版，第373页。

随着深圳证券交易所的建立与发展，企业股份化和股票市场试点的成效也显现出来。

一是丰富了社会主义市场经济的发展内涵，完善了计划和市场相结合的运行机制。通过深圳证券交易所的探索，充分显现了市场在配置资源、调整产业结构、促进高科技产业发展方面的积极作用。金融市场特别是证券市场的发展起了更大的推动作用，为高科技企业的发展插上了翅膀。证券市场同生产资料市场、劳务市场、技术市场、信息市场以及短期资金市场相比，是一种更为活跃、层次更高的市场形式，它集合了其他市场的主要特点和作用，为企业存量资产的调整和增量资产的优化开辟了一条便捷的经济手段和途径。深圳证券市场所产生的巨大而广泛的影响，极大地丰富了中国社会主义市场经济的内涵，为探索和完善中国特色社会主义市场经济体制提供了借鉴。

二是建立了企业自我发展、自我约束的治理结构，闯出了一条企业改革的新路子。传统的国有企业是公众所有的，但公众不仅没有任何手段来行使所有者的权力，甚至也没有任何机会来表达作为所有者的意愿。实行企业股份制改造以后，传统体制上吃"大锅饭""平均主义"的弊端得到了根治，政企不分的格局有了明显改观，国有资产损失严重的现象也彻底消除了。企业的发展由于受股东及公众的监督而有了外部压力，由于受利益机制的刺激而有了内在动力，社会公众及市场监督极大地促进了企业自我发展和自我约束的能力。

三是吸收了大量社会闲散资金，变消费资金为生产资金。简单地把资金存在银行，资金虽高度安全，但收益低，不仅增值比较难，一旦通胀率升高出现负实质利率，资金还会贬值。依靠健康、发达的资本市场，进行分散组合投资，使收益性与安全性尽可能地统一起来。1990年深圳五家老的上市公司通过股票集资达2.73亿元，1991年新老公司增资扩股、发行新股又吸收资金13亿多元，既抑制了过度增长的消费需求，又增加了对高科技企业发展的有效供给。

四是增强了公民及股东对社会经济发展的责任感和对企业经

营管理的参与意识。对于由众多股东持股的股份公司，股东们关心的是企业的盈利能力，他们除了通过股东大会来表达意愿、做出决定外，还通过买入或卖出产权来表达自己对企业盈利能力的信心，来约束企业的经营和管理，从而增强了企业决策的民主化和科学化，提高了公民的参与意识及政策水平和政治素质。

五是促进了深圳高新技术企业的发展。传统的以银行为主体的金融体系难以为高新技术发展提供资金支持，因为银行是代表储户负责经营的，它要对债权人负责，所以它的经营理念是谨慎的。证券交易所创造了对创新创业活动的支持机制。它包括创新活动事先的风险资金投入和风险后资金的退出，使创新创业活动得以延续，直至这个企业成为一个成功的企业。

深圳高新技术产业发展突飞猛进，成为令全球瞩目的创新型城市，这与深圳发达的创业投资体系密切相关。

深圳发起设立的深圳市高新投集团有限公司（以下简称"高新投"）和深圳市创新科技投资有限公司（以下简称"深创投"）在中国创业投资史上具有重大意义——奠定了中国创投产业"政府引导、市场化运作和按国际化惯例管理"的基本方向。高新投与深创投经过十几年的发展，证明政府创办地方金融引导平台是促进地方实体经济发展与实现国有资产保值增值最有力的手段之一。

高新投成立于1994年12月，是20世纪90年代初深圳市委、市政府为解决中小科技企业融资难问题而设立的专业金融服务机构，现已发展成为"具备资本市场主体信用AAA最高评级的全国性创新型类金融服务集团"。

中小科技企业申请银行贷款一直是难题：银行贷款要求企业上规模、有固定资产抵押、有担保，而当时深圳90%的中小科技企业达不到要求，也没有传统的固定资产。在这种情况下，深圳市政府出面，由当时的计划局、经发局、科技局、财政局、国有资产投资管理公司几个部门共同创办了这一公司，为高科技企业解决融资问题。

作为国内最早成立的担保投资机构之一，深圳高新投始终以解决中小微科技型企业融资难题、助力高新技术产业发展为使命，为企业提供自初创期到成熟期的全方位投融资服务，核心业务包括：融资担保、创业投资、金融增信、保证担保、小额贷款、典当贷款等。从深圳高新投成立的第一天起，就按现代企业制度来运作，自主经营、自负盈亏，坚持做到只接受政府指导，不接受政府指令。

深圳高新投的融资担保业务有四个特征：第一，打造"没有围墙的科技园"。在产业导向上，深圳高新投一直扶持重点企业建设、生产研发基地、推动产业转型升级、培育龙头企业，构建了从企业初创期到成熟期融资担保服务链，80%的企业都是通过高新投的信用担保方式来获得银行贷款的。① 第二，全信用担保。深圳高新投的融资担保服务，有一个与众不同的显著特点：不以抵押物为担保条件，而是以企业发展预期作为担保依据，尽量将企业担保贷款的门槛降低、降低、再降低。在深圳高新投历年来的总担保额中，66%的企业可以获得全信用担保。第三，创新行业孵化器。通过持续不断的经营创新，深圳高新投运用担保投资、担保换期权等创新产品，以及合同贷款、项目贷款、金融产品担保等创新工具，目前已形成了从小微企业创业期到成长、成熟期各阶段全过程扶持、全方位服务的投融资产品链。一大批企业从中受益，逐步成长为细分领域的"小巨人"、行业领头羊甚至全球同业翘楚。第四，产业导向放大器。作为国企，深圳高新投不断加强与各级政府的合作并共同推出系列创新产品，通过担保的杠杆作用，发挥和放大政府产业政策导向的倍数效应，将服务、扶持小微企业的工作持续深化。

目前，深圳高新投已初步形成了"政保合作、引导创新、杠杆放大"助力小微企业成长的投融资服务体系。深圳高新投积极培育中小微科技型企业成长，相继扶持近300家企业"由小到大"并在境内外公开挂牌上市，被媒体称作资本市场的"高新投

---

① 白积洋：《"有为政府＋有效市场"：深圳高新技术产业发展40年》，《深圳社会科学》2019年第5期，第13—30页。

系"，所支持的华为、比亚迪、大族激光、欧菲科技、海能达、沃尔核材、兴森科技、东江环保等一大批高科技企业已发展成为国内外知名企业；多次荣获主流媒体和评选机构"年度最佳服务实体经济综合大奖""年度最佳 VC 机构""最佳品牌创投机构""年度创业投资社会贡献奖""履行社会责任杰出企业"等荣誉称号，是全国同行业最具知名度和品牌影响力的金融服务机构之一。

深创投是深圳市政府出资 5 亿元、同时引导社会资本出资 2 亿元于 1999 年 8 月 26 日成立的专业从事创业投资的有限责任公司，原名深圳市创新科技投资有限公司，2002 年成立集团公司。深创投以发现并成就伟大企业为使命，致力于做创新价值的发掘者和培育者，已发展成为以创业投资为核心的综合性投资集团，现注册资本 54.2 亿元，管理各类资金总规模约 3475.21 亿元。深创投成立以来一直致力于培育民族产业、塑造民族品牌、促进经济转型升级和新兴产业发展，现已发展成为国内投资能力最强、影响力最大的本土创业投资公司，在支持深圳乃至全国中小企业创新创业、转型升级方面发挥了巨大作用。

深创投目前管理基金包括：127 只私募股权基金（120 只控股管理的基金、7 只参股管理的基金），12 只股权投资母基金，12 只专项基金（不动产基金、定增基金、PPP 基金等）。同时，集团下设国内首家创投系公募基金管理公司——红土创新基金管理有限公司。围绕创投主业，深创投不断拓展创投产业链，专业化、多元化、国际化业务迅猛推进。

深创投主要投资中小企业、自主创新高新技术企业和新兴产业企业，涵盖信息科技、互联网/新媒体/文化创意、生物技术/健康、新能源/节能环保、新材料/化工、高端装备制造、消费品/现代服务等行业领域，覆盖企业全生命周期。深创投坚持"三分投资、七分服务"理念，通过资源整合、资本运作、监督规范、培训辅导等多种方式助推投资企业快速健康发展。

截至 2019 年 9 月底，深创投投资企业数量、投资企业上市数量均居国内创投行业第一位：已投资项目 1035 个，累计投资金额约461亿元,其中152家投资企业分别在全球16个资本市场上市,258个项目已退出(含IPO)。专业的投资和深度的服务,助推了潍柴动力、酷狗音乐(腾讯音乐)、睿创微纳、西部超导、迈瑞医疗、中新赛克、光峰科技、微芯生物、斗鱼直播、信维通信、宁德时代、环球易购(跨境通)、多氟多、柔宇科技、康方生物、盛瑞传动、星环科技、越疆科技、杰普特等众多明星企业成长,也成就了深创投优异的业绩。

经过多年的发展,深创投在经营有中国特色的风险投资方面,形成了四个层面的增值服务:第一是资本运作服务。为企业提供资本运作服务,包括如何看待资本市场,怎么进行方案设计,引进什么样的专业投资人,引进什么样的中介机构,如何选择资本运作的方式和方向。第二是资源整合服务。深创投沿着一个产业链往往投资十几家,甚至二十家公司。新投资的企业,可能就是已有产业链上的一个环节。深创投会利用这条已有的产业链条,实现产业链条上的资源共享。第三是规范管理服务。中国的很多企业家在赚取第一桶金时,管理上并不规范。从"不规范"向"规范管理"的转变,需要类似深创投这种有经验的公司协助企业处理。第四是个性化服务。对于每一个企业,都有自己个性化的问题。深创投会利用自己所有的资源,提供保姆式的个性化服务。如今,深圳的国资创投已经成为区域经济调结构、稳增长的重要助动力。

深圳高新投和深创投开拓了深圳中小企业尤其是民营企业发展的空间,使资本和科技高度融合,不少企业在这个过程中由小至大发展为今天深圳的明星企业,带动了深圳高科技产业的蓬勃发展,也为地方财政资金的高效使用提供了范例。一是创新了财政资金分配方式,提高了使用效益。通过集中资源和优势对地区和产业进行集中投资,杜绝撒胡椒面式的投资,集中、高效地发挥财政资金的杠杆放大效应。二是助推产业转型升级和经济结构调整。通过政府资金做引导,充分发挥政策性平台的作用,并依托专业机构市场化运作。扶持重大关键技术产业化,解决产业发展投入大、风险大等问题,激发企业创业创新活力,加快培育具有较强自主研发能力的企业。三是支持地方经济建设，推动融资平台市场化转型。依托实体和产业的聚集，建立运作形式灵活的产业投资基金，以小撬大，引入社会资本参与建设运营，充分吸引和引领社会资本回归实体经济。

第三节 "四不像"新型研发机构

新型研发机构是指投资主体多元化、建设模式国际化、运行机制市场化、管理制度现代化，具有可持续发展能力，产学研协同创新的独立法人组织。① 新型研发机构自主经营、独立核算、面向市场，在科技研发与成果转化、创新创业与孵化育成、人才培养与团队引进等方面特色鲜明。新型研发机构承载着将市场需求、体制内外科技资源、资金、人才、产业技术开发进行融合的职责与功能（三融合：融体制、融资源、融市场），可以打破各类组织的边界，让资源流动（技术流、资金流、人才、需求流动），可以解决在原来边界分明的组织中无法解决的问题，最终让技术变成产品走向市场。深圳的新型研发机构是全国最早成立的，并通过"四不像"的体制机制创新开拓了新型研发机构发展的新模式，成为全国在产学研深度融合的技术创新体系方面的典范。

20世纪90年代以前，深圳凭借毗邻香港的地缘优势，大力发展加工贸易，推动了整体经济的快速发展。但在90年代初，深圳发展面临着严重挑战，加工贸易业遇到了土地短缺、劳动力不足、资源紧张等问题，大量技术含量偏低的加工型企业纷纷迁出深圳。这些压力促使深圳进行产业结构调整和经济战略转型，将高新技术产业列为其重点发展产业。然而，深圳科技基础较为薄弱，技术和人才较为匮乏，亟须从北京、上海等科教发达地区引进创新资源，推进高新技术产业的发展和区域创新体系的

---

① 李金惠、王静雯、王增栩：《广东新型研发机构发展现状、政策及建议分析》，《技术与创新管理》2018年第3期，第267—270、287页。

建设。

1996年1月，清华大学代表团到深圳考察，探讨清华大学异地办学工作。深圳市政府对于清华大学提出的异地办学设想极为赞同，并提出"在深圳，清华大学不仅要开展异地办学，更要将清华大学众多的高科技项目在深圳进行中试，完成产业化，形成拥有中国自主知识产权的高新技术企业"。经过多次磋商，深圳市政府与清华大学对于清华大学在深圳设点的目的和功能达成了共识，即不仅要培养人才，还要办成科技成果转化为生产力的基地。

1996年12月，深圳市政府和清华大学本着优势互补、强强联合的原则，共同创建了深圳清华大学研究院，成为中国第一家新型研发机构。根据签署的合作协议，深圳市政府和清华大学各占深圳清华大学研究院50%的股份。其中，深圳市政府出资6000万元，提供高新技术产业园区1.6万平方米土地作为研究院办公大楼用地；清华大学出资2000万元，提供师资力量和研发队伍。研究院实行"理事会领导下的院长负责制"，由市校双方各派代表组成理事会，进行研究院重大事项的决策。

深圳清华大学研究院搭建了光机电与先进制造、新材料与生物医药、新能源与环保技术等研发平台，研究项目直接与市场对接，通过孵化企业，研究团队合法取得股权，待企业独立发展或上市后，再转让股份获得资金，由此形成良性循环发展。如今，研究院不仅不需要财政拨款养人养物，反而每年向两大出资人缴纳红利。

深圳清华大学研究院至今已经培育出达实智能、力合股份、和而泰、铁汉生态、茂硕电源、安泰科技、博彦科技等一批上市公司，孵化出一批明星企业，如兰度生物材料公司研发的"双层人工皮肤"用于大面积真皮缺损的再生修复与功能重建，填补了国内空白并具有国际领先水平；瑞波光电是专门研发和生产大功率半导体激光芯片的高科技企业，致力于填补中国在大功率半导体激光器芯片领域的空白；华清农业研发出世界领先的盐碱地改良技术，有效推动中国农业现代化进程和社会经济可持续发展。深圳清华大学研究院立足全球，充分利用和整合国际资源促进科技成果产业化，以开放式创新拓展创新视野和发展空间。在硅谷、波士顿、牛津、特拉维夫、科隆、莫斯科等地建立了海外创新中心，扩展源头创新成果，注重开展各种国际研发合作。例如，通过国际并购西班牙Neoker公司，引进世界上唯一规模化制备单晶蓝宝石纤维的欧洲创新团队，该项目的引入有望为航空航天、汽车工业等多个重要领域的"卡脖子"技术带来重大突破，尤其可以为水平落后的各类发动机的性能带来大幅度提升。

深圳清华大学研究院的成功在于积极探索科研机构的体制机制创新，尤其是在全国最早创立了"四不像"机制：既是大学又不完全像大学，实现文化创新；既是研究机构又不完全像科研院所，实现功能创新；既是企业又不完全像企业，实现目标创新；既是事业单位又不完全像事业单位，实现机制创新。"四不像"的运行机制，摆脱了传统科研院所长期存在的"政府是投入主体、领导是基本观众、得奖是主要目的、仓库是最终归宿"的问题，在很大程度上避免了传统高校、科研院所在科技成果转化过程中可能出现的体制机制障碍。例如，如何区分科研人员合法的股权分红、知识产权收益、科技成果转化收益分配与贪污、受贿之间的界限；如何区分科技创新探索失败、合理损耗与骗取科研立项、虚增科研经费投入的界限。

传统科研机构与"四不像"新型研发机构的差异可见表5-1。

表5-1　传统科研机构与"四不像"新型研发机构的差异

	传统科研机构	"四不像"新型研发机构
投资主体	往往只有一个投资主体，包括主要由政府创办的事业单位、国立研究院所、高校，由政府创办的内设机构，或者民间资本创办的民办非企业研发机构	投资主体多元化，往往由多个投资主体（包括政府、企业、非政府组织等）共同投资创办

续表

	传统科研机构	"四不像"新型研发机构
功能	主要承担研究开发职能，解决国家重大需求，解决国际科学技术前沿问题，一般不承担其他职能，只有科研的压力，没有经营的压力	功能多元化，不只是进行科研，还以科研为核心延伸至技术孵化、科技成果转化与产业化、技术投资、产业投资等。以产业需求、市场需求为源头，应用类科研技术为主要手段，通过市场来验证和衡量技术的市场和商业价值
组织机构	科研组织比较严密，科研任务都是按照任务分工和专业技术能力由内部科研人员承担，一般不对外开放，内部人才流动与晋升相对僵化，激励机制受限	组织机制灵活，往往采用开放式创新模式，以吸纳外部优秀的创意，并以各种比较灵活的方式（用人机制、激励机制、培养机制）吸纳外部优秀人才加盟
经营机制	经营机制是按任务进行的，即运作经费来源于创办者的拨款，或者按照科研任务由创办者核定经费，或者向有关部门申请科研项目及经费，一般是非营利组织，也不排除有些企业性质的研究机构也有盈利目标	经营机制市场化，以市场需求设人设岗，设定研发方向与需求，服务于产业的发展要求，灵活的激励机制

目前，多数科研机构存在的主要问题是：沿袭院所高校的事业单位属性和垂直隶属关系；按事业单位模式运作，"禁区"过多；功能定位多重纠缠，创新主体功能受到干扰；治理结构不适应，机构缺乏自主权。"四不像"的新型研发机构探索出了高等院校科研成果产业化，更好地为经济社会服务的新路子，是理论与实践的创新，把科研机构由过去主要以论文、职称、学历、奖项来衡量贡献的标准，改变为以市场价值、知识产权转化、孵化企业等来体现，使得新型研发机构成为吸引高层次人才、促进科技成果转化的创新创业平台。新型研发机构介于国有研究机构和民营研究机构之间，

"民办官助"体制更好地把民间科技资源与政府科技资源结合起来,避免了科技与经济相脱离,特别是充分发挥中国拥有大量海外留学科技人员的巨大优势,连接国内外两个市场;科学、技术、产业一体化有效克服科技与经济相脱离的问题,提高科技成果转化效率。

第四节　高交会成为高新技术盛会

中国国际高新技术成果交易会(以下简称"高交会")由中国商务部、科技部、工信部、国家发改委、农业农村部、国家知识产权局、中国科学院、中国工程院等部委和深圳市人民政府共同举办,每年在深圳举行,是目前中国规模最大、最具影响力的科技类展会,有"中国科技第一展"之称。

高交会集成果交易、产品展示、高层论坛、项目招商、合作交流于一身,重点展示节能环保、新一代信息技术、生物、高端装备制造、新能源、新材料、新能源汽车等领域的先进技术和产品。经过多年发展,高交会已成为中国高新技术领域对外开放的重要窗口,在推动高新技术成果商品化、产业化、国际化以及促进国家、地区间的经济技术交流与合作中发挥着越来越重要的作用。

同传统产业相比,高新技术产业具有高增值性,能够创造高额利润。西方高新技术产业的成功经验,迫使中国下决心把高新技术产业作为经济发展的突破口。深圳特区在这方面已经走在全国前面。1998年,深圳市高新技术产品产值达655.18亿元,占工业总产值的35.18%,大大高于全国平均水平。[①] 深圳市经过多年的努力,已初步走出了一条科技与经济和生产紧密结合的新路子,出台了一系列加强高新技术产业发展的法规和扶持政策,营造了良好的法治与政策环境,建立了科技成果研究开发和转化的良好机制。深圳与港澳台的经贸联系密切,有利于按照国际惯例发展高新技术产业。深圳是中国发展高新技术最迅速的地方,产品配套能力强,交

[①] 深圳高新技术产业发展调研组:《深圳发展高新技术产业的分析与思考》,《特区理论与实践》1999年第6期,第5—10页。

通信息业发达，在吸引外资方面已打好基础，投资环境日益成熟，不仅在基础硬件方面越来越好，而且在法制方面也越来越完善。所有这些因素都为深圳市举办高交会提供了十分有利的条件。

经国务院批准，由对外贸易经济合作部、科学技术部、信息产业部、中国科学院和深圳市联合举办的第一届中国国际高新技术成果交易会，于1999年10月初在深圳开幕。举办这样一个国家级的、新中国成立以来的第一个高新技术成果交易会，是深圳的殊荣，也是深圳二次创业的一次重要契机。深圳人为打造好高交会这艘航空母舰，放弃了历时十年的荔枝节，倡议并承办了国家级的高交会。立足高交会，深圳做到了"全国为我所用，世界为我所用"，使产业结构更为优化，高新技术产业水平和产值"节节高"，树立了深圳的高科技形象。同时，还取得了"一业兴带动百业旺"的可喜局面，为深圳的长远可持续发展奠定了更加坚实的基础。

在首届高交会上，马化腾拿着改了66版、20多页的商业计划书跑遍了会馆，最终为刚成立一年的腾讯拿到了第一笔融资；邓国顺带着他和伙伴发明的全球第一款U盘来到高交会馆，通过一个小展台将产品推向世界，成就了后来的朗科。在第六届高交会上，比亚迪第一次展出了自己的新车型——当年国内唯一达到产业化水平的EF3电动车。从此，高交会见证了比亚迪的进化史。

高交会为充满创新精神和求知欲望的中国人提供了更多的发展机遇，也提供了一个极好的提高科学文化素质的机会，更在不少青少年观众心中播下了科技的"种子"。高交会常设机构通过日常成果交易以及在国内外举办高新技术项目洽谈分会，构建一个常设的技术交易市场，为项目持有者提供技术评审、融资咨询、撮合推介等全方位服务，与各类投融资机构、企业保持长期互动合作关系，全年不间断打造有中国特色的成果交易体系。高交会采取线上和线下结合的方式，举办各类活动，持续为展商和专业观众提供服务，扩大展会的影响力。运用现代网络技术对高新技术项目进行全年不落幕的展示、洽谈、交易，促进与专业买家进行网上撮合。

高交会之所以能成为引领时代潮流、展现新技术新理念新设计、不断催生创新创业创意的盛会，主要有以下几方面原因。

一是紧扣国家发展战略和科技发展主题。每届高交会都紧扣党中央的重大发展战略,承担了促进中国经济转型升级、科技创新、战略性新兴产业发展等重大任务,使得国家的顶层设计能够落地生根,也使得深圳成为汇集人才、信息、资本并得到全球关注的创新之地。

二是遵循高新科技产业化的内在规律。科学技术是第一生产力,但科技成果转化难、转化慢又是中国面临的现实问题。长期以来,科技与经济"两张皮"的问题阻碍了中国的科技创新进程。高交会始终坚持高科技产业化的方向,精准把握市场需求,为产业化链条各方进行高效撮合对接,提供了优质的科技服务,实现了创新资源的高效配置,也有力提升了企业家、创业者、创客、发明家、草根等一系列市场主体的知名度,促进了深圳创新文化的发展和沉淀。

三是政府主导与市场运作相结合。"政府搭台、企业唱戏"是高交会成功运作的核心。高交会承担的是高规格、国际化展会,需要政府调配各种资源、对接国际平台、提升品牌形象。从高交会发展历程上看,政府的高度重视和强力支持必不可少,比如邀请国际知名人士、国外政府要员、跨国公司高管等参会,就需要充分发挥政府的行政资源整合作用。同时,针对一些具体项目的参展、接洽和后续事项,充分发挥市场机制的作用,调动企业的积极性。在2000年深圳就成立了企业化管理、市场化运作的高交会常设承办机构——高交会交易中心,此后随着深圳文博会等一大批深圳品牌展会影响力的不断扩大,统一由深圳会展中心管理有限责任公司进行运作。2007年,深圳市政府1号文件将会展业列为重点发展的高端服务业,为深圳会展业的新一轮跨越式发展注入了强大推力。专业化的机构引入海内外专业展览机构的操作流程和服务理念,举办各种专业技术论坛及交流活动,促使达成各项具体目标,进一步激发和保持了高交会的创新活力。

高交会的举办,不仅对深圳提升产业创新能力、建设国家创新型城市至关重要,而且对中国经济社会等各方面的发展影响深远、意义重大。

第一,将创新理念贯穿到全社会,成为中国建设创新型国家的助推器。习近平总书记指出：创新是第一动力。早在20多年前，高交会就始终以创新发展理念为核心，而在当时"创新"一词还并未上升到国家重视的战略层面。通过高交会的成功举办，改变了以往单纯依赖低廉劳动力和投资驱动的发展观念，让国人真正了解了科技创新成果的巨大价值和市场机会，体验到了创新孕育出的强大生命力。

第二，催生了一大批高新技术企业的诞生和发展，提升了中国的科技创新能力。高新技术成果的市场价值巨大，很快吸引了各类市场主体纷至沓来，形成了科技创新的良性循环，很大程度上改变了以往深圳搞贸易买卖赚快钱的市场环境。风险投资也在这个市场环境中孕育而生，助力高科技产业迅速发展。企业更加注重知识产权的创造、保护和运用，产学研深度融合的体制机制率先建立，为"深圳高新技术产业发展已经成为全国的一面旗帜"奠定了坚实的基础。

第三，促进了中国科技服务业的繁荣发展，为破解科技成果转化的"死亡之谷"探索出新路径。新中国成立以来，中国一直高度重视科技发展。深圳建立经济特区初期，也与中科院联合建立了深圳科技工业园，旨在充分发挥科学技术是第一生产力的作用。但从科学研究到应用研发，再到产业化阶段并非一帆风顺，国内外都面临着科研成果转化过程的"死亡之谷"，即基础研究成果可能因为资金、管理、人才、体制机制等因素，无法顺利走向市场，仅仅停留在实验室或论文阶段。高交会的创办，使得大量的基础研究成果能够与市场高效对接并转化，不仅产生了市场价值，而且引领了科技发展，甚至形成了以市场为导向的"逆向创新"机制，这是对中国科技成果转化体制机制的巨大贡献。

第四，增强了深圳的核心竞争力，拓展了深圳发展的空间。深圳经济特区的快速发展，很快遇到了土地、资源、人口和环境等难以为继的问题。通过高交会的成功举办，高科技企业在深圳扎根并快速发展，吸引带动了产业链条上一系列企业形成强大的产业集群。如今，在国内一线城市中，深圳以最小的国土面积取得了地方财政收入、GDP的前沿位置，依靠的就是"创新"这个最为关键的核心竞争力。同时，通过高交会平台，充分展示了世界科技贸易、信息技术、投融资等领域的最新动态，深化了深圳与国际市场的交流与合作。深圳一方面积极引进国际先进创新资源为我所用，另一方面积极"走出去"，开拓国际市场赢得发展新空间。

第五节　建设国家创新型城市

深圳市作为国家改革开放的前沿城市，一直坚持自主创新战略，大力发展高新技术产业，走在了全国前列。早在1990年，深圳市委、市政府就做出决定，提出要以科学技术的发展为动力，鼓励发展高新技术产业，以高科技产业的发展为切入点，积极调整产业结构促进产业转型，并出台了深圳市1990—2000年的科技发展规划。这一规划的颁布和执行，明确了深圳经济特区在第二个十年发展阶段科技创新的发展方向和远景。由此，开启了深圳城市创新的新篇章，深圳的高新技术产业迎来了发展的高潮。

1995年，深圳市出台了《关于推动科学技术进步的决定》，做出大力发展高新技术产业的战略决策。国家创新型城市以高新技术产业为支撑，该文件中提出将高新技术产业作为第一支柱产业，产业发展重点由"三来一补"的加工贸易转向高新技术的自主创新，这标志着深圳市建设国家创新型城市进入了萌芽起步阶段。

1998年2月，深圳市政府出台了《关于进一步扶持高新技术产业发展的若干规定》，并于1999年9月再次修订完善。这一规定强化了政府扶持产业政策决策的科学性要求，对高新技术产业发展的融资体系进行了科学系统的规划，提出财政资金、担保、风险投资、创业资助、吸引海外人员等一系列政策举措，并提出在高新区建立深圳虚拟大学园，以增强深圳高新技术研究开发的实力。

1999年成立的深圳虚拟大学园是深圳市委、市政府为大力发展高新技术产业而实施的具有战略意义的创新举措，是中国第一个集成国内外院校资源，按照一园多校、市校共建模式建设的创新型产学研结合示范基地，也是深圳目前唯一的"国家大学科技园"。深圳虚拟大学园在政府和院校共同支持下，根植于深圳特区、联络港澳、服务周边、辐射全国，不断成长壮大，聚集了国内外知名院校，搭建了创新载体，形成了从学士到硕士、博士的在职学历学位培养和从短期专项到为企业量身定做的订单式人才培养体系。已逐步形成了特色鲜明、专业突出的高端人才聚集地、研发机构聚集地和中小科技企业集散地。作为各成员院校在深圳发展的创新载体和公共平台，深圳虚拟大学园聚集创新资源，不断提升市校合作水平，将大学的科研和智力优势融入深圳国家创新型城市建设，在人才培养、成果转化、技术创新、深港合作与国际化等方面为深圳经济建设与发展做出了突出的贡献，也为成员院校深化教学科研改革、服务社会、支持地方经济发展进行了卓有成效的探索。

2004年1月，深圳市出台了《关于完善区域创新体系推动高新技术产业持续快速发展的决定》，在全国首次提出"区域创新体系"概念，并提出了完善区域创新体系的整体思路：以市场为导向，产业化为目的，企业为主体，人才为核心，公共研发体系为平台，形成辐射周边、拓展海内外、官产学研资介相结合的区域创新体系。深圳建设国际城市重大战略决策的五个内涵首先就是要将建设深圳成为国内"高科技城市"，毫不动摇地明确高新技术产业发展要成为国际化城市建设的第一动力。

2005年8月5日，时任深圳市委书记李鸿忠的文章《实施自主创新战略　建设创新型城市》在《人民日报》全文刊载。文章指出，自主创新是具有很高外部经济性的活动，仅靠市场很难使创新活动处于社会需求的最优水平。必须发挥政府的积极作用，努力营造有利于自主创新的环境，进一步强化企业在自主创新中的主体地位和企业家的核心地位。①

实际上，这一时期是深圳迈向创新发展的重要转折时期，通过对深圳面临问题的深入分析和有效应对，倒逼深圳高新技术产业发展实现了新的飞跃，涌现了一批拥有自主知识产权的本土企业群体，一大批本土科技创新企业快速成长，形成了一批具有自主知识

---

① 李鸿忠：《实施自主创新战略　建设创新型城市》，《人民日报》2005年8月5日第9版。

产权的企业集群。

在国家提出建设创新型国家的目标后,深圳市委、市政府于2006年1月4日出台了《关于实施自主创新战略 建设国家创新型城市的决定》,此后又发布了配套政策文件,在全国率先提出建设国家创新型城市的目标,在打造创新型人才高地、提升企业持续创新能力、发展战略创新产业、实施知识产权战略、建设创新公共基础平台、完善创新资金链条、充分利用海内外创新资源、完善创新体制机制、培养强化创新意识等方面提出了一系列的具体政策措施,这是深圳建设国家创新型城市的重要里程碑。

2008年6月12日,国家发改委正式批准将深圳列为全国第一个创建国家创新型城市试点,并明确了深圳市创建国家创新型城市的总体目标:把自主创新作为深圳城市发展的主导战略,夯实创新基础,完善政策环境,增强创新能力,将深圳建设成为创新体系健全、创新要素集聚、创新效率高、经济社会效益好、辐射引领作用强的国家创新型城市。这是自2006年1月,深圳市委、市政府颁布实施《关于实施自主创新战略 建设国家创新型城市的决定》以来,深圳自主创新工作的又一个里程碑,是深圳深入贯彻党中央、国务院关于建设创新型国家的重大战略决策,全面落实科学发展观,促进国民经济又好又快发展,建设各具特色和优势的区域创新体系的又一重大举措。

2008年9月,深圳市陆续出台了一系列大力推进国家创新型城市建设的政策文件,如《关于加快建设国家创新型城市的若干意见》《深圳国家创新型城市总体规划(2008—2015)》《关于加强自主创新 促进高新技术产业发展若干政策措施》等,正式开启了深圳市建设国家创新型城市的步伐,这是深圳建设国家创新型城市的又一重要里程碑。

其中,《深圳国家创新型城市总体规划(2008—2015)》是深圳市建设国家创新型城市的总体规划与行动纲领,提出了国家创新型城市以发展方式创新为核心、以科技创新和产业创新为重点、以社会文化创新为依托、全面提升自主创新能力的建设思路。为了保障国家创新型城市建设工作的有效落实,市委、市政府召开了全市自主创新大会,市政府还成立了国家创新型城市领导小组,全面领导协调国家创新型城市建设工作。

2014年6月,深圳建设国家自主创新示范区获国务院批复,这是党的十八大后国务院批准建设的首个国家自主创新示范区,也是中国首个以城市为基本单元的国家自主创新示范区。批复明确了深圳国家自主创新示范区的定位,即充分发挥创新资源集聚和体制机制灵活的优势,积极开展激励创新政策先行先试,努力建设成为创新驱动发展示范区、科技体制改革先行区、战略性新兴产业集聚区、开放创新引领区和创新创业生态区。

第六节 率先发展战略性新兴产业

在国际上,最早提出战略性产业概念的是美国经济学家赫希曼(A. O. Hirschman),他将处在投入—产出关系中关联最密切的经济体系称为"战略部门"。之后,"战略性产业"一词开始频繁出现。特别是日本、韩国等国家通过扶持重点产业带动整个经济迅速增长的政策取得重大成效后,人们对这种具有战略意义的产业发展越来越重视。战略性新兴产业是指在经济发展的特定阶段,以科技重大突破为前提,以新兴技术和新兴产业深度融合为基础,能够引致社会新需求、带动产业结构调整和经济发展方式转变,并能在一段时期内成长为对国家综合实力和社会进步具有重大影响力的主导产业、先导产业或支柱产业的行业和部门。[①]

2008年国际金融危机爆发后,深圳产业结构的劣势愈加明显,深圳经济增速呈逐年下降的趋势,依靠以加工制造业为主的产业结构和外延式增长的发展方式,已支撑不了新一轮经济的增长,深圳的国际竞争优势日益下降。要提升深圳的国际竞争力,迫切需要调整优化深圳产业结构,加快深圳经济发展方式转型,从依靠投资支撑的粗放型增长模式转变到依靠科学技术创新的集约型增长模式,

---

① 冯赫:《关于战略性新兴产业发展的若干思考》,《经济研究参考》2010年第43期,第62—68页。

培育和发展市场潜力大、产业辐射性强、综合效益高的战略性新兴产业。

由于国际金融危机的冲击，全球经济竞争格局正在发生深刻变革，科技发展正孕育着新的革命性突破，世界各国和中国各省市纷纷加快新兴产业的战略布局，推动节能环保、新能源、生物、信息等新兴产业快速发展。战略性新兴产业具有潜在市场大、带动能力强、吸收就业多、综合效益好等特点，能增强经济发展的后劲，开辟新的发展空间。

2009年初，国务院审议通过并批复实施的《珠江三角洲地区改革发展规划纲要》，把优先发展现代服务业、加快发展先进制造业、大力发展高技术产业等作为构建现代产业体系的重要组成部分，为深圳发展战略性新兴产业提供了更加坚实的产业基础和更广阔的发展空间。深圳实施产业错位发展战略，没有选择钢铁、石化、水泥、轮船等重化工产业，而是大力发展电子信息、互联网、生物制药、新材料、新能源等新兴产业，同时大力发展与之配套的金融、文化、数字、物流等现代服务业。

为抢占新一轮经济发展的制高点，主动布局新一轮新技术、新产业，深圳首先瞄准了生物、互联网、新能源三大战略性新兴产业，于2009年陆续编制《深圳生物产业振兴发展规划（2009—2015年）》《深圳互联网产业振兴发展规划（2009—2015年）》《深圳新能源产业振兴发展规划（2009—2015年）》，着手构建更具竞争力的现代化产业体系，积极培育新的经济增长点，通过更先进的产业支撑深圳未来的可持续发展。

2010年，国务院出台《关于加快培育和发展战略性新兴产业的决定》。在国家前沿战略的引领下，深圳抓住机遇，进一步加快发展战略性新兴产业，于2011年继续编制《深圳文化创意产业振兴发展规划（2011—2015年）》《深圳新材料产业振兴发展规划（2011—2015年）》《深圳新一代信息技术产业振兴发展规划（2011—2015年）》，并将生物产业、互联网产业、新能源产业、文化创意产业、新材料产业、新一代信息技术产业确定为深圳市的六大战略性新兴产业，作为《深圳市国民经济和社会发展第十二个五年规划纲要》的重要发展目标之一。

2016年以来,深圳根据国内外科技、产业创新的实际情况,不断完善战略性新兴产业规划及配套政策,如今重点发展新一代信息技术、高端装备制造、绿色低碳、生物医药、数字经济、新材料、海洋经济七大战略性新兴产业。同时,加快培育未来产业,落实生命健康、航空航天、机器人、可穿戴设备和智能装备等未来产业规划和政策,打造新的经济增长点。

经过多年的发展,深圳市战略性新兴产业总量不断迈上新台阶,贡献作用不断增强,引领深圳经济发展模式从劳动密集型逐渐向资金密集型和技术密集型转变,从"深圳制造"逐渐向"深圳创造"升级。随着产业结构持续优化和调整,深圳十个区结合自身产业特色,因地制宜大力建设战略性新兴产业园区和基地,已形成多个区域增长极,科技创新能力显著增强,企业品牌影响力不断提升。全市十个区发挥各自战略性新兴产业发展优势,以产业集群推动产业集聚区发展,形成各具特色的区域增长极。结合东进战略、中轴提升、西部拓展的城市空间战略布局,深圳东部地区有罗湖大梧桐集聚区、盐田河临港集聚区、龙岗坂雪岗科技城、龙岗宝龙科技城、龙岗阿波罗集聚区、坪山聚龙山集聚区、坪山第三代半导体集聚区、大鹏坝光国际生物谷集聚区;中部地区有福田深港科技创新合作区、龙华九龙山集聚区、龙华观澜高新园;西部地区有南山留仙洞集聚区、南山高新园北区集聚区、宝安大空港集聚区、光明石墨烯集聚区。

在战略性新兴产业蓬勃发展的带动下,深圳悄然孕育了一批世界瞩目的创新型企业。如发展新一代信息技术产业、机器人可穿戴设备和智能装备产业的华为和中兴,发展互联网产业和文化创意产业的腾讯,发展新能源产业和新材料产业的比亚迪等企业纷纷跻身国际前列,深圳品牌影响力不断提升。此外,还有一批"瞪羚型"战略性新兴产业企业逐步成长为行业冠军。大疆创新自主研发和生产的无人机占据全球70%以上的市场份额,成为全球领先的无人飞行器控制系统及无人机解决方案的研发和生产商;柔宇科技是全球柔性显示、柔性传感、柔性屏手机及相关智能设备的领航者,2014

年在全球第一个发布了国际上最薄、厚度仅 0.01 毫米的柔性显示屏，引领了柔性显示和柔性电子产业的新潮流；优必选致力于打造"硬件+软件+服务+内容"机器人生态圈，从伺服舵机到操作系统再到人工智能等核心技术，全由优必选自主研发，成为 2018 年全球估值最高的 AI 创新企业。

总之，深圳全面落实国家战略部署，大力培育发展战略性新兴产业，推进经济结构战略性调整取得实质性突破，为实现有质量的稳定增长和可持续的全面发展提供了强劲动力。深圳的战略性新兴产业在经济发展的主引擎作用突出，引领式创新能力不断提高，产业集聚发展成效显著，产业发展环境持续优化，使深圳成为中国战略性新兴产业规模最大、集聚性最强的城市。

第六章　打牢民主法治之基

民主和法治是城市健康发展的保障。深圳经济特区建立后，牢牢把握人民当家做主、人民是城市的主人、人民城市人民建设等基本理念。特别重视用法治规范政府、规范城市、规范市场。

第一节　深圳40年政治发展概述

一　改革开放：深圳政治发展的直接动因

"只搞经济体制改革，不搞政治体制改革，经济体制改革也搞不通，因为首先遇到人的障碍。事情要人来做，你提倡放权，他那里收权，你有什么办法？从这个角度来讲，我们所有的改革最终能不能成功，还是决定于政治体制的改革。"① 邓小平同志曾深刻地指出政治体制改革在中国改革开放进程中的重要作用。邓小平同志认为，"权力要下放，解决中央和地方的关系，同时地方各级也都有一个权力下放问题……精简机构，这和权力下放有关"。② 事实上，现代社会实质是形成相对自主的经济、政治、文化系统，各系统遵循自身的法则健康运转，且相互作用、相互支持，形成合力，不断创造丰富的物质文明、精神文明和政治文明。改革开放的过程就是不断将市场与社会从政治母体中分化出来的过程。③

一个城市的治理水平和方式很大程度上取决于制度的供给力度

---

① 《邓小平文选》第3卷，人民出版社1993年版，第164页。
② 同上书，第177页。
③ 郑维伟：《政治体制改革与政治建设：理解中国政治发展的主线》，《浙江社会科学》2018年第4期。

和水平。政府作为制度的主要供给者，其制度供给状况受制于两个要素的影响：一是政府的主导力（dominant），二是大众的影响力（influence）。①

改革开放以来，深圳的政治发展动力主要来源于让政治环境逐步适应于超快速发展的市场经济及由此产生多元社会变革。改革开放的前30年，作为中国最大和最重要的经济特区，深圳承载着中国现代化开路先锋的角色。不仅成功实现了经济的快速发展和社会结构的急剧变革，而且也进行了行政体制、干部制度、社区治理基层民主等一系列政治领域的探索。

党的十八大以来，深圳始终坚持习近平新时代中国特色社会主义政治发展思想，深入总结过去近40年政治发展的宝贵实践经验，沿着社会主义政治发展方向，通过一系列的政治改革和制度创新，为经济体制改革松绑，为激发社会活力赋能，并积极回应市场需求，为城市政治体制改革发展提供大量实践范例。

二　向土地要效益：土地使用权流转打破体制束缚

1987年12月1日，在深圳会堂，中国土地使用权拍卖的第一槌敲响了。位于罗湖区的国有土地使用权通过拍卖的方式成功流转，这不仅是新中国历史上土地使用权转让"第一槌"，也是以制度创新打破发展束缚的大刀阔斧的一步。深圳政治发展一小步，成为国家法治发展一大步，推动了中国宪法条款的修正。

土地是重要的生产要素，是财富的源泉。但是，在计划经济时期，应该流转的生产要素土地被固定化，土地被无偿占用。国家宪法规定土地不能转让。如果按照这种土地管理模式，没有资金来源的深圳不可能进行大规模城市建设，也很难吸引外商投资。

深圳在改革的初期，即开始着手土地制度改革。由于涉及法律和公有制性质问题，深圳对土地制度改革非常谨慎。政府专门组团到香港进行调研，发现土地收入是香港政府的重要财政收入。考察组经过多次研讨，走访了国家和广东省土地管理部门。1987年7

---

① 燕继荣：《中国改革的普遍意义——40年中国政治发展的再认识》，《浙江社会科学》2018年第9期。

月,经过反复讨论酝酿,《深圳经济特区土地管理体制改革方案》出台,将土地所有权和使用权分开,规定土地使用权可以转让,即公开拍卖、招标和协议。为了进一步加大落实力度,深圳还建立其配套举措,1988年1月,新组建市国土局。对过去行政划拨的土地,逐步过渡到市场转让。改革方案出台后,先进行了招标和协议转让的试点,最后进行拍卖转让。

当时这一创新做法很大程度上突破了传统制度尤其是国家法律甚至是宪法的限制。很多学者、法学专家毫不隐讳地批评深圳此举是"良性违宪"。然而,考察当时中国社会的法律发展阶段和法治发展概况,必须要有对于体制机制的大胆突破才得以有突破性发展。很快,国家的法治实践为深圳正名。1988年4月12日,七届全国人大一次会议通过的《中华人民共和国宪法》对原有条款"任何组织或者个人不得侵占、买卖、出租或者以其他形式非法转让土地"做了如下修正:"任何组织或者个人不得侵占、买卖或者以其他形式非法转让土地。土地使用权可以依照法律的规定转让。"从这个角度来说,深圳突破旧有法律束缚的一小步,构成了宪法修改、国家制度变革的一大步。

三 多劳多得:分配改革打破"铁饭碗"

20世纪80年代以前的深圳,和广大中国其他城市一样,倡导和奉行的都是平均主义,干多干少一个样,不是根据劳动贡献而是按照平均主义分配。深圳改革开放的发源地蛇口工业区亦是如此。由于奖金数量有限,对于广大工人的劳动热情激励并不显著,生产干劲儿明显不足,无法适应改革开放的需求。

为了进一步提升劳动者的热情,蛇口工业区采用全新的管理制度,即奖金不再设置条条框框的限制,而是多干多得,规定一个定量工作额度,完成者按照数量奖励;超额完成的部分则按照超额数量双倍奖励。就是这样一个简单的制度创新,大大改善了分配无法刺激生产的沉疴旧疾。新制度实行后,工人劳动积极性大大高涨。这一改革举措是一次政治领域改革直接为经济效率松绑的大胆尝试,也深刻地影响了蛇口工业区管理者对于时间、效率、金钱之间关系的认知。于是，蛇口工业区很快竖起一块大大的标语："时间就是金钱、效率就是生命。"这样一条标语至今仍然竖立在广东自由贸易区（前海蛇口片区），在今天看来，这只是一则非常普通的标语，也是改革开放 40 年来特区人对于发展经验的基本认知。然而，在当时看来，这样的表达是与传统意义上对社会主义认知格格不入的，也一度引发了全国理论界对于深圳发展以及对于社会主义要分配绝对公平还是要效率的二元关系的讨论，也是一种对于旧的不符合生产规律体制的大胆突破。

对此，邓小平同志再次强调："深圳的蛇口工业区更快，原因是给了他们一点权力，五百万美元以下的开支可以自己作主。他们的口号是'时间就是金钱，效率就是生命'。"[①] 1984 年国庆节，天安门前出现大规模彩车游行队伍，一行醒目的标语赫然在列，恰恰是蛇口工业区首创的"时间就是金钱，效率就是生命"，这已经不再是深圳独有的精神，而是衍生于深圳的分配体制改革得以在全国复制借鉴的生动实践。

四 用制度管权力：政府效能迈入"快车道"

改革开放以来，深圳的数次行政体制改革均紧紧围绕"为公权力寻找边界、为社会和市场寻求空间"的法治思维，这一现代化符合国际规则和惯例的改革理念历经多届市领导班子并能够一以贯之发扬光大，为烦冗庞杂的行政体系做了减法，却为增进行政效率、不断激发市场潜能提供了更多空间和机遇，也使得深圳的政治发展在不同阶段均能很好适应深圳经济社会发展需要，也为解决经济和社会发展过程中遇到的体制障碍问题提供了保障。

早在 20 世纪 80 年代，深圳就探索实行行政管理的扁平化，通过减少中间层次、增加管理幅度、扩大信息沟通的范围，而实现调动基层的创造性、降低管理成本、提高管理效率的目标。1986 年至 1987 年，深圳撤销财贸、文教、基建三个市长办公室，规定各局、委、办为同级平行机构，市政府行政链条由三级管理变为政府—局

[①] 《邓小平文选》第 3 卷，人民出版社 1993 年版，第 51 页。

（委、办）二级管理，其后又先后开启"一级政府，三级管理"的政府管理层级扁平化改革探索。① 在寻求权力边界的改革过程中，深圳政府紧紧围绕"法治政府"的根本要求，不仅重视社会对于政府的外部监督，也在公权力内部探索权力的有效划分和监督，不断提升行政效能。

贯穿行政体制改革的重要举措之一还有对于干部队伍尤其是对公务员队伍管理的改革，通过改变对队伍和个体的管理模式，从而提升行政效率。早在20世纪90年代，深圳就改变固有的收入模式，利用"高工资"吸引大量外来人才来深圳建设，曾一度出现"孔雀东南飞"的人才大量迁徙现象。对于公务员队伍的管理，从2008年开始，深圳开始在全国范围内率先推行公务员聘任制和公务员职位分类管理两项重大改革试点工作，这是涉及公务员晋升机制和优胜劣汰机制的重大改革。这就打破了以往单一职业发展模式。在制度创新方面，深圳更是先后出台一系列规章制度，在全国率先实行"逢进必考"的刚性准入制度，并能够严格执行，这为改革开放的建设提供了强有力的人才支撑，也让行政体系内部逐步建立起公平公正的人才引进、培育、使用和流动升迁机制，切实做到庸者下、能者上，避免了行政机关极易出现的官本位作风和腐败之风。

第二节 民主和法治

一 权力当有边界

近年来，深圳通过构建多元化的权力监督体系，为权力寻找"边界"。根据国务院及深圳自身出台的相关文件要求，各级行政机关要自觉接受党内监督、人大监督、民主监督、司法监督，加强行政监督、审计监督、社会监督、舆论监督及其制度建设，基本形成科学有效的权力运行制约和监督体系，增强监督合力和实效。具体而言，深圳市、区两级政府严格执行向人大报告及向政协通报工作

---

① 张骁儒等：《新型城市化的深圳实践》，中国社会科学出版社2015年版，第158—180页。

制度，自觉接受人大权力监督和政协民主监督。各级政府依法参与行政诉讼，优化内部层级监督和权力制约，完善政府建设考评体系，创新执法监督方式，加强对重点领域的监督；完善社会监督和舆论监督制度体系，开展舆情回应，主动通过政府网站、政务微博、政务微信等多种方式依法主动公开政府信息。

（一）人大政协监督作用有效发挥

高效的政府行政运作能力很大程度上来源于强有力的权力监督。在深圳多年来的政治发展实践中，人大的权力监督和政协的民主监督都占据重要地位。党的十八大之后，人大和政协更是充分行使手中权力，尤其是每年"两会"人大代表、政协委员的监督和发声成为"亮点"。

党的十八大之后，深圳市创新办理人大建议和政协提案机制，对涉及公共利益、公众权益和需要社会广泛知晓的人大代表建议和政协提案办理答复全文，各部门均按要求通过门户网站或新闻媒体向社会公开。进一步完善市委、市政府领导领衔督办人民团体和政协界别重点集体提案工作机制，对重点集体提案的确定、办理、督办等工作作出规定。

近年来的政协提案，数量大、涵盖范围广泛，内容涉及经济发展、社会民生的若干重要领域。2019年市政协六届五次会议，多名委员围绕改革开放40周年之际，困扰深圳的"卡脖子"问题提出高质量的意见。来自民革深圳市委员会的政协委员何杰建议：努力争取在深圳设立人民银行南方总部。该建议一经发出，就在全国资本市场引起了极大反响。一直以来，在国家"一带一路"倡议和粤港澳大湾区建设的背景下，粤港澳金融合作不断取得新突破，大湾区金融区域优势凸显。不过，深圳进一步融入粤港澳大湾区金融合作仍存在一些突出问题，如金融合作关系到金融安全、境内外体制的对接等重大问题，需要通过体制机制创新来加以解决，推动建立金融监管及协调机制。因此，顶层设计上需要更多倾向于大湾区的制度供给，在深圳设立人民银行南方总部无疑有利于协调粤港澳大湾区金融工作并助力"一带一路"南向通道建设。万科企业股份有限公司董事会主席郁亮委员代表工商联建议抓住粤港澳大湾区建设契机，申请对港澳直接投资的特别监管政策。社科界代表袁晓江委员建议试行企业承诺制度以及扩大简易注销范围，切实解决企业"退出难"问题。

这些建议无论从深度还是广度而言，均为深圳下一步的发展提供了大量思路和可能性。受益于人大、政协的有效监督，深圳在提升政府效能方面始终得风气之先，领发展前沿，避免政府权力"自说自话"制度出台更接地气，有效对接发展诉求。

(二) 持续优化政府内部监督

党的十八大后，深圳在过去近40年的行政体制改革基础之上，持续做机构精简和权力下放的行政改革"减法"，并在确保落地执行的监督考核层面不断创新。一方面，通过强区放权改革工作，将对各区的考核重心从区政府延展至区执法部门，加大薄弱环节考核力度，提高重大行政决策、接受司法监督、规范性文件制定等方面的考核要求。另一方面，建立并优化考评体系，针对不同指标的特点，继续实施日常检查、半年检查和年度检查三类考评检查机制，提高督促检查和数据采集频率。

在制度建构层面，出台并实施《深圳市特邀行政执法监督员管理办法》。2017年，从人大代表、政协委员、律师、工商企业工作者、高校教师、行业协会工作者、社区基层工作者、新闻媒体工作者、医务工作者等各行业中遴选60名特邀执法监督员，兼顾了监督员的广泛性和代表性，大大拓宽了监督渠道，延伸了监督触角，提升了监督水平。

(三) 完善信息公开制度强化社会监督

按照现代权力监督理论，阳光是防止权力无当蔓延的最好"防腐剂"。深圳一直致力于政府信息公开、透明、可获取的制度创新。近年来，深圳出台《深圳市公共信用信息管理办法》《关于进一步做好政策解读工作的通知》《深圳市政府网站集约化建设方案》等文件，为加强政府信息公开平台建设提供制度保障。市政府各部门、各区政府也积极完善本单位政府信息公开制度。健全信息公开工作机制，包括政府信息公开领导、培训考核等机制，组织各区各部门公开业务普训和热点单位公开业务专训。积极利用现代化手段和互联网技术同步更新网站、官方微信微博客户端等新兴信息发布平台,让信息资讯更易获取,便利了民众业务办理,也优化了信息公开方式和渠道,更强化了对于权力的社会和公众监督。

(四) 率先试点监察体制改革

深化国家监察体制改革,将试点工作在全国推开,是党的十九大作出的重大战略部署。为积极贯彻落实这一部署,作为国家监察体制改革的试点城市,深圳市监委和各区监委均于2018年1月挂牌成立。成立伊始就组织广大纪检监察干部进行专业培训,提高业务水平和政治认识。在国家监察体制改革正式启动后,所有行使公权力的公职人员都被纳入监察范围。为了更好履行权力内部的监督职责,不断进行制度建设和新的权力监督架构,逐步建成了一个横向纵向交错交织、完善完整的监督体系。一方面,向功能区派出监察专员办公室,实现监察职能从行政区向功能区延伸;另一方面,由各区向街道办派出监察组或监察专员。

为进一步做到监察全覆盖,纪委监委进一步优化派驻监督,向全部基层派出所派驻纪检监察专干,在市属国企推行纪委书记兼任监事会主席制度,为高校选派一名纪委书记,向公立医院推荐专职纪委书记,不断加大人力物力投入,加强监督力度。①

二 用好用足立法"尚方宝剑"

"市场经济也是法制经济",这一认识在深圳特区率先生根,深圳立法部门也一直利用立法这个"尚方宝剑",致力于保障经济社会平稳有序发展。改革开放后,随着社会主义市场经济体制改革不断向深入发展,社会各界对于构建特区稳定的法治环境呼声渐渐高涨。首要的就是特区经济社会发展对于稳定法律制度的极端渴望,这已经是一个十分迫切的问题。大量港商、外商来深投资发展,早已经习惯于境外发达经济体高度发达的法治环境,他们对于法治化营商环境同样有着较高预期。但是,经过深圳市委、市政府的多次申请和奔走,终于于1992年经全国人大常委会授权获批特

---

① 《打造政治过硬本领高强的纪检监察铁军》,《深圳特区报》2019年1月18日。

区立法权；并且因 2000 年《立法法》的实施，与其他城市共同拥有较大市立法权。至此，深圳成为同时拥有双重立法权的"法治特区"。

（一）立法工作卓有成效

党的十八届四中全会提出全面推进依法治国，做到重大改革于法有据。事实上，将立法工作放在"依法治国战略全局"中谋篇布局，将立法决策与改革决策结合起来，也是深圳立法工作的一个鲜明特点。在新的时期，深圳进一步把深化改革同完善立法有机地结合起来，更加注重从法律制度上进行顶层设计，手握立法"尚方宝剑"，发挥法治在改革中的推动和引领作用，突破体制障碍，为改革开路。

截至 2018 年底，深圳市人大及其常委会共制定法规 200 多项，现行有效法规 160 余项。这些地方法规，构建了特区基本的法规框架，保证了深圳的市场化、法治化，推动了深圳各项事业的蓬勃发展，也为国家立法提供了参考。伴随着特区发展脚步和中国法治化进程，深圳立法的理念、思路、重心和方式方法不断发生变化，深圳也由当年的立法试验田大步迈向法治之城。

（二）立法推动人才五路大军建设

经济特区成立以来，深圳一直致力于"人才立市"基本经验，先后通过收入分配制度改革、向全国调干等方式吸引各路人才。党的十八大后，深圳进一步探索党领导下的人才治理新举措。2017年，更是率先在全国发布《深圳经济特区人才工作条例》，这是有效利用特区立法"尚方宝剑"在人才治理领域出台的第一部地方法规。

深圳人才治理法治化的核心抓手是充分利用党的政治优势，发挥人才治理法治化的制度优势，树立统筹兼顾、全面发展的人才观。切实做到统筹兼顾，既注重产业创新型人才、高新科技型人才的引进培养，也注重基础研发型、理论研究型、经营管理型、技能技工型等各类型人才的培育成长；既统筹兼顾各层次各级别人才，注重海外高层次人才、国内高层次专业技术人才的引进，也注重广大中初级人才的培育和提升，切实处理好增量人才和存量人才的关系，保护和调动各层次人才的积极性，使近者悦、远者来，聚合人才向心力，形成人才"一盘棋"。至此，深圳已构筑起人才优先发展的法治保障，开启了深圳以立法治理人才的新时代。

(三) 开门立法精细立法

党的十八届四中全会后，"科学立法"的要求提出立法不仅要注重解决法律有没有的问题，更要切实解决法律适不适应、管不管用的问题。精细化立法，要求法律有效管用，也要求立法的"程序正义"，即立法活动本身既是一项专业性很强的工作，但是同时应尽可能考量其有效性和可用性，通过"开门立法"等方式广泛征集专家学者、事务部门和社会公众的意见。这也逐渐成为近年来市人大常委会立法工作一个鲜明的特点——公众拥有更多立法话语权。例如，《深圳经济特区医疗条例》在制定之初，市人大常委会就委托第三方民调机构，展开万人民意调查；《深圳经济特区控制吸烟条例》仅罚款金额就召开了7次立法听证会；2017年，全市150多个社区立法联系点挂牌，以汇集基层最原汁原味的"第一手资料"。有很多公众意见还被采纳，对立法工作产生了颠覆性影响。2016年4月，市人大常委会会议上，《深圳经济特区食品安全条例（草案）》首次提请审议，一些专家认为缺乏地方立法特色和刚性，处罚标准低于全国标准，不符合基本立法规范。市人大常委会牵头成立立法调研组，在大量调研的基础上，将一部"大而全"的食品安全"基本法"，修改为"小而专"的监督条例。

精细立法、科学立法还体现在对于立法的事后评估工作逐步常态化。事实上，早在2011年，深圳就在全国率先制定了《法规实施情况报告制度实施办法》。这是一种非正式的立法后评估举措。党的十八大后，对于立法的事后评价机制日趋成熟。2014年，深圳市委出台了《关于进一步发挥市人大及其常委会在立法工作中主导作用的意见》，这是中国第一部人大主导立法的专门文件。根据该《意见》精神，市人大常委会先后制定了立法计划编制与实施、法规即时清理、立法后评估、立法技术规范等一系列制度，立法工作在人大的主导之下，有了"深圳标准"。

（四）政府立法日益规范化

与此同时，深圳政府立法质量也大大提升。近年来，通过构建系统完备、科学规范、运行有效的依法行政制度体系，为社会全方面发展提供有力的制度保障。

市政府先后建立政府立法和规范性文件管理制度体系，公众参与、专家论证等机制贯穿于立法全过程，规范性文件审查、备案和清理工作成效显著。2018年4月，《深圳市行政机关规范性文件管理规定》经修订后正式实施，制度保驾护航对规范性文件审查的深度、广度不断拓展。据此，市政府组织对1979年以来市政府发布的规范性文件进行全面清理，梳理出失效或者应当废止的规范性文件，清理结果经市政府审议后发布。此外，市政府还依照国家、广东省有关文件要求，组织开展涉及"放管服"规范性文件专项清理。

政府立法关注重点领域，主动适应改革和经济社会发展需要。为促进经济的快速发展、进一步提升经济发展质量，市政府先后启动了《深圳经济特区股份合作公司条例》《深圳经济特区知识产权保护条例》《深圳经济特区统计条例》《深圳经济特区政府投资项目管理条例》《深圳经济特区审计监督条例》《深圳经济特区政府投资项目审计监督条例》等立法项目，在股份合作、政府投资项目管理、知识产权保护等方面加强法制保障。[①]

三　服务型政府筑牢政治文明根基

为进一步顺应市场经济的发展，深圳从打造"服务型政府"入手，构建更好的营商环境，为市场和公众服务。

（一）法治政府建设

党的十八大以来，党中央深刻总结了中国社会主义法治建设的经验和教训，提出法治是治国理政的基本方式，作出了全面推进依法治国的战略决策。习近平总书记在党的十九大报告中进一步提出，深化依法治国实践，强调坚持法治国家、法治政府、法治社会

---

① 此部分内容参考《2017年深圳市法治政府建设状况》，深圳市人民政府法制办公室2018年6月发布。

一体建设。① 法治政府建设成为全面推进依法治国中非常关键和重要的一环。

深圳市委、市政府历来高度重视法治建设，尤其是 2004 年国务院发布《全面推进依法行政实施纲要》以来，法治政府建设驶入快车道。从出台全国首个法治政府建设指标体系，到印发第一个以法治政府建设为主题的市政府 1 号文件；从提出建设一流法治城市的战略目标，到加快建成"法治中国的典范城市"，再到"法治先行示范"，深圳法治政府建设在各项评估或考核中位居前列。②

《法治政府建设实施纲要（2015—2020 年）》提出，牢固树立创新、协调、绿色、开放、共享的发展理念，坚持政企分开、政资分开、政事分开、政社分开，简政放权、放管结合、优化服务，政府与市场、政府与社会的关系基本理顺，政府职能切实转变，宏观调控、市场监管、社会管理、公共服务、环境保护等职责依法全面履行。在此背景下，近年来，以法治政府建设为目标的一系列内部机制创新有了大踏步的跨越。

一方面，通过强区放权为基层赋权。通过简政放权，改善权责不统一、事权与资源配置不协调等问题，有效调动了基层工作积极性，释放了城市开发建设活力，区级履职能力明显加强，工作流程精简优化，服务效能不断提升，大大激发了基层活力，基层治理水平和治理能力大大提升，改革成效初步显现，市场和社会活力充分释放。另一方面，调整政府和市场的关系。围绕放宽企业准入门槛、降低制度性交易成本，不断简化行政审批，最大限度减少政府对经济领域的直接干预，市场主体活力和社会创造力得到有效激发，营商环境进一步优化。持续精简行政职权事项，市场准入门槛大幅降低。积极清理规范中介服务事项，切实减轻企业负担。分别以直接取消、由实施部门委托中介机构提供、由申请人选择自行提

---

① 《决胜全面建成小康社会 夺取新时代中国特色社会主义伟大胜利——在中国共产党第十九次全国代表大会上的报告》，中华人民共和国政府网站（http://www.gov.cn/zhuanti/2017-10/27/content_5234876.htm）。

② 此部分内容参考《2017 年深圳市法治政府建设状况》，深圳市人民政府法制办公室 2018 年 6 月发布。

供或委托中介机构提供等多种方式,完成市直部门中介服务事项清理规范工作。经过清理规范,企业在办理某些行政审批时,不再需要提供审查评估、论证鉴定报告等材料,切实降低了企业制度性交易成本。

(二) 政府服务精细化

随着现代信息技术的蓬勃发展,近年来,旨在提升行政效能的智慧政务服务水平有了很大提升。借着技术的"东风",以"互联网+政务服务"为重点的行政审批制度改革成果明显,极大便利了广大人民群众的事务办理。以转变政府职能为核心,以"互联网+"和现代信息技术运用为抓手,推进权责清单动态管理、转变政府职能、优化公共服务、强化"互联网+政务服务"等工作,更大程度厘清政府与市场、社会的关系,有效激发了市场活力和社会创造力,进一步释放了经济社会发展新动能。技术的勃兴也在客观上缓解了行政机关被诟病的"门好进、脸好看、事难办"的问题。尤其在商事领域,便民化、智慧化的政务服务大大缩短了办事时间,简化了办证流程,"只跑一次""一口办理"等已经成为各个政务服务大厅的常态化服务。

事实上,深圳一直以来致力于服务型政府的打造,不仅创新大量服务举措,也在标准化建设上大胆探路。为进一步细化对政府的考核标准,早在2008年,深圳就在全国率先施行《法治政府指标体系》,将法治政府的标准更细化、科学化。2012年,深圳因此获得全国第二届"中国法治政府奖"。2014年对指标体系进行了修订,力争做到指标设置高质量、有特色、可操作、易考核。修订后的《指标体系》共10个大项、46个子项、212个细项,增加了科学立法、民主立法、权责清单、法律顾问制度、执法全过程记录制度、重大执法决定法制审核、执法信息共享等指标内容,服务型政府标准更加细化、服务事项更清晰可控。

(三) 政府履职科学化

长久以来,中国基层政府都沿袭着"强势政府"的色彩,对市场管得太多,却没有找准"痛点"。近年来,深圳积极对接国际规则,在重点领域率先破题,为全国性改革作出示范。最有代表意义的即按照放管结合、并重的要求，积极推动政府管理重心转向加强和改进事中事后监管，重点解决现实中存在的监管难点，为创新发展营造公平竞争的市场环境。

（1）率先完成权责清单改革。2014年3月，深圳在市区街三级全面启动清理行政职权编制权责清单工作，历时一年基本完成，比中央要求的时限提前一年，有效明晰了政府部门职权"家底"，强化了监管责任落实。同时，注重强化清单应用和规范管理，开发建设了统一的权责清单管理系统，并与网上办事大厅对接，实现网上办理；出台了《深圳市政府部门权责清单管理办法》，推进清单管理制度化、动态化，从源头上避免职权事项边清理边增加的问题。

（2）完善商事登记改革后监管规则。2014年，深圳在全国率先印发了商事主体行政审批事项权责清单和商事登记制度改革后续监管办法工作方案，明确了25个部门涉及商事主体登记的129项行政审批事项的监管责任主体，并逐项制定监管办法，切实弥补由"先证后照"向"先照后证"转变过程中的监管缺漏。

（3）全面构建监管体系。2017年2月，深圳在全国率先出台《深圳市加强事中事后监管、进一步转变政府职能工作方案》，坚持放管结合，以管促放，通过厘清监管职责、编制监管清单、完善监管标准、改革监管体制、创新监管方式、搭建监管平台等方式，全面推进管理重心转向事中事后监管，着力构建权责明确、公正公平、透明高效、法治保障的事中事后监管体系，努力做到监管职责全覆盖，监管成本合理适度。

（四）让政府在阳光下运行

《法治政府建设实施纲要（2015—2020年）》明确提出，行政决策应当制度科学、程序正当、过程公开、责任明确，以显著提高决策质量，切实保证决策效率。近年来，深圳市、区政府及其部门按照《深圳市人民政府重大行政决策程序规定》的规定，制定并公布重大行政决策事项目录，对重大行政决策事项严格遵循公众参与、专家论证、风险评估、合法性审查、集体讨论的法定程序，切实推进行政决策的科学化、民主化、法治化。

2017年，市政府在法治政府建设考评指标中提高了重大行政决策方面的考核要求。有关部门、各区政府进一步健全重大行政决策事项及听证事项目录管理制度。严格遵循重大行政决策的法定程序，将一批社会涉及面广、与人民群众利益密切相关的重大行政决策，通过多种方式听取社会公众的意见。市、区政府及其部门对列入重大行政决策目录的事项依法进行风险评估，包含社会稳定风险、环境风险、经济风险、法律风险等评估内容。

为进一步提升决策的法治化，深圳积极推行政府法律顾问制度。2017年出台《关于推行法律顾问制度和公职律师公司律师制度的实施意见》，对全市推行政府法律顾问制度作出了工作部署。全市行政机关积极落实，全面推进政府法律顾问制度，实现了政府法律顾问全覆盖。

（五）在"关键大考"中彰显法治政府底色

2020年1月，一场突如其来的新型冠状病毒疫情席卷了全国，在党中央的领导下，我们充分发挥了"集中力量办大事"的体制机制优势，全国一盘棋统筹部署安排，开启了一场自上而下、卓有成效的抗疫斗争。

深圳是外来劳务工聚集的城市，节后陆续返深，这是深圳防疫的一次巨大考验。广东省委副书记、深圳市委书记王伟中同志明确要求，"全面依法履行职责，发挥职能作用，严格执行疫情防控和应急处置等相关法律法规，完善疫情防控相关立法和配套制度，推动加强疫情防控法制宣传和法律服务，为疫情防控工作贡献法治力量、提供坚实法律支撑和有力法治保障"。在这种情势下，深圳并未按照传统惯性思维，实行简单粗暴、不加区分的"一刀切"管理模式，而是把依法有序防控作为疫情防控的重要原则，运用法治思维和法治方式，引导政府各职能部门依法行政，引导市民依法办事，确保深圳始终在法治轨道上开展疫情防控工作。

一是制度先行，规范开路，彰显法治、政府理性底色。深圳先后梳理出市政府在人员隔离、紧急措施、调用征用、应急处置、流动人口管理、交通卫生检疫、信息发布、群防群治、维护社会稳定等方面的法定职责和权限，确保疫情防控的重大决策和相关措施于法有据。起草《深圳市民告知书》《来深人员告知书》《在深企业告知书》3份告知书,分别针对市民自觉维护防控秩序、来深人员自觉隔离观察发出倡议;针对在深企业疫情防控的责任和义务、落实复工复产、健康责任人制度等提出要求,为全市疫情防控注入了强劲的法治动力。

二是全市统筹、层层发力,打造抗疫特殊时期的最优"营商环境"。为了解决企业复工复产面临的问题,深圳市、区两级通过减免物业租金、依法依规延期缴纳社会保险费、降低企业住房公积金缴存比例、返还企业城镇污水处理费、减轻工商企业用电成本、依法依规延期缴纳和减免税款等多项惠企举措,解决疫情带来的燃眉之急。抗疫行动不仅体现在对疫情本身的有效防控上,而且也第一时间关注深圳企业生产、发展的"长久之计"。一手抓抗疫,一手抓生产,如何取得这场"阻击战"的最终胜利?市长陈如桂同志指出:"疫情防控是对法治政府建设的大考,要全面提升法治促进治理体系和治理能力现代化效能,要依法有序防控,不忘进一步优化法治营商环境,不忘保护市民的人身权、人格权和财产权。"这是深圳在特殊时期持续打造市场化、法治化营商环境的最好注解。

三是依法管理、依法惩处,彰显法治政府严格审慎底色。面对严峻的疫情突增形势,深圳并未一味"堵死"外来入深通道,而是依法治理,合规办理,疏堵结合,以"三道防线"筑牢疫情防控堤坝。一方面,深圳在全市"两站一场一码头"和出入主干道设置101个卡点,医疗、公安、交警对入深的车辆、人员进行全面体温检测,不漏一车,不漏一人。在市内,以市疾控中心为龙头,区疾控中心为骨干,100多家医院防保科及街道预防保健所和600多个社区健康服务中心为网底,并与多部门联防联控。通过"i深圳"自助申报系统和全市统一的24小时家庭医生服务平台,遍布全市的家庭医生队员发挥管家作用,对社区居家隔离医学观察人员进行动态健康监测和管理,第一时间将出现早期症状的人员转送集中收治医疗机构诊治和初筛。另一方面,严格执法,对于刻意隐瞒病情、恶意传播疾病等行为不姑息手软,依法追究刑事责任,形成依法防疫、人人有责的强大法治威慑力。

四是公开透明、信息畅通,彰显法治政府阳光透明底色。疫情大规模暴发以来，深圳就在"深圳发布""深圳新闻网""深圳特区报"等多家媒体定时发布疫情信息，较早关注到感染者个案情况，并在信息中建立各个病例的关联关系，最大限度地减少了市民的恐慌心理。深圳是全国最早在疫情信息中精确发布病例活动社区、小区的城市，这是抗疫中的关键环节，对于追踪密切联系人、集中消杀、减少大规模社区传播起到了关键作用。

深圳是一座"移民城市"，外来务工人员及中小企业是深圳发展的关键资源和不可或缺的力量，因此，这是对比其他城市深圳抗击疫情面临的更大挑战。法治政府、法治社会和法治理念所倡导的服务、理性、严格、审慎、透明等关键词正是我们坚持这场持久战并且取得最后胜利的关键。

四　司法改革让人民群众有更多获得感

深圳领先全国开启了地方审判权运行机制改革。党的十八届三中全会奠定了司法改革的基本脉络，党的十八届四中全会对司法改革提出了很多具体的改革措施。深圳积极贯彻党的十八届四中全会精神，并做出具体部署，在司法改革历程中，产生诸多"率先"之举。

（一）让审理者裁判，让裁判者负责

比较有示范意义的是深圳福田法院自2012年7月起在全国率先尝试审判长负责制改革，旨在弱化行政色彩浓厚的庭室架构，取消庭长的案件审批权和人员管理权。在此基础上，于2014年7月起进一步启动审判权运行机制改革。通过公开选任审判长，按照"1+2+3+4"模式，建立以审判长为核心，包括普通法官2人、法官助理3人、其他辅助人员4人在内的新型审判团队。审判长在该团队中居于核心地位，既是办案者，又是管理者，拥有案件的分配权、决定权、签发权以及团队成员的工作安排、管理考核权等，原有的庭室和庭长职务依旧保留，但权力得到分解，庭长只负责审判业务的对外联络和内部审判长联席会议的协调。[①] 在充分发挥院

[①] 《深圳法院试点审判长负责制》，2013年2月26日，新华网。

领导审判监督作用的同时，切实保障审判组织依法独立办案。院领导主要通过参审参议行使审判监督权，对未经参与审理的案件，不签发其裁判文书，真正落实"不参与审理则不审批案件"的原则，以此实现院领导层面的审判监督管理权"去行政化"。① 建立、完善审判长联席会议及法官会议制度，加强审判经验交流。围绕重大复杂疑难案件、审判实践中遇到的法律理解分歧、新类型案件的裁判标准等事项，定期召开审判长联席会议，推动统一法律理解适用和裁判标准、协调推进审判工作。针对重大复杂疑难案件和新类型案件的裁判标准适用问题，召开专业法官会议，由同类型业务审判团队的全体法官参加，进一步加强审判经验交流，促进业务能力和水平不断提高。②

（二）司法职业保障制度改革

中央关于法官员额制改革的政策明确后，深圳法院坚决落实中央要求，司法人员分类管理改革不断深化，司法人员规范化、专业化、职业化水平显著提升，打造了一支专业化司法队伍，司法职业保障制度改革取得重大突破，为司法体制改革解决了后顾之忧。2014年，深圳启动法院工作人员分类管理和法官职业化改革，实行单独职务序列和职业保障，最早在全国建立法官员额制度。入额法官全部回归审判一线，不得在行政部门任职。2016年，完成首批法官入额，实现深圳前期探索与中央政策的严格规范对接。2017年，完成第二批现任法官集中入额工作、基层法院初任法官选任工作，启动劳动合同制辅助人员管理制度改革等配套改革，前期改革成果不断巩固。

为进一步加强法官审判权力保障，深圳出台《法院领导干部及内部工作人员过问案件记录和责任追究规定》，建立过问案件登记报告系统，严格责任追究制度，保障法官依法独立公正行使审判权。加强法官履职安全保障，联合市公安局，在全市两级法院和人

---

① 深圳市福田区法院微信公众号"福田区人民法院"：《我院启动审判权运行机制改革》。

② 《中国社会科学院法学研究所研究员王敏远：深圳为全国司法体制改革探路》，《深圳特区报》2014年11月29日第A05版。

民法庭全面建立公安机关驻法院警务室，发挥司法警察和公安民警"两警协同"机制，严肃查处侵害法官权益、危害法官人身安全的违法犯罪行为。落实中央和最高人民法院关于保护司法人员依法履行法定职责部署要求，市委出台《深圳市保护司法人员依法履行法定职责的若干措施》，加大依法履职保护力度。[①]

与此同时，深圳不断健全司法辅助人员职业发展体系。市委常委会通过《深圳市劳动合同制司法辅助人员改革方案》，按照不低于公务员工资水平的70%确定合同制法官助理待遇，不低于1∶1∶1的比例为法官配备法官助理和书记员，拓宽司法辅助人员来源，稳定法官助理队伍。《深圳经济特区警务辅助人员条例》成为全国首部规范公安机关辅警管理的地方性法规。地方为辅警立法，深圳为全国提供了"深圳样本"。

（三）打造"法律职业共同体"

党的十八届四中全会报告中，习近平总书记创造性地以"法治队伍""法治职业者"等概念代替了过去的"法律工作者"等提法。这样的称谓催生了一个全新的概念，即"法律职业共同体"，实现"法律人"的身份认同。

事实上，没有法律职业共同体，就没有成熟的法治。反之，法治的不成熟，也难以催生发达的法律职业共同体。法治与法律职业共同体应是共生共伴同长同成的关系。具体而言，"以法官、检察官、律师、法学教授以及职业立法者、社会法律服务者等组成的法律职业共同体，是随着经济社会的历史性进步，在法治成为社会主要治理方式时逐步形成的，表明了法律人的团结与协作，也因此受到社会尊崇"[②]。深圳在法律职业共同体的打造方面，已经开始先试先行的探索。深圳前海合作区人民法院肩负着为全国法院探路的使命，率先制定实施《关于进一步保障律师诉讼权利的若干规定》，明确保障措施和工作要求，确保法律职业共同体建设有序开展。2016年，与市律协签署《推进法律职业共同体建设合作备忘录》，

---

① 深圳市中院微信公众号深圳市中级人民法院：《司法改革的深圳实践》。
② 徐显明：《对构建具有中国特色的法律职业共同体的思考》，《中国法律评论》2014年第5期。

共有 5 条 27 项内容，主要包括：保障律师依法执业权利，为律师依法执业提供便利条件，同时还对律师在执业过程中应该遵守的行为规范进行了明确，就建立联席会议制度、开展诉调对接工作、建立业务交流平台、设立律师服务岗、建立问题反映及解决机制等五个方面的合作事项进行了明确。这是落实中办国办《关于深化律师制度改革的意见》提出的完善律师执业保障机制的务实举措，为推动深圳法律职业共同体建设大胆探路。

（四）力争司法改革的城市范例

为进一步实现"让人民群众在每一个案件中感受到公平正义"要求，深圳聚焦于多年来司法"老大难"问题，一个个研究，一个个突破，制度上不断推陈出新，逐步完善了司法体制改革进程中若干配套制度。

一方面，完善多元化纠纷解决机制。全面建立诉调对接中心，引入调解组织、特邀调解员等参与诉前联调。建立律师驻点调解的工作模式，与深圳市银行业协会等行业协会签订合作备忘录。探索实行调解程序前置，适宜调解的纠纷在立案前先行调解。建立远程在线司法确认平台，布点线上调解室，实现当天立案、确认和送达。建成多元化纠纷解决"融平台"，推动矛盾纠纷在线化解。市委政法委制定了《深圳市健全完善多元化纠纷解决机制的实施意见》，从全市层面推动多元纠纷化解机制的建立完善。全面启动认罪认罚从宽制度改革试点。根据全国人大常委会授权，积极协调公安检察和司法行政机关，结合刑事速裁改革，制定实施细则，全市已全面启动试点工作。

另一方面，率先基本解决执行难问题。在全国率先建立"鹰眼查控网"，是全国最早实现网络查、冻、扣一体化的平台。发挥"一网两平台"作用，运用科技手段，大幅提升执行效率，强力破解执行难题。率先探索"执行转破产"机制。组建由资深执行法官、破产法官及法官助理组成的"执转破"团队，将没有履行能力的企业及时移送破产。首次从法院和破产管理人两个维度颁布"执转破"工作双指引，破解"执转破"启动难问题。建立破产财产网络拍卖机制，实现"执转破"审理与破产拍卖无缝对接。现在深圳法院平均每审结一件"执转破"案件，可以消化60.2件执行积案，既清理僵尸企业，又保障债权清偿，系列经验被最高人民法院向全国推广。

五　打造"特区中的特区"①

前海自贸片区因制度创新而勃兴。全面开放和深化改革必要法治先行，法治是治国理政的基本方式，改革不能没有法治，唯有法治才能保障改革。

开放是国家繁荣发展的必由之路。中国改革开放已经走过40年创业之路，以开放促改革、促发展，正是中国现代化建设不断取得新成就的重要法宝。党的十九大报告明确指出，"推动形成全面开放新格局"，强调"开放带来进步，封闭必然落后""中国开放的大门不会关闭，只会越开越大"。改革开放40年的实践经验也证明，推动形成全面开放新格局，是未来中国经济实现高质量发展的关键，也是决定当代中国命运的关键，更是实现"两个一百年"奋斗目标、实现中华民族伟大复兴的关键。

作为全面深化改革和扩大开放试验田的自由贸易试验区，特别是处在改革开放前沿的广东自贸区深圳前海片区的演进和发展，就是承载全面开放的重要一环。

（一）前海制度创新的早期探索

从中国自贸区发展实践看，法治建设是一个从无到有、从有到优的动态过程。从最早承载了法治探索的特别关税区、保税区到今天"法治先行"的自贸区，法治与改革探索始终相伴相生，法治建设一直是自贸区建设的重要组成部分和改革探索的方向。

早在20世纪90年代，率先成立的上海外高桥保税区就已经开始尝试以法治为核心的政府管理改革。由于保税区的特殊海关监管地位，其封闭管理的特性也为小范围试验和改革提供了探索和试验环境，在保税区中引入法治理念无疑是重大的进步。在政府体制改革的尝试和探索方面，保税区也率先开始试验通过管委会实行统一

---

① 此部分内容参见吴燕妮《比较视野下的广东自贸区法治政府建设》第二章，社会科学文献出版社2019年版。

管理，简化行政审批手续，促进行政事务便利化。例如，1996 年《深圳经济特区福田保税区条例》规定，保税区管理局"是市政府派出机构，代表市政府管理保税区的各项行政事务"，如负责保税区及生活区土地规划、办理土地使用权出让、转让有关手续，甚至保税区中方人员因公短期出国（境）的报批手续等。在涉及省内多个保税区的协调问题上，也开始强调宏观统筹管理的重要性，如 2002 年《广东省保税区管理条例》即规定"全省保税区综合协调管理工作由省人民政府指定有关部门负责"。

2010 年 8 月，依托改革开放的前沿，国务院正式批复在深圳前海设立中国第一个社会主义法治示范区"前海深港现代服务业合作区"，"为前海现代服务业的发展创造优良的法治环境"。尽管当时中国自由贸易试验区尚未成立，有关贸易便利化的规则并未完全在合作区中得到改革和体现，但是作为法治示范区的前海仍然在这一领域坚持探索实践。2011 年，《深圳经济特区前海深港现代服务业合作区条例》颁布，正式以地方性法规的形式确立了前海合作区的基础性规则和法制框架，无疑在中国法治探索的历程中具有重要的意义。其后国内自贸区所普遍采取的地方性法规作为基础性立法框架实践，实际上体现了前海法治探索的重要成果。2012 年 6 月，国务院再次发布前海深港现代服务业合作区支持政策（"国 22 条"），提出在合作区内"实行比经济特区更加特殊的先行先试政策"，法治建设在新区的探索由此揭开了新的篇章。

（二）自贸区框架下前海的法治探索

2014 年 12 月，国务院批复设立中国（广东）自由贸易试验区，前海成为其中的重要组成部分；2017 年 3 月，国务院正式把粤港澳大湾区城市群发展规划纳入政府工作报告，前海成为湾区重要的增长极之一。至此，前海在深港现代服务业合作区的基础上叠加新的自贸区政策，成为粤港澳大湾区发展中的重要一环。

在自贸区的改革创新和法治探索的框架下，前海在合作区的基础上积极借鉴香港法治经验，在自贸区的基础上吸收和推广上海自贸区的优秀成果，研究制定了涵盖投资贸易规则、金融创新、深港合作等六大方面的制度，形成了多项可推广的改革创新成果。同时，前海管理局还吸纳了蛇口企业和咨询委员会等社会机构作为社会化管理的探索，走出了一条符合国际惯例、体现了国际先进的市场化运营管理的道路，在"小政府、大社会"方面做出了有价值的尝试，真正将不同区域叠加优势聚合，探索出了一条在自贸区法治建设中卓有成效的新路径。

前海片区设立之初，就将"坚持法治先行，建设中国特色社会主义法治示范区"列为各项任务之首，将法治理念提高到顶层设计层面，并贯穿片区建设始终。自前海片区开发建设以来，国务院部门规章和政策、广东省和深圳市地方性立法及政策不断出台，在涉及前海建设的制度供给、土地保障、人才利用、司法监督等各方面，均以法制的形式提供保障，极大提高了前海片区的法制环境。

根据《深圳经济特区前海深港现代服务业合作区条例》第5条、第18条的规定，前海片区遵循"市场运作"的原则，并且会"借鉴香港等地区和国际上在市场运行规则等方面的理念和经验以及国际通行规则和国际惯例开发、建设和管理"。在这一原则之下，前海片区积极推动政府治理模式转变，通过市场化运作和服务市场的方式，推动政府管理模式进入新的法治化阶段。

（三）前海实践推动司法改革和争端解决机制创新

前海片区秉持更加开放的理念，在片区内探索与香港特区司法实践的合作机制和多元化纠纷解决机制，不仅建立了全国第一家域外法律查明中心，还通过引入港籍调解员、陪审员、仲裁员等方式，积极借鉴和学习香港特区司法实践的优秀经验，推动前海片区的司法水平大幅提高，并且得到了境外司法机构的认可，极大提升了中国的法治形象和前海片区的吸引力。

党的十九大报告指出，要"赋予自由贸易试验区更大改革自主权，探索建设自由贸易港"。自由港是设在一国（地区）境内关外、货物资金人员进出自由、绝大多数商品免征关税的特定区域，是目前全球开放水平最高的特殊经济功能区。探索建设中国特色的自由贸易港，打造开放层次更高、营商环境更优、辐射作用更强的开放新高地，对于促进开放型经济创新发展具有重要意义。① 因此，自贸区建设下一步要对标国际先进规则，强化改革举措系统集成，鼓励地方大胆试、大胆闯、自主改，形成更多制度创新成果。

第三节 继续迈向政治发展的康庄大道

在粤港澳大湾区蓬勃发展趋势下，深圳作为中国特色社会主义先行示范区，发展前景无限。在改革开放40周年的重要时间节点上，深圳已经在城市的民主法治建设层面形成一套鲜活样本，为其他城市提供了可资借鉴复制的方案。下一步，应进一步立足法治建设各个环节，推进深圳在民主法治的康庄大道上不断前进。

一 "良法"催生"善治"

深圳应坚持"科学立法"基本要求，更加科学、审慎立法，夯实市民信仰法治的制度基础。"善治"的核心要义，即是存在良好的法律，并且良法能够得到全社会的遵循。

一是坚持科学立法。党的十八届四中全会明确要求科学立法，2015年中国修改《立法法》，进一步将"科学立法"原则以法律的形式加以确立。改革开放以来，深圳长期拥有特区立法权和较大市的立法权"双重保障"，制定了很多符合市场经济规律和社会发展要求的法律，为深圳的经济社会发展保驾护航。随着《立法法》的修改，深圳"双重立法权"优势不再明显，应借着国家倡导"科学立法"的东风，向公正、科学、民主、审慎、严谨的立法程序要"法治红利"。

二是落实"开门立法"原则。确保制定的法律原则清晰、概念明确、内容具有很强的可操作性；同时在立法过程中，加强立法的公开性和透明度，充分发扬民主，广泛征求意见和建议，对不同群体的利益诉求进行综合平衡，使制定的法律为社会公众所认同。

---

① 汪洋：《推动形成全面开放新格局》，《人民日报》2017年11月10日第4版。

三是定期开展法规梳理工作。对法规实施效果及存在问题进行分析评判，统筹推进法规的立、改、废工作，有计划、有步骤地对生效法规进行系统清理。由此自然而生对法律的信仰。

四是将立法项目选材重心下移。健全立法建议公开征集制度，拓宽立法建议征集渠道，通过媒体、网络设立征集平台，向社会广泛征求立法建议，让参与立法成为广大市民的自觉选择，避免造成一种立法就是高高在上的认知误区。要健全征求公众意见及沟通机制，综合运用座谈会、听证会、辩论会、论证会等形式，在法规立项、起草、审议等各环节征求民意、集中民智，加强对意见的综合分析，合理吸收各方意见，积极回应公众立法关切。

五是处理好政策与法律的关系。政策与法律并非二元对立的关系，而是具有某种意义上的谐变性。基于这一认知，深圳的立法应牢牢把握"政策与法律的内容要不断协调发展，不断完善，共同向'善策'与'良法'方向发展"这一原理，减少政策、法律的矛盾和抵触，防止逆向冲突，形成政策、法律相互借鉴、共同建设、良性互动的格局。真正实现"让法律多一些政策考量""让政策多一些法治元素"，逐步形成科学、民主、公开的立法机制和立法文化。

二 打造开放优质的法治环境

深圳要进一步贯彻落实市委历次会议精神，将打造更加开放的营商环境、建立对接香港的国际规则列为重要任务。近期，中共中央、国务院印发了《粤港澳大湾区发展规划纲要》，并发出通知，要求各地区各部门结合实际认真贯彻落实。深圳同香港、澳门、广州一起，被称为大湾区城市群的中心城市，要发挥辐射带动周边地区的引擎作用。深圳历来重视法治政府建设，已经连续几年在全国法治政府榜单上位居前列，这说明在法治化的制度供给和实践中，深圳政府（广义上）的法治化建设已经较为成熟和完善。万类霜天竞自由，下一步，应继续以自贸区推进为契机，重点聚焦投资管理体制和事中事后管理体制的构建，加快政府职能转变，创新政府管理方式，增强多元化纠纷协调解决机制能力，以不断创新的制度安排和实践推进法治文化革新。

（一）继续发挥负面清单机制的正面作用

从目前的情况看，现有负面清单依然存在不足之处，其中最为突出的就是负面清单尚无法成为外商投资自贸试验区的唯一依据。应对负面清单采用稳步推进的修订方式，同时兼顾先行先试与风险可控两项基本原则，明确细化负面清单中的限制性措施，扩大负面清单的涵盖范围，衔接准入后审批管理措施与负面清单，加强内资审批管理措施的透明度，倡导"权力边界"。

（二）提高政府行政透明度

应强化深圳自贸区各市场主体的知情权。政府透明度原则作为国际公认的行政管理规则，也是自贸区建立国际信誉的重要制度，前海"三区叠加"优势明显，可以率先探索加强相关规范制定前的预先通知制度，以保障利益相关方的知情权。前海各项创新制度的开展已经触发了众多新兴的行业与经营方式，应该出台一套商事惯例的确认制度，使得区内的企业不仅仅作为制度的陪审者，更加成为实际规范的参与制定人，倡导"权利保护"。

（三）对接国际贸易规则

深圳是全国首个以城市为基本单元的国家自主创新示范区，是全国首批知识产权示范城市、全国知识产权综合管理改革第一批试点地区，也是国内金融企业门类最全、机构最多的城市之一，金融产业是深圳的支柱产业和重要财政来源。2018年1月，深圳已经在前海率先设立知识产权法庭和金融法庭，充分发挥司法在服务科技创新和保障金融发展方面的重要作用，是体现深圳战略定位，匹配深圳城市地位，服务深圳经济社会发展的客观需要。以此为基础，应尽快清理与自由贸易区协议、国际规则不相符或相抵触的相关政策，根据国际惯例进行制度引进和制度创新。在实践中，通过跨区域受理知识产权、金融案件，逐步实行司法管辖与行政区划适当分离，进一步优化司法职权配置，切实减少地方保护、降低权力影响、杜绝行政干预、平等保护当事人合法权益，充分发挥专业化知识产权、金融审判机制快捷高效优势，确保案件审判质量，提升案件审判效率，树立法律权威和尊重"契约"文化。

三 打造粤港澳专业人才共同体

深圳应以粤港澳大湾区"法律职业共同体"打造为抓手，解决多年困扰三地贸易发展中"卡脖子"的法律资源难以互通互用的问题。《粤港澳大湾区发展规划纲要》第八章第二节专门规范"建设人才高地"，指出："支持珠三角九市借鉴港澳吸引国际高端人才的经验和做法，创造更具吸引力的引进人才环境，实行更积极、更开放、更有效的人才引进政策，加快建设粤港澳人才合作示范区。……完善外籍高层次人才认定标准，完善人才激励机制，健全人才双向流动机制，充分激发人才活力。探索采用法定机构或聘任制等形式，大力引进高层次、国际化人才参与大湾区的建设和管理。"这一规定以大手笔、大气力高端规划了粤港澳大湾区人才战略和未来的发展路线，为进一步加深三地要素流动夯实了基础。

深圳向来重视人才的引进、培育和发展。从以往的经验看，新时期深港深度融合乃至大湾区合作发展的关键环节在于人才要素是否可以自由流动。应加大气力加强人才的互联互通，打造专业人才共同体。

（一）加强"体制外"法律人的向心力和认同感

应在认识层面树立一个基本理念，即作为一个新的社会阶层，法律人在当代中国实现了快速增长，其中的法官和检察官等体制内法律人已经在国家治理中扮演了重要的角色，而执业律师、公司法务人员和法律学者等法律人也应当在参政议政中扮演更重要的角色。应着力加强对体制外法律人话语体系的构建。在人才供给方面，从源头进行改革，拓宽法院、检察院和政府公务部门招聘时的党外法律人来源。用不同的力量加强法律人才队伍，便于社会各个层面法律人的多项流动，打破职业天花板，在全社会更加广泛地凝聚法治共识、弘扬法治文化。

（二）激活存量把握增量

政府积极搭建平台，强化对本地法学教育的投入力度，做强做大本地高校法学院，加强法律人才培养，从源头着手提升法律人才素养；把握深圳引进国际著名学府的重要机遇，尽早在新设立大学开设法学院，与国内知名高校法学教育培养模式进行差异化发展，对未来国际贸易所需的实务型人才、贸易规则相关法律方向的理论型人才予以重点培养；加大对著名高校法学院毕业生的引进力度，从源头上提升深圳"法律工作者"队伍的质量。

（三）人才引进实施"绿色通道"

针对法律人才短板问题，对律师、法务等高端商业服务业人才引进实施"绿色通道"。提前布局，认识到在粤港澳大湾区战略下和"一带一路"倡议的背景下，针对中国企业"走出去"和"引进来"开展业务越来越多，可能面临对于专业化、国际化人才的极度渴求，现有人才培养模式无法满足人才需求，存量国际化法律人才难以为继。探索扩大开放执业准入，吸引境外专业机构和外籍专业人士入驻。放宽律师、会计师事务所专业人士居留期限，取消对港澳会计专业人士担任合伙人要求"在内地有固定住所，其中每年在内地居留不少于6个月"的限制。实行境外专业人士职业资格准入负面清单管理模式，列明职业资格准入特别管理措施。对负面清单内的职业资格，可采取放宽条件、认可备案、调整适用法律法规等特殊机制安排，逐步压缩负面清单长度；对负面清单外的职业资格一律不得开展资格许可和认定工作，引导和推进水平评价类职业资格市场化、社会化。引导存量和增量不同层面的法律从业者树立"深圳法律人"意识和认同感，让法律人才这一第一资源在法治文化构建中发挥出强大的内生动力。

第七章 从"文化立市"到"文化强市"

深圳经济特区成立40年来,城市文化处于超常规发展态势。从特区成立之初的"文化沙漠"到今天的"文化绿洲",深圳积累了丰富的文化资源和文化财富。

第一节 特区深圳的文化自信

一 光荣使命:历史再次选择了深圳

2010年,深圳经济特区成立30周年。

这一年,深圳吹响了文化强市"集结号",文化建设进一步明确发展方向,确立更高目标。

这一年,影响深远的"深圳十大观念"评出。

这一年,深圳策划实施公共文明提升行动计划,深入开展"百万市民学礼仪""文明出行全城总动员""百万市民讲外语"等多项专题行动,着力提升市民公共文明意识和城市公共文明水平。

这一年,深圳着手制定《深圳文化创意产业振兴发展规划》及配套政策措施,争做全国文化产业发展龙头大市。

这一年,第六届文博会总成交额突破1000亿元大关,全国各省、自治区、直辖市及港澳台地区全部参展,文博会首次实现"全家福"和"满堂红","文化+科技"特色突出。

这一年,深圳文化产权交易所正式投入运营,成为"文化+金融"的突出亮点。

这一年,"文化+旅游"吸引力增强,华侨城集团等28家园区成为深圳的"文化+旅游"型示范园区。

这一年,联合国教科文组织创意城市网络深圳国际大会举行,大会发布了《联合国教科文组织创意城市网络2010年深圳国际大会公报》,深圳"文化+科技"产业发展模式写进公报。"创意十二月"创新色彩浓郁,掀起城市创意文化风潮。

这一年,对外文化交流步伐更大,深圳文化走进印度、俄罗斯、东欧、南美,掀起文化旋风,国际声誉不断增强。[①]

……

虽然以上只是2010年深圳比较突出的文化建设成绩单,却映射出三十载辛勤耕耘,文化沙漠渐渐绿意盎然。而立之年的深圳承前启后,文化建设成效显著,"文化深圳"正以全新面貌步入世人视野。

早在2003年,深圳就提出了"文化立市"发展战略,2005年把文化产业作为第四大支柱产业,2011年将文化产业列为七大战略性新兴产业之一。今天,深圳正朝着建设全球区域文化中心和国际文化创意先锋城市的目标迈进,城市文化发展定位更加清晰。

2019年,历史再次选择了深圳。即将不惑之年的深圳,开始了粤港澳大湾区核心引擎和中国特色社会主义先行示范区的建设,肩负着率先塑造展现社会主义文化繁荣兴盛的现代城市文明的历史使命。对于40岁的深圳来说,文化建设任重道远。

党的十九大报告中指出:"文化兴国运兴,文化强民族强。没有高度的文化自信,没有文化的繁荣兴盛,就没有中华民族伟大复兴。"四十载风雨兼程,深圳始终走在时代的前列,世人往往看到其经济领域的巨大成就,却忽视了隐藏在经济背后的文化因素。观念引导行动,如果没有观念领域的变革,也就不会有改革开放后影响中国大地的思想解放。经济奇迹的背后,开放多元、兼容并蓄的城市文化和敢闯敢试、敢为人先、埋头苦干的特区精神[②]才是解读

---

① 参见王俊《2010深圳宣传文化建设十件大事》,《深圳特区报》2011年1月7日。

② 《中共中央 国务院关于支持深圳建设中国特色社会主义先行示范区的意见》,人民出版社2019年版。

深圳的关键。

二 观念引领：城市精神的不断升华

（一）经济特区的观念文化

改革开放以来，深圳的观念文化曾经深深影响了整个中国大地。中共中央、国务院《关于支持深圳建设中国特色社会主义先行示范区的意见》（以下简称《意见》）指出，深圳要"进一步弘扬开放多元、兼容并蓄的城市文化和敢闯敢试、敢为人先、埋头苦干的特区精神，大力弘扬粤港澳大湾区人文精神，把社会主义核心价值观融入社会发展各方面，加快建设区域文化中心城市和彰显国家文化软实力的现代文明之城"。《意见》充分肯定了深圳的城市文化和城市精神，而这些观念文化则是这座城市的基因和密码。

城市文化是城市的灵魂，是每一个城市独特的精神气质、价值观念、品格魅力的综合体现，是支撑城市精神的人文个性。由城市文化产生的凝聚力、创造力、竞争力，是一个城市最可依靠、最为持久的发展力量。的确，所谓深圳经济特区，不仅仅是一个区域性的地理概念，而且，在本质意义上，它还是一种生动的文化精神象征，承载了深圳人对生活对世界的认识和评价及其所体现出来的价值观和文化意识。不难理解，深圳文化精神既体现了深圳人精神文化发展的历程，同时也成为深圳人身份的一个重要标志。[①]

一直以来，深圳非常重视在不同的历史时期提炼并升华城市精神。力图在人文精神层面与这座城市相匹配，引领城市更全面的发展。回顾40年来深圳的发展历程，我们可以看到，深圳的城市文化精神始终与时代共进，甚至在中国现代化进程中引领时代前进。

"拓荒牛"精神，是深圳经济特区第一代建设者们身上特有的，蕴藏着爱国主义、英雄主义、理想主义的精神。20世纪80年代，深圳将"拓荒牛"精神概括为"开拓、创新、献身"，反映了当时特区建设所需要的精神面貌，开拓创新正是特区人的精神写照，献身精神体现了特区建设者的优秀品质，体现了"拓荒牛"的艰苦奋

[①] 于晓峰：《深圳文化精神略论》，《社会科学论坛》（学术研究卷）2007年第1期。

斗精神，献身精神说到底是一种牺牲精神。1990年，又提炼出以"开拓、创新、团结、奉献"为核心的"深圳精神"。2003年提出"开拓创新、诚信守法、务实高效、团结奉献"的新深圳精神，体现了新形势下深圳人的精神文化追求和价值取向。2010年在深圳经济特区成立30周年之际，评选出"深圳十大观念"，"时间就是金钱，效率就是生命""空谈误国，实干兴邦"等得到市民广泛认同，这些观念凝结了改革开放进程中全体中国人民的共同记忆。

（二）"深圳十大观念"的诞生

深圳之所以取得经济发展的奇迹，与深圳人的理想主义情怀和敢破敢立的精神追求密不可分。2010年5月，深圳市第五次党代会上总结和概括了深圳经济特区成立30年来的城市文化精神："30年来，在深圳改革开放和现代化建设的伟大实践中，孕育出集中体现时代风貌的特区精神。这种精神，就是敢闯敢试、敢为天下先的改革精神；就是海纳百川、兼容并蓄的开放精神；就是追求卓越、崇尚成功、宽容失败的创新精神；就是'时间就是金钱，效率就是生命'，'空谈误国，实干兴邦'的创业精神；就是不畏艰险、勇于牺牲的拼搏精神；就是团结互助、扶贫济困的关爱精神；就是顾全大局、对国家和人民高度负责的奉献精神。这种精神，是一代又一代特区建设者奋勇拼搏形成的优良传统，是激励我们继续奋进的精神财富。"①

而立之年的深圳进行了影响深远的城市精神的评选，最终评出"深圳十大观念"。从"时间就是金钱，效率就是生命""空谈误国，实干兴邦""敢为天下先"等石破天惊的口号，到"改革创新是深圳的根、深圳的魂"，再到近年来提出的"让城市因热爱读书而受人尊重""实现市民文化权利""送人玫瑰，手有余香""鼓励创新，宽容失败""深圳，与世界没有距离""来了，就是深圳人"等十个极具影响力的观念。

观念改变深圳，观念影响中国。继当年深圳精神大讨论后，深圳在全国范围内再次引发广泛热议，人们的目光又一次聚集在这座

---

① 王荣：《努力当好科学发展排头兵 加快建设现代化国际化先进城市——在中国共产党深圳市第五次代表大会上的报告》，2010年。

改革开放的先锋城市。观念是文化精神的核心，观念代表着一座城市的价值取向，观念更是城市的灵魂，深圳十大观念昭示着一部波澜壮阔的中华民族伟大复兴史自此开始，正如《深圳十大观念》序言中讲到的："这些观念不独属于深圳，它是时代留存的共同精神财富。"

（三）"勒紧裤腰带"也要办文化的远见卓识

改革开放初期，深圳勇于突破旧的文化体制的束缚，解放文化生产力，释放了文化活力，正是深圳敢闯敢试、敢为天下先的开拓精神在文化领域的体现。

1980年深圳经济特区成立，这是中国现代化进程正式启动的重要标志。从那时起，深圳就担负着改革开放的排头兵、领头羊的角色，是中国对外开放的窗口和试验田。一切几乎从零开始，文化也不例外。最初深圳的文化家底只有一家影剧院，一家戏院，还有一家展览馆。

深圳的文化建设无前路可循，一切都是边探索边发展，边发展边探索。在文化领域的变革首先表现在对原有文化体制的变革，如"以文补文""多业助文"。

随着经济发展，深圳人口总量不断增长。千百万特区建设大军来自五湖四海，除了劳动、工作，人们亟须精神文化生活的滋养与提升。"以文补文""多业助文"的做法是由于深圳早期缺乏必要的发展资金，无奈之下，开始积极探索非营利的文化事业单位开展营利性的业务活动，来补充业务经费不足。同时吸引外资或社会集资等兴办文化企业，深港合资的"博雅画廊"应运而生，逐渐突破千百年来中国人"文不经商，仕不理财"的传统观念，开始做"文化生意"，搭起了"文化"与"经济"之间的桥梁。紧接着，1979年西丽湖度假村、1984年海上世界、1985年香蜜湖中国娱乐城、1988年南国影联等一大批形式多样的歌舞厅、卡拉OK厅涌现，带动了深圳乃至中国的文化娱乐业发展。

"开辟社会办文化的途径"虽属当初的无奈之举，却也成为文化体制改革的先锋之举，为深圳文化建设奠定了坚实的基础，积累了丰富的文化经营经验。

深圳人办文化的勇气与决心还体现在 20 世纪 80 年代初能连续三年拿出全年财政收入的 1/3 用于文化建设，而那时的深圳家底很薄。7 个亿兴建了图书馆、博物馆、大剧院、电视台、体育馆、深圳大学、新闻中心和科学馆等八大重点文化设施，搭起了深圳文化发展的架构。

(四) 海纳百川开放包容的"移民精神"

某种程度上，深圳精神就是移民精神。历史上，深圳有过六次大的移民潮，前五次是秦移民、汉移民、晋移民、宋移民、清移民。其共同特点是：非自愿的强迫性移民，或者是由于中央政府强行驱赶而来的罪犯、军队、妇女、商人，或者是由于战争、自然灾害等逼迫而来的难民，都是在无奈之下离开原住地来到深圳。

第六次移民潮则是有史以来最大的移民潮。"在 1992—1993 年的盛期，全国货车队有 1/4 开往珠三角"，南北文化碰撞，各种文明体纠缠，远近城乡勾连。现代的深圳移民中，除少部分是 80 年代初工程兵部队整体转业置业进入深圳之外，绝大多数是自愿从原住地来到深圳。他们来深圳更多的是出于一种向往、一种渴望，这种自愿性使得这座城市表现出强大的向心力和吸引力。

移民文化是一种异质性文化，具有很强的包容性。来自不同国家或地区的移民带来了各自的地域文化。这些色彩多样的地域文化在移民城市中互相交流、融合，便让移民城市形成了开放的文化心态。① 深圳就是一个典型的移民城市，从不排外，兼收并蓄，与生俱来的开放性使得这座城市更加重视个人的创造力，也使城市拥有自由的空间与恒久的活力。

深圳移民文化以世界性的现代文化为追求目标，变被动渗透为主动吸收，引进世界各地先进的思想文化，经过消化与扬弃，建构了一种开放、包容的新文化——移民文化。这种新文化既继承中华民族传统文化，又吸取外来有益文化；既能满足深圳移民不同层次的文化需求，又能为港澳台同胞及海外华人所接受。在这里，尽管多种方言混杂，但普通话还是第一语言。正是这种开放性，使深圳

---

① 《移民文化：当代中国城市发展的精神动力》，中国社会科学网（http://www.cssn.cn/zt/rwln/wh/tswh/201810/t20181031_4767304.shtml）。

移民扩大了交往、开阔了眼界,敢于"引进来"和"走出去",从而拓展了深圳城市发展的空间。①

因此,"深圳人早已不是简单户籍概念,而是一种精神,一种荣耀,一种梦想,一种激励,一种胸怀,一种价值,一种象征,一种回忆,一种格局,一种目光,一种奇迹,一种理性,一种文化,一种未知……"②

(五)"参与友爱互助进步"的志愿服务精神

深圳是中国内地志愿服务的发源地。多年来,深圳义工创造了许多中国第一:中国内地第一个义工团体诞生在深圳;中国内地第一部关于义工的地方性法规诞生在深圳;国内第一支赴贵州支教的队伍,是从深圳出发的;国内第一批国际义工赴老挝、缅甸支教的队伍是从深圳出发的;共青团系统第一支赴四川灾区开展青少年心理危机干预的抗震救灾志愿队伍来自深圳;国内第一个"义工服务市长奖"是深圳率先设立的;第一届义工(志愿者)发展国际论坛是在深圳举办的;第一批基层法人义工队伍组织是在深圳依法注册的……

在深圳,"义工"是家喻户晓的名字。"送人玫瑰,手有余香""有困难找义工、有时间做义工",已经成为深圳人的时尚追求。深圳市义工联先后获得"中国十大杰出青年志愿服务集体""中国优秀青年志愿者服务集体""中国青年志愿者行动先进集体""广东省青年志愿者行动杰出集体"等光荣称号。

深圳义工联最初是由成员自发组织、自我管理的,因此非常具有活力。深圳的义工现象不仅催生了中国青年志愿者行动,其开展模式也日益影响内地。③

深圳首次开展无偿献血宣传工作,首次颁布中国第一部有关无偿献血的地方性法规——《深圳经济特区公民无偿献血及血液管理

---

① 《移民文化:当代中国城市发展的精神动力》,中国社会科学网(http://ex.cssn.cn/zt/rwln/wh/tswh/201810/t20181031_4767304.shtml)。
② 王京生主编:《深圳十大观念》,深圳报业集团出版社2011年版,第325页。
③ 杨华:《新时期深圳精神之思想探源》,《中共天津市委党校学报》2013年第4期。

条例》，创造了多个全国第一……1993年深圳在全国开展无偿献血，到2018年12月，深圳第12次获得"无偿献血先进城市"称号。自2000年起，深圳在捐血者中共招募4.2万名造血干细胞志愿捐献者，实现成功捐献290例，是中国实现成功捐献造血干细胞（骨髓）人数最多的城市。26年来，深圳共有387万人次参与无偿献血，献血总量高达775吨，救助病患129万人次。①

深圳是全国无偿献血人数最多的城市，是全国无偿献血总量最多的城市，也是全国表彰的无偿献血奉献奖获奖人数最多的城市。当1998年10月《中华人民共和国献血法》颁布之时，深圳已实现临床医疗用血100%由无偿献血者捐献。如今在深圳，不仅仅是无偿献血踊跃，当义工、做慈善也都成了一种风气，而且在这种风气背后，无论是企业老板、普通市民还是外来打工者都会热情参与，不分阶层、不分地域。

深圳始终是一座永不落后、敢为人先的城市，曾引领中国志愿者服务规范化、法制化发展方向的深圳，在2011年12月5日国际志愿者日前夕，通过了全国第一个系统化建设"志愿者之城"的文件。从12月4日开始，深圳市举全市之力，开启全国首个"志愿者之城"系统化建设之路。② 2015年，深圳在国内率先建成"志愿者之城"。

当前，深圳正在全力打造"青年发展型城市"和"志愿者之城"3.0版。2018年，志愿服务工作将以全面对标全球最高标准谋划新任务、以庆祝改革开放40周年为契机全面深化改革、服务国家"一带一路"倡议深化志愿服务国际合作、围绕城市质量提升参与深圳社会治理工作、以党建为引领加强自身规范建设等5项重点工作，努力在新时期拿出新作为，推动志愿服务事业实现新突破。③

---

① 《26年来深圳共有387万人次参与无偿献血》，深圳新闻网（http://health.sznews.com/content/2019-07/15/content_22256947.htm）。
② 杨华：《新时期深圳精神之思想探源》，《中共天津市委党校学报》2013年第4期。
③ 《深圳打造"志愿者之城"3.0版》，深圳新闻网（http://www.sznews.com/news/content/2018-03/04/content_18577133.htm）。

第二节　深圳公共文化服务的构建

"实现市民的文化权利"是深圳十大观念之一，在这一理念的指导下，深圳努力建设全覆盖、普惠型公共文化服务体系，力争让市民可以随时随地享受丰富的文化生活。

一　颇具影响力的品牌公共文化活动

经济特区成立至今，深圳拥有了越来越多影响深远的品牌文化活动。从20世纪80年代虽简陋却广受青年人欢迎的"大家乐"舞台，到文博会、读书月、创意十二月、市民文化大讲堂、深圳晚八点、城市文化菜单等系列品牌文化活动。在公共文化服务的带动下，深圳的文化氛围日益浓厚，人们从中获益良多，市民文化素质得到显著提升，国际化城市文化形象也得到极大提升。

特区成立之初，娱乐设施非常匮乏，然而人们工作之余需要文化生活的调剂。"大家乐"舞台应运而生，成为20世纪80年代深圳最受欢迎也最为独特的表演场。从90年代开始，"大家乐"不断创新，突破卡拉OK独唱形式，逐步向系列化、专题化活动发展，既有通俗节目，也有公益义演和著名歌星表演，深受青工喜爱。在深圳早期文化建设者的努力下，"大家乐"从一个"土台子"发展成为群众文化的代名词。虽然今天已经没有了大家乐舞台，但开放包容的"大家乐精神"仍在。

中国（深圳）国际文化产业博览交易会（以下简称"文博会"）自2004年第一届起至今已成功举办14届，这是一个国际化的平台，在这个平台上，不仅带动了国内各省市自治区和港澳台文化产业的交流发展，更将中国文化产业展示给世界。从最初被称为文博商品"大庙会"到如今十足的"国际范儿"，深圳文博会堪称"中国文化产业第一展"。一直以来，深圳文博会受到党和国家领导人，以及社会各界的高度关注。

深圳文博会以博览与交易为主题，集中展示全国文化体制机制改革成果和文化产业发展最新成就，突出文化产业核心层和科技融合的新产品、新技术，每年有2300多家企业参展，10万多种项目产品在这里展示交易，1000多名中外记者、中央和省市媒体全方位报道展会盛况，是中国文化产业发展的检阅台、风向标。①

"深圳读书月"自2000年创办至今已举办20届，每一届读书月的主题都是深圳对人文精神的探索，从"探求科学真理 弘扬人文精神""建设公民道德 实现文化权利""接力民族精神 创造文明生活"到"东方风来书香满城"，第20届主题是"先读为快 行稳致远"，每个年度主题都映射出深圳在城市文化精神上的不懈努力和建设高品位文化城市的追求。

20载坚定不移推动"深圳读书月"活动，形成了一个全民阅读的社会风气，无形中深圳市民将这一社会化的群体活动逐渐内化成为个人的生活习惯。一个世人眼中经济气息浓郁的城市，20年每年专门辟出一个月的时间，由政府发起，倡导全民读书。这种阅读意识的养成，让深圳多年"高贵的坚持"，最终得到世界的认可。2013年10月，联合国授予深圳"全球全民阅读典范城市"这一全球城市关于全民阅读的最高荣誉，深圳是唯一获此殊荣的城市。

从2005年起，深圳市创新公共文化服务形式，以"鉴赏·品位"为主题，以"弘扬人文精神，发展公共文化，丰富市民生活，提升城市品位"为宗旨，为全体市民构建了一个健康文化生活的新载体——"深圳市民文化大讲堂"。

15年来，深圳市民文化大讲堂坚持社会主义核心价值观，不断传播先进文化，博采众长，汇集百家，邀请了几百位名家学者，举办了几百场讲座，深受市民欢迎，获得多项国家、省、市级荣誉。深圳市民文化大讲堂最重要的贡献，是将高雅的学术文化与市民文化素养提升联结起来，在打造"高品位"城市文化的过程中发挥了积极作用。真正达到了弘扬人文精神、提升城市品位的作用，市民

---

① 《深圳文博会五月启幕 将实现四个创新》，https://mp.weixin.qq.com/s?_biz=MjM5NTE2NzE1NQ==&mid=2653576390&idx=1&sn=2cc3a12fdeb61616434191df89e672a6&chksm=bd22521a8a55db0cbca54d144f1e61286702889a409505b321044b427477ce624c98b72e4085&mpshare=1&scene=1&srcid=#rd。

文化生活无形中得到熏染。

深圳的文化发展从不满足于现状，始终放眼世界。与全球大都市相比，深圳的常设性文化活动较少，如伦敦大型常设性文化节庆活动多达200个，香港有近50个，北京、上海也有20多个。而深圳约有10个，有国际影响的屈指可数，部分领域只有一些零散活动，不成体系。① 为更好地"满足市民文化需求"，2017年深圳在全国率先推出"城市文化菜单"，全年28项文化活动从1月排到12月，形成了"月月有主题，全年都精彩"的文化生活新局面。

2019年的深圳城市文化菜单涵盖34项文化活动，更为丰富。深圳在"一带一路"建设和"粤港澳大湾区"国家战略规划中具有独特的区位优势，活动项目选取，持续强化深港、深澳文化领域合作创新，更好地服务粤港澳大湾区文化圈建设，不断提升湾区文化凝聚力和深圳城市文化的国际化水平，如继续举办"一带一路"国际音乐季、"深港城市/建筑双城双年展"、"深澳创意周"、"国际摄影大展"、"国际科技影视周"、"国际新媒体短片节"、"国际水墨画双年展"、"国际版画双年展"、"国际魔术节"、"国际标准舞公开赛"、"国际手风琴艺术周"等系列活动。在34个菜单项目中，活动名称中直接有"国际"两字的就多达14项，其他项目也大多数是国际化的活动。②

2005年至今，每年12月，深圳都充满了创意的味道。"创意十二月"是政府与民间相结合，精英与市民相结合，艺术与市场相结合，专业与产业相结合，本土与国际相结合的产物，受到市民普遍欢迎。在创意十二月活动中，民众是创新的主体。在政府的主导下，创意创新已成为城市"创意嘉年华"，而"创意十二月"的熠熠生辉，是无数设计师、文艺工作者、广大市民和社会各界共同磨砺而出的。③

---

① 参见《深圳出炉全国首份"城市文化菜单"》，深圳晚报（http://wb.sznews.com/html/2017-05/17/content_3796141.htm）。

② 《2019深圳城市文化菜单出炉 34道"菜"深圳味道国际范儿》，深圳新闻网（http://www.sznews.com/news/content/2019-01/18/content_21359484.htm）。

③ 《在创意中放飞城市的梦想》，中国青年网新闻频道（http://news.youth.cn/jsxw/201412/t20141208_6188636.htm）。

2008年，深圳的创意实力得到了世界的认可，被联合国教科文组织授予全球第六个"设计之都"的称号，深圳还把12月7日确定为"创意设计日"。这一切说明，创意给我们带来了无限可能性。在这个过程中，深圳和世界各创意城市结缘，设立了联合国教科文组织创意城市网络深圳创意新锐奖，表明了我们城市不懈的努力，赢得了辉煌的成果。[1]

此外，"深圳晚八点""鹏城金秋市民文化艺术节""来深青工文体节""中国（深圳）文博会艺术节""美丽星期天""剧汇有戏""深圳粤剧周""钢琴音乐节""周末剧场""莲花山草地音乐节""深圳湾草地音乐节"等公共文化活动，还有"'一带一路'国际音乐季""国际科技影视周""深圳国际魔术节"等都为市民的业余文化生活增添了更多丰富内容。

二 普惠于民的公共文化设施

实现市民的文化权利还包括让市民享受一流的文化设施。2012年2月出台的《深圳市委、深圳市人民政府关于深入实施文化立市战略建设文化强市的决定》提出，深圳要创建全国公共文化服务体系示范区，争创"世界图书之都"，2015年基本形成"十分钟文化圈"。

为大力推广全民阅读，深圳已实现"图书馆之城"建设，目前全市实体馆有160个，藏书总量是2997万册，它包含了电子图书，已经覆盖了98%的街道。文献港汇集的数字资源更加丰富，年度访问量是4656.99万次，数据每年都有显著的增长。[2]

为了营造良好的阅读氛围，充分发挥图书馆的空间和资源优势，近年来，深圳图书馆倾力打造了以"南书房"为代表的一系列新型文化空间。南书房：城市经典阅读空间；爱来吧：数字阅读体验与新媒体服务空间；讲读厅：公共教育学习空间；捐赠换书中心：全

---

[1]《在创意中放飞城市的梦想》，新闻频道—中国青年网（http://news.youth.cn/jsxw/201412/t20141208_6188636.htm）。

[2] 张岩：《从"图书馆之城"到"阅读之城"》，媒体报道-新闻资讯-深圳图书馆（https://www.szlib.org.cn/article/view/id-31920.html）。

民阅读资源公共服务平台；深圳学派文献专区：学术资源展示与交流空间；世界文化区：国际文化宣传平台；创客空间：创意交流与实践空间，并升级改造少儿服务区，设立读者讨论室。①

2016年《深圳市文化发展"十三五"规划》提出，至2020年，预计深圳公共图书馆藏书达到约2887万册，每万人公共文化设施面积不少于2000平方米，服务半径不低于"十分钟文化圈"。基本建成便捷高效、保基本、促公平的现代公共文化服务体系，公共文化设施实现全面覆盖、互联互通。②

《深圳文化创新2020》中提出建设深圳当代艺术与城市规划馆、深圳文学艺术中心、中国设计博物馆、深圳美术馆新馆、深圳自然博物馆等一批标志性重大文化设施，以及提升完善华侨城创意文化园、大芬油画村、观澜版画基地、欢乐海岸文化休闲区、甘坑客家文化小镇、大鹏所城、大万世居、中英街等，形成十大特色文化街区，形成相互呼应的城市文化群落。

2018年12月，深圳市委召开重大文体设施规划新闻发布会，审议通过《深圳市加快推进重大文体设施建设规划》，深圳将重点规划建设"新十大文化设施"，提升改造"十大特色文化街区"，同时规划建设一批重大文体设施。

新十大文化设施是深圳公共文化服务水平走向国际化的关键一步，目标是对标国际一流城市。深圳将规划建设代表城市文化发展水平最高艺术殿堂的"深圳歌剧院"，展示和宣传改革开放重要成果窗口的"深圳改革开放展览馆"，展示和收藏国际前沿高端设计、中国和深圳设计界成果及向公众进行审美教育的"深圳创意设计馆"，还将建成面向东南亚、中亚、西亚、非洲乃至世界范围征求外国文物的重要基地的"中国国家博物馆·深圳馆"，旨在培育创新型人才及提升全民科学素质和科技创新能力的"深圳科学技术馆"，定位为建设国际化、高水平、创新性、实践型的世界一流设

---

① 戴晓颖、关亚：《深圳图书馆：打造城市阅读主阵地》，《新阅读》2018年第9期。
② 《深圳市文化发展"十三五"规划》，深圳市文化广电旅游体育局（http://www.sz.gov.cn/wtlyjnew/ztzl_78228/tszl/whcy/whcyflfg/201803/t20180323_11588768.htm）。

计学院的"深圳创新创意设计学院"以及与深圳城市地位相匹配的高水平创新型国际化音乐艺术高等院校"深圳音乐学院"等。[1]

《中共中央 国务院关于支持深圳建设中国特色社会主义先行示范区的意见》中提出,支持深圳规划建设一批重大公共文化设施。为贯彻落实该《意见》要求,深圳加快"新十大文化设施"建设,不断增强城市文化软实力、国际影响力和综合竞争力。

为实现特区内外均等化发展,在"新十大文化设施"的选址上,深圳歌剧院落户南山区东角头片区,深圳创意设计馆落户南山区后海滨湖带,中国国家博物馆深圳馆(暂用名)选址在南山区前海滨海区域,深圳改革开放展览馆选址在福田区香蜜湖片区,深圳科学技术馆选址在光明区中央公园地块,深圳海洋博物馆选址在大鹏新区新大地块,深圳自然博物馆选址在坪山区燕子湖片区,深圳美术馆新馆选址在龙华区深圳北站商务中心区,深圳创新创意设计学院选址在宝安区凤凰山地块,深圳音乐学院选址在龙岗区国际大学园地块。[2] 此外,在重视重大文化设施建设的同时,也关注一般的文化设施建设,推动早日实现"推进公共文化服务创新发展,率先建成普惠性高质量可持续的城市公共文化服务体系"。

习近平总书记视察广东、深圳时,赋予深圳"朝着建设中国特色社会主义先行示范区的方向前行,努力创建社会主义现代化强国的城市范例"的新使命。广东省委十二届四次全会提出要抓住粤港澳大湾区建设重大历史机遇,面向国际建设广州、深圳全球区域文化中心城市。新十大文化设施建成后将成为与全球区域文化中心城市和国际文化创新创意先锋城市相匹配的文体设施体系,为建设中国特色社会主义先行示范区、创建社会主义现代化强国的城市范例

---

[1] 参见《官宣!深圳新十大文化地标、十大特色文化街区规划正式出炉!》,https://www.sohu.com/a/281028413_440566。

[2] 参见《中央要求!深圳又一新部署加快了:10大世界级新地标要来了!(附选址名单)》,https://mp.weixin.qq.com/s?_biz=MzIzMzA5ODg0Mg==&mid=2654469215&idx=1&sn=db6c259776e162e5bbc1d3b09340c7da&chksm=f349876ac43e-0e7c3b9f2f23f6d498587260ccfe893bdf4d69b6f9f1980007a424445d31140b&mpshare=1&scene=1&srcid=&sharer_sharetime=1576304135025&sharer_shareid=f007a5cd0d5c959bda13595732f13389#rd。

提供有力的文化支撑。

2019年11月26日，广东审议通过《关于支持深圳建设中国特色社会主义先行示范区的若干重大措施》，明确表示要推动建设粤港澳大湾区、支持深圳建设先行示范区、广州实现老城市新活力与构建"一核一带一区"互促共进，加快形成主体功能明显、优势互补、高质量发展的区域经济布局。

第三节 深圳文化产业的优化升级

深圳具有极强的文化创新能力，而文化创新不仅来自观念层面的创新，也来自制度创新和科技创新。由于毗邻香港，在20世纪80年代已是亚洲创意中心——香港的带动下，深圳在全国最早发展起了文化产业。但深圳不满足于文化产业的代工，更以"敢闯敢试、敢为天下先"的气魄在文化产业领域闯出一条适合这个城市特点的新路，无形中接轨了全球文化创意产业的发展趋势。

党的十九大报告指出："健全现代文化产业体系和市场体系，创新生产经营机制，完善文化经济政策，培育新型文化业态。"一直以来，深圳以市场主体为中心，积极培育新型文化业态，推动产业结构优化升级，逐步形成了"文化＋科技""文化＋互联网""文化＋创意""文化＋旅游""文化＋金融"等发展模式。

一 "文化＋科技"：让文化乘着科技的翅膀起飞

文化科技创新的能力直接影响到当今文化产业的质量与水平。美国文化产业，特别是影视产业之所以能在全球范围内有着强大的影响，占领全球票房的绝大部分，与美国的高科技在影视行业的应用密不可分。

世界未来的产业发展格局可分为三个维度：一维的传统产业，二维的互联网产业，三维的智能科技产业。谷歌、苹果、微软等世界一流企业纷纷布局三维智能科技产业，它们不断挑战人类极限，极可能推动整个人类前进。

在智能科技产业领域,深圳也在不断发力。美国 CNN 前不久推出以"创新深圳"为题的特别报道,认为"通过深圳,我们看到现在已经不是 Made in China,而是 Created in China"。智能科技领域的企业之争,也是国家之争,公司追逐的方向,代表着一个国家的导向、方向与未来。

2017 年 4 月颁发的《文化部"十三五"时期文化科技创新规划》中明确指出,文化科技创新是国家科技创新的重要组成部分,是社会主义文化强国建设的关键支撑力量。这意味着文化创意产业的发展由过去以演出业、出版业、旅游业等为核心的发展方式,转变为与高科技、互联网相关的高端产业成为中国未来文化创意发展中的支柱性的产业。[1]

深圳云集了众多中国智能科技的领军企业,在城市自身发展起来的领先全国的高新科技基础上,结合文化内涵,探索出"文化+科技"发展模式,诞生了腾讯、华强、大疆、华侨城集团、雅昌、A8、环球数码等一大批文化科技企业,华侨城集团、深圳华强方特文化科技集团连续多次被评为"中国文化企业三十强"。

以南山区和宝安区为例,国家级高新技术企业数量方面,截至 2019 年底,南山区总数突破 4000 家[2],宝安区总数超 4800 家[3]。南山已培育出腾讯、华强方特、迅雷、A8 新媒体、环球数码等一批文化科技融合型企业,17 家企业获评市"文化+科技型示范企业",占全市半壁江山以上。南山的文化领军企业有一个共同的特征——既是深入到文化核心层的创业企业,也是运用最新科技手段的高科技企业,文化与科技、创新与创意实现深度融合创新。[4]

文化产业的下一个风口是数字创意产业,世界各国纷纷布局数

---

[1] 参见金元浦《中国文化创意产业发展出现两大变化》,http://www.sohu.com/a/140006775_488231。

[2] 《2020 年南山区政府工作报告》,http://www.szns.gov.cn/xxgk/qzfxxgkml/gzbg/202001/t20200122_18990651.htm。

[3] 《一图读懂丨深圳宝安区政府工作报告》,人民网深圳频道(http://sz.people.com.cn/BIG5/n2/2020/0117/c202846-33724719.html)。

[4] 《文化+啥最有前途?从文博会展看深圳十区"文产竞争力"》,http://static.nfapp.southcn.com/content/201705/21/c435964.html。

字创意产业,如德国发布"数字战略2025"、英国出台《数字经济战略(2015—2018)》、日本提出建设"超智能社会"、美国的"先进制造伙伴计划"。在中国,数字创意产业正在成为引领新供给、新消费,高速成长创意产业的重要组成部分。目前已形成"互联网+文化娱乐"的新业态,涵盖了数字游戏、互动娱乐、影视动漫、立体影像、数字教育、数字出版、数字典藏、数字表演、网络服务多个产业领域。预计到2020年,中国数字创意产业规模有望接近3万亿元,相关行业产值规模将达到8万亿元。①

深圳在数字创意产业上走在中国前列,目前正在大力发展网络文学、动漫、影视、游戏、创意设计、VR、在线教育等,利用云计算、大数据、虚拟现实、人工智能等高科技支撑,使创意内容在领域应用并产业化,实现内容与效益并举的内涵式发展。

二 "文化+互联网":数字创意产业的春天

据玛丽·米克尔(Marry Meeker)发布的 Internet Trends Report 2018 报告,截止到 2018 年 5 月 30 日,全球互联网用户数已超 36 亿,互联网全球普及率为 49%。② 根据第 44 次《中国互联网络发展状况统计报告》,截至 2019 年 6 月,我国网民规模达 8.54 亿,互联网普及率达 61.2%。其中,手机网民规模已达 8.47 亿,网民中使用手机上网比例达 99.1%,③ 我们已进入真正的互联网时代。

随着中国互联网行业的快速发展,互联网已渗透到各行各业,尤其是文化创意产业,中国的互联网+文化产业走出了自己的道路,领先全球。例如,腾讯在互联网+文创产业方面可以说领跑中国。

2011 年,腾讯提出"泛娱乐"的概念,积极构建泛娱乐生态,即基于互联网和移动互联网的多领域共生,打造明星 IP 的粉丝经

---

① 《多地酝酿数字创意产业政策礼包 产值将达八万亿》,http://www.sohu.com/a/199638397_118392。
② 卫军英、吴倩:《"互联网+"与文化创意产业集群转型升级——基于网络化关系的视角》,《西南民族大学学报》(人文社会科学版)2019 年第 4 期。
③ 《第 44 次中国互联网络发展状况统计报告》,中共中央网络安全和信息化委员会办公室(http://www.cac.gov.cn/2019-08/30/c_1124938750.htm)。

济。在"连接"思维和"开放"战略下,文化多业态融合与联动成为数字娱乐产业尤其是内容产业的发展趋势,以文学、动漫、影视、音乐、游戏、演出、周边等多元娱乐形态组成的开放、协同、共融共生的泛娱乐系统初步形成。①

腾讯提出内容为王,在过去的几年中实现了一个战略性的泛娱乐互联网生态,互联网与文学、动漫、游戏、影视、电竞和音乐等领域深度融合,已经形成了一个欣欣向荣的文化生态,非常好地诠释了"文化+互联网"的崭新模式。根据工业和信息化部信息中心《2018年中国泛娱乐产业白皮书》,2017年,中国泛娱乐核心产业产值约为5484亿元,同比增长32%,预计占数字经济的比重将会超过1/5,成为数字经济的重要支柱和新经济发展的重要引擎。

目前,腾讯又提出"新文创"的概念,希望通过更广泛的主体连接,推动文化价值和产业价值的互相赋能,从而实现更高效的数字文化生产和IP构建。马化腾在2018年全国"两会"提出《关于推动"科技+文化"融合创新 打造数字文化中国的建议》提案。他认为,随着技术发展以及动漫、文学、影视、音乐等崛起共生,应推进"科技+文化"融合创新,打造中国特色文化IP,促进文化产业内部、产业与社会各领域之间生态化协同化发展,建设产业发达、文化繁荣、价值广泛的"数字文化中国"。②

近年来,腾讯不断发挥新文创的优势,助力建设面向下一个600年的"数字故宫"。不仅让故宫和文物在数字世界里"永葆青春",还打通线上与线下,让人们用最潮流的方式体验最传统的文化,以《千里江山图》为蓝本创作的音乐《丹青千里》深受年轻受众的喜爱。2018年8月,在腾讯动漫上线的《故宫回声》漫画,总曝光量达到16亿,让更多人重温了故宫文物南迁和西迁的艰难历程。由腾讯影业出品,于2019年12月启动制作的影视剧《故宫如梦》,由故宫博物院担任监制,讲述故宫工匠不为人知的励志故事。

---

① 《2018年中国泛娱乐产业白皮书:泛娱乐生态系统初步形成IP价值最大化》,https://cloud.tencent.com/developer/news/140245。

② 《马化腾:"科技+文化"融合创新 打造中国特色文化IP》,人民网(http://it.people.com.cn/GB/n1/2018/0312/c1009-29863382.html)。

与此同时，基于《故宫如梦》和纪录片，腾讯和故宫博物院还将携手中国广电，探索与5G等前沿技术融合的多媒体体验，更生动地再现故宫营建的过程，应用新技术打造5G时代的内容范本，尝试更多新的可能。①

三 "文化+创意"：文化产业跨界融合发展的新趋势

传统意义上的文化产业是有边界的，主要集中在核心层。随着时代的发展，文化创意产业开始转型，开启了跨界发展之路。中央2014年10号文件给文化创意产业的外部转型提供了相当明确的信号，文件里特别提出文化创意与设计服务要为装备制造业、消费品工业、建筑业、信息业、旅游业、农业和体育产业等八大产业形态服务。

20世纪90年代有句话，"中国的设计看深圳"。2008年，深圳成为联合国创意城市网络认定的全球第六个"设计之都"，是中国第一个进入全球视野的设计之都。深圳在工业设计、平面设计、时装设计、珠宝设计、动漫设计、建设设计、工艺礼品设计等领域都有着重要影响。

深圳的工业设计更是中国设计界的一面旗帜，深圳工业设计协会不仅将深圳的工业设计推向全球，更是带领中国工业设计走向世界。2011年，是中国设计的一次"零的突破"，深圳工业设计协会带领深圳设计走进被喻为"设计风向标"的"伦敦百分百"展览。自那时起，中国设计开始进入国际视野，既感受到与世界顶尖设计的差距，也成为中国设计发展的动力。现在中国设计，特别是深圳工业设计在世界范围内影响越来越大，每一年都有大批设计作品获得德国"红点""IF"等世界设计大奖。

2018年深圳获奖总数为198项，增长40%，占据全国获奖总数的1/3，遥遥领先于北京、上海、广州、杭州等城市。198项大奖中，产品设计奖数量137项，包装设计奖40项，室内设计奖9项，传达设计奖7项，专业概念设计奖4项，服务设计奖1项。获奖作

---

① 参见《腾讯程武：新文创 助力建设面向下一个600年的数字故宫》，科学中国（http://science.china.com.cn/2019-09/17/content_40895572.htm）。

品中，产品设计占据80%，其中不乏WT2翻译耳机、智慧基础云一体机、4smarts户外多功能指纹保险箱、看到Obsidian（黑曜石）3D VR相机、PowerBag移动电源、酷睿视（GOOVIS）智能眼镜、Inno&cn TV、单轴稳定器等运用新材料、新技术的智能产品，这些产品依托深圳丰富的产业链，坚持科技创新，打造出更具时代引领性的深圳品牌，展示了中国制造大国、制造强国的实力。[1]

2018年，深圳工业设计产值达百亿元，实现两位数增长，带动下游产业经济价值超过千亿元。可以说，工业设计的赋能作用早已显现。[2]

今天的深圳代表着中国创意设计界的最高水平，每年的"深圳国际工业设计大展"的国际影响力日益强大。2018年11月的第六届，吸引了来自全球设计强国及多家顶尖的设计企业前来参展，其中有法国设计国家馆、丹麦设计国家馆、A'设计大奖赛、荷兰设计国家馆、韩国设计振兴院、意大利设计国家馆、美国星火设计奖等六个国家的七个国际设计展团；除此以外，还吸引了175家海外设计机构参与和关注大展，设计大展的影响力和权威性逐步扩大，设计生态的成效日具规模。许多展品首次在中国进行展示。[3]

"深圳设计"品牌进一步擦亮，成功举办深圳设计周暨环球设计大奖、深港设计双城展、联合国教科文组织创意城市网络深圳创新设计新锐奖、创意十二月、工业设计大展等活动，城市设计氛围日益浓郁。

2019年7月，深圳市政府制定《关于推动深圳创意设计高质量发展的若干意见》，提出："到2020年，全市创意设计全口径服务收入超过1000亿元，创意设计机构增加到1.5万家，创意设计师人才增加到10万名，重点扶持国家或省级工业设计中心20家以上。创意设计产业发展质量和效益显著提升，深圳创意设计品牌在国内

---

[1] 《深圳设计拿下198项2018iF大奖，连续7年领跑全国》，https://www.csdn.net/article/a/2018-03-22/15943742。

[2] 封昌红：《"设计之都"的启示》，《人民日报》2019年8月25日副刊第8版。

[3] 《深圳国际工业设计大展》，搜狐新闻（http://news.sohu.com/20181102/n554134314.shtml）。

外打响。到 2035 年，全市创意设计全口径服务收入超过 3000 亿元，创意设计师人才增加到 15 万名，创意设计产业有效支撑制造业转型升级，深圳创意设计品牌具有较好国际美誉度。到本世纪中叶，创意设计与战略性新兴产业紧密融合，形成全球先发优势，深圳创意设计成为知名国际品牌，全市基层社区创意设计人文环境、广大市民创意设计素养和国际先进水平接轨，建成具有强大国际辐射力的创意设计之都。"[①]

目前深圳已启动深圳创新创意设计学院筹建工作，进一步引进世界高端创新设计资源。此外，设立面向全球的创意设计大奖，打造一批国际性的中国文化品牌。

四 "文化+旅游"：深圳在文旅融合中的拿来主义

2019 年《Lonely Planet》公布了 2019 年十大最佳旅行城市榜单。深圳，成为中国唯一入选城市，排在第二位。为什么是深圳？深圳何以能？虽然文化资源匮乏、旅游资源也不丰富，但深圳人的创新意识在文化旅游领域的体现就是"拿来主义"，向全中国借，向全世界借。在文化旅游发展道路上，深圳探索出一条自己的发展道路。

深圳是改革开放后第一个探索文化旅游融合的城市，当年华侨城集团总指挥部马志民顶住压力探索的这条发展道路最终成为一种中国文化产业的典型发展模式。华侨城集团的"锦绣中华"拉开了中国主题公园的序幕，紧接着"中华民俗村""世界之窗""欢乐谷""东部华侨城""欢乐海岸"等将中华文化、世界文化与旅游相结合，这批主题公园的成功，将文化和旅游融合形成一种具有普遍性的发展模式。

2018 年 3 月，文化部与国家旅游局整体合并成立国家文旅部，文化与旅游的融合今天已成为国家层面的战略思维。文化是旅游的灵魂，旅游是文化发展和传承的载体。

华侨城取得的巨大成功取决于他们对文化的独特理解，即将文

---

① 《关于推动深圳创意设计高质量发展的若干意见》，人民网深圳频道（http://sz.people.com.cn/n2/2019/0722/c202846-33166237.html）。

化与旅游深度融合,旅游即是文化,文化即为旅游。这一新颖视角,使华侨城的旅游文化蓬勃发展。①

今天的华侨城集团正在探索一条新的发展道路——"文化＋旅游＋城镇化""旅游＋互联网＋金融"。2017 年是中国特色小镇②建设"元年",从中央到地方,特色小镇建设正在轰轰烈烈进行中。2016 年,以"中国城市文化运营商"为战略定位的华侨城文化集团进驻甘坑客家小镇,开启了"华侨城甘坑新镇"这一特色小镇建设。华侨城甘坑新镇是不同于传统行政建制镇和一般产业园区的特色小镇,是聚集了国家战略性新兴产业——VR 产业的创新创业平台,是传承客家历史文化的文旅小镇。

三年后,甘坑新镇已成为中国特色小镇建设过程中一个比较成功的案例。近日,由亿翰智库发布的"2018 中国标杆产城 & 特色小镇运营商及项目品牌影响力 TOP50"榜单中,华侨城集团有限公司在"2018 特色小镇投资运营商年度品牌影响力 TOP50"榜单中名列榜首。③ 2019 年度文旅康养产业排行榜,华侨城集团位列文旅内容 TOP50 第一,华侨城甘坑客家小镇位列中国最受关注特色小镇 TOP20 强第十。④

在探索"文化＋旅游＋城镇化"发展模式过程中,华侨城集团实行战略转型,还成功打造了成都安仁古镇、成都黄龙溪古镇等特

---

① 王小芳:《华侨城主题公园对深圳文化城市建设的贡献》,《文化创新比较研究》2018 年第 12 期。

② 指城乡地域中地理位置重要、资源优势独特、经济规模较大、产业相对集中、建筑特色明显、地域特征突出、历史文化保存相对完整的乡镇。它介于城乡之间,地位特殊、特色鲜明。以镇区常住人口 5 万以上的特大外地人、镇区常住人口 3 万以上的专业特色镇为重点,兼顾多类型多形态的特色小镇,因地制宜建设美丽特色小(城)镇。

③ 《华侨城战略转型显成效》,https://mp.weixin.qq.com/s?_biz=MzI5OTU2MjUwOA==&mid=2247487969&idx=1&sn=6e093a18947b4425f047847112d83517&chksm=ec95f282dbe27b94d573d9c7b9fd4e33f7ea14ad91dc856ab2d26ed854b41e89a01f3877c428&mpshare=1&scene=1&srcid=0111mZvNplbnp4u1JEIoE4Ss#rd。

④ 《华侨城位列中国文旅内容 50 强第一,甘坑客家小镇位列中国特色小镇 20 强第十》,https://mp.weixin.qq.com/s?_biz=MzI5OTU2MjUwOA==&mid=2247489871&idx=3&sn=0f704b86383ff51b6cadadcac3f19e9e&chksm=ec95fa2cdbe2733af62606029e6c7f67807be496b44d65b9e84050fcb63cb21454994442c74f&mpshare=1&scene=1&srcid=&sharer_sharetime=1576308216628&sharer_shareid=f007a5cd0d5c959bda13595732f13389#rd。

色小镇品牌，将甘坑新镇的模式向全国复制。

五 "文化+金融"：让资本与创意相遇相知

文化产业属于资本密集型产业，因而文化产业的发展离不开金融的支持。从全球范围看，美国是市场导向型的金融支持模式，英国是政策导向型金融支持模式，日本和韩国是政府主导型的金融支持模式，以上国家的金融支持措施，都为振兴本国文化产业的发展提供了强有力的金融支持，促进了文化产业的发展。

在中国，深圳是较早探索"文化+金融"发展模式的城市之一。基于深圳金融产业的先天优势，深圳已拥有多个"文化+金融"平台。2009年11月，深圳文化产权交易所正式挂牌，深圳有了一个面向全国及全球的文化产权交易平台、文化产业投融资平台、文化企业孵化平台与文化产权登记托管平台。2017年，深圳文化产权交易所加挂"深圳市文化金融服务中心"牌子，进一步服务实体经济，发挥好国家级文化产权交易和投融资服务平台的作用。

2018年3月，文化部、中国人民银行、财政部联合下发《关于深入推进文化金融合作的意见》，为贯彻落实党的十八届三中全会"鼓励金融资本、社会资本、文化资源相结合"的精神，要求各省市充分认识推进文化金融合作的重要意义。

深圳市文化金融服务中心针对深圳市多数文化企业"融资难、融资贵"的普遍现象，联合深圳市16家银行合作推出银行文化金融产品直通车服务，旨在打破文化企业与金融机构信息不对称、服务路径不通畅的现状，实现文化企业与银行文化金融产品的精准对接。[①]

2018年7月，深圳首家"文化银行"——中国建设银行深圳分行文化银行正式启动，为文化企业开通专属绿色金融通道。针对处于不同发展阶段的文创企业，文化银行配套了"云快贷""云税贷""见保即贷""文创商会贷""助保贷"等个性化金融产品和服务，为文化企业"输血通脉"，助力文化企业充分释放能量。此外，还将发挥建行集团化、国际化的优势，推动深圳文化创意产品和服务

---

① 《深圳市文化金融服务中心｜银行文化金融产品介绍》，http://www.sohu.com/a/253302976_99927700。

"走出去",扩大深圳文化创意产业的国际影响力。①

六 "创客之都":全球创客的好莱坞

谈到深圳的科技创新,大家首先想到的一定会是华为、大疆、腾讯、光启、华强等行业巨头。实际上,难以计数的创客群体才是深圳创新的真正基石,是他们夯实了深圳创新驱动的根基。"创客"这个词来自于英文"Maker",是指出于兴趣与爱好,努力把各种创意转变为现实的人。

2015年,李克强总理来到深圳柴火创客空间,他说:"我再为你们添把柴,让更多的人走进'创客'行列!"从那时起,深圳创客开始进入大众视野。深圳积极顺应互联网时代"草根创新""全民创新"的新趋势,搭建全球创客交流合作平台。过去的华强北是"山寨"的代名词,今天的华强北,成为"全球创客的好莱坞"。深圳也逐渐从过去世人眼中的"寨都"成为"创新之都",成为中国硬件"硅谷"。

目前,深圳已有一批影响大的创客空间,如落地深圳湾创业广场的腾讯众创空间,主要围绕移动互联网与智能硬件产业链打造完整生态群,帮助创业者充分对接腾讯、深圳湾创业广场和各方资源,提供全要素立体式孵化加速服务。创办于2011年,位于深圳市南山区的深圳第一家创客空间——柴火创客空间,为创新制作者(Maker)提供自由开放的协作环境,鼓励跨界的交流,促进创意的实现以至产品化。落户在福田保税区中芬设计园的国际微观装配实验室(深圳)暨深圳开放创新实验室,MIT FabLab(国际微观装配室验室)主要包括开放创新中心、创业加速器和FabLab 2.0研发制造三个功能板块,致力于发展、挖掘全球创客项目及产品,研发解决方案来连接大规模生产生态系统和服务于小型硬件创业者。此外,还有曼哈物联网(AI)国际创新中心、3W空间、TCL创客空间等一批创客空间。

"Maker Faire 制汇节"是创客们的节日,2012年落地深圳。八

---

① 《"文化+金融"亮点不断,深圳文创持续释放活力》,深圳新闻—南方网(http://sz.southcn.com/content/2018-08/04/content_182821419.htm)。

年来，"Maker Faire Shenzhen 深圳制汇节"影响力越来越大，2018年吸引了来自全球40个国家的创客参与，他们乐于分享、展示科技创新作品，让深圳在全球社区中发声。

深圳制汇节与深圳文博会、深圳国际设计大展等，越来越成为这个城市集体的节日，人们在其中受熏染，逐渐爱上创新、创意，在这座年轻的城市中形成了一种"大众创业、万众创新"的浓厚氛围，也为深圳创新创意奠定了更加雄厚的基础。

结　语

城市的文化精神是城市竞争力的核心要素，深圳人的文化价值观集中体现在深圳城市文化精神中。习近平总书记指出："一个国家综合实力最核心的还是文化软实力，这事关精气神的凝聚，我们要坚定理论自信、道路自信、制度自信，最根本的还要加一个文化自信。"一个城市的综合实力也同样如此，深圳之所以多年来名列中国城市竞争力排行榜乃至全球城市竞争力排行榜的前列，与这座城市所秉承的文化精神、文化自信密切相关。

城市文化精神曾经在深圳过去40年中发挥过极为重要的作用，也深深影响了中国的改革开放。进入新时代，传承与创新同样重要，培育新的城市文化精神是深圳建设全球文化中心城市的必然要求，也是习近平总书记提出的深圳要"朝着建设中国特色社会主义先行示范区的方向前行，努力创建社会主义现代化强国的城市范例"的题中应有之义。

2019年2月出台的《粤港澳大湾区发展规划纲要》中，将深圳定位为具有世界影响力的创新创意之都。这一定位意义深远，也表明了中央对深圳经济特区成立以来坚持的科技创新和文化创意发展模式的充分肯定。

新时代深圳正在迈向新的历史阶段，继往开来，既要传承过往形成的优秀的特区文化精神，更要向城市文化更高级的方向——"伟大文化"迈进。1588年，意大利著名哲学家乔万尼·波特若在《论城市伟大至尊之因由》一书中提出了"城市伟大文化"概念。他提出："城市被认为是人民的集合，他们团结起来在丰裕和繁荣中悠闲地共度更好的生活。城市的伟大则被认为并非其处所或围墙的宽广，而是民众和居民数量及其权力的伟大。人们现在出于各种因由和时机移向那里并聚集起来：其源，有的是权威，有的是强力，有的是快乐，有的是复兴。"① 这本已有400多年历史的著作中的论述至今仍不过时。人类的历史上，的确有一些城市具备"伟大文化"的特征，如雅典、罗马、伦敦、巴黎、莫斯科、北京、佛罗伦萨等城市的文化精神至今仍有强大的影响力。

深圳的发展史感染着千千万万的城市建设者，他们热爱这座城市，就像描写深圳特区奋斗史的电视剧《命运》大结局时宋梓南说："如果让我生一千次，我愿生在这块土地上；如果让我死一千次，我也愿死在这块土地上！"

面向大海，毗邻香港，深圳的发展得天独厚。海纳百川，敢闯敢试，开拓创新，深圳形成了一种独特的、以创新包容为内涵的移民文化模式，充分体现了文化的流动性所带来的无限活力和创造力，形成了这座城市的文化基因，创造出特有的"城市文化人"——深圳人。

这些城市精神的总结提升都成为深圳的宝贵财富。特区成立以来，深圳缔造了诸多奇迹。越来越多的深圳人爱上这座城，越来越多的外地人融入这座城。每一年的8月26日，席卷微信朋友圈的深圳生日祝福是人们表达情感的窗口，这一情感的流露不仅来自对深圳经济奇迹的骄傲，更源自于对城市文化精神的自豪。可以说，40年的建设，这座从无到有的城市已经进入了新的历史时代，文化精神的积淀使深圳人有了强烈的归属感，也正是在这一精神的激励下，深圳创造着一个又一个新的辉煌。

进入新时代，深圳也步入新的发展阶段。这一阶段既要在经济发展上取得良好的成就，更要在城市文化精神层面有所超越。城市精神就仿佛人的精神世界，应当具有超越性。当一座城市的发展超越了物质阶段，必然会进入更高的精神层面，而这一精神财富将成为城市最宝贵的资源。

---

① 转引自张鸿雁《"城市文化资本"：借古开今、创想未来的永续动力》，《上海城市管理》2014年第5期。

第八章 "义工+社工"双轮驱动社会发展

随着党和政府管理理念的转变，社会组织发展更加受到重视，成为社会治理的重要组成部分及方式。2012年党的十八大报告提出，要加强和创新社会管理——加快形成党委领导、政府负责、社会协同、公众参与、法治保障的社会管理格局。2013年党的十八届三中全会，提出"创新社会治理体制"，并从改进社会治理方式、激发社会组织活力、创新有效预防和化解社会矛盾体制、健全公共安全体系四个方面提出了原则性要求。在"改进社会治理方式"部分，提出要坚持系统治理，加强党委领导，发挥政府主导作用，鼓励和支持社会各方面参与，实现政府治理和社会自我调节、居民自治良性互动。而在"激发社会组织活力"部分，更加明确提出要正确处理政府和社会关系，加快实施政社分开，推进社会组织明确权责、依法自治、发挥作用。适合由社会组织提供的公共服务和解决的事项，交由社会组织承担。支持和发展志愿服务组织。限期实现行业协会商会与行政机关真正脱钩，重点培育和优先发展行业协会商会类、科技类、公益慈善类、城乡社区服务类社会组织，成立时直接依法申请登记。加强对社会组织和在华境外非政府组织的管理，引导它们依法开展活动。2015年党的十八届五中全会提出，要加强和创新社会治理。完善党委领导、政府主导、社会协同、公众参与、法治保障的社会治理体制，推进社会治理精细化，构建全民共建共享的社会治理格局。2017年党的十九大报告提出社会治理"三共四化"（"三共"是指"打造共建共治共享的社会治理格局"；"四化"是指社会治理社会化、法治化、智能化和专业化）和社区治理体系建设。党的十九大报告中提出要加强社区治理体系建设，推动社会治理重心向基层下移,发挥社会组织作用,实现政府治理和社会调节、居民自治良性互动。上述文件中"社会协同"主要是指社会组织的协同作用。由此可见,社会组织发展是中国社会建设和社会治理的重要工作,也是国家和地区社会发展程度的重要指标。

第一节 社会组织发展令人瞩目

一 深入推进社会组织管理体制改革创新

深圳在2004年就成立了行业服务署,对行业协会进行统一管理,从而开启了社会组织管理体制改革的先河。

2006年底,深圳市合并市民政局民间组织管理办公室和市行业协会服务署,成立深圳市民间组织管理局,作为市民政局下设副局级行政事务机构。深圳市民间组织管理局的成立体现了市政府对社会组织管理的高度重视,而且,事实也证明,市民间组织局对深圳市社会组织的发展起到了非常重要的促进作用。民政部和广东省民政厅对深圳市社会组织改革充分肯定并付以重任。

2008年4月,深圳市被民政部列为全国社会组织"改革创新综合观察点"。同年6月,广东省民政厅把深圳市定为社会组织"综合改革观察点"。深圳市在政府职能转变和购买服务、行业协会改革、建立社会组织简单便捷的注册登记办法、社会组织党建管理体制改革、社会组织发挥社工作用等社会组织发展方面进行了改革探索。深圳颁发了《关于进一步发展和规范我市社会组织的意见》,在社会组织登记管理体制方面有了重要突破和创新。该《意见》提出,工商经济类、社会福利类和公益慈善类社会组织实行民政部门单一登记体制,社区社会组织实行登记和备案双轨制。此外,深圳在政府向社会组织转移职能、公共财政购买服务,以及行业协会商会评估、行业协会民间化和发挥作用等方面进行改革。

2009年,民政部与深圳市政府签订《推进民政事业综合配套改革合作协议》,要求深圳市深化社会组织管理体制改革,探索社会组织直接登记制度，开展基金会、异地商会登记试点，支持社会组织承接公共服务，建设社会组织孵化基地，探索社会组织党建新模式。按照民政部的要求，深圳市进一步深化社会组织改革，推行社会组织直接登记制，大力培育发展社会组织，持续推进政府职能转移及政府向社会组织购买服务制度。深圳通过了《深圳市社会组织发展规范实施方案（2010—2012年）》和《深圳市推进政府职能和工作事项转移委托工作实施方案》，起草了《扶持社会组织发展实施方案》《社会工作促进办法》和《加强居委会建设的若干意见》等规范性文件。

2010年，深圳全面实行工商经济类、社会福利类和公益慈善类社会组织由民政部门直接登记，社区社会组织登记与备案双轨体制，并且启动了基金会、异地商会登记试点工作。市民间组织管理局设立"社会组织培育实验基地"，设立专项经费，委托专业机构，大力培育和扶持公益组织。在推进政府购买服务方面，深圳市民间组织管理局将公益金与财政资金对接，由公益金负责开拓项目，财政预算资金对优秀项目予以支持。2010年，福彩公益金一共安排了3.1亿元，资助了43大类的公益慈善、社会福利项目，其中通过向社会公开征集项目方式，投入3500多万元资助社会组织开展了75个公益服务项目。①

2012年，深圳市把"推进社会组织的改革发展"列为年度6项重点改革之一，并出台了《关于进一步推进社会组织改革发展的意见》。在登记管理体制改革方面，将直接登记的范围由原来的工商经济类、公益慈善类、社会福利类扩大到包括社会服务类、文娱类、科技类、体育类和生态环境类等8类社会组织，同时引入行业协会竞争机制，建立综合监管体制。

2013年，深圳市制订了《民政工作改革创新三年计划（2013—2015）》，提出要"推进五项改革，推行十项创新"。其中的一项创新工作就是要创建全国社会组织创新示范区，深入推进社会组织管理体制改革，建立健全培育发展与规范管理并重的制度框架，形成

---

① 深圳市社会组织管理局、深圳国际公益研究院主编：《深圳社会组织蓝皮书——深圳社会组织发展报告（2018）》，社会科学文献出版社2019年版，第7页。

政社分开、权责明确、依法自治的现代社会组织体制。重点工作是全面清理社会组织登记前置审批程序，优化升级社会组织登记申请服务方式，落实行业协会商会类、公益慈善类等8类社会组织直接登记，大力促进政府职能转移委托和购买服务，大力培育和发展行业协会商会、民办科技机构、民办学校、民办医院、民办养老机构、社区基金会等社会组织，推动发展社会组织相关服务业，建立完善统一登记、各司其职、协调配合、分级负责、依法监管的跨部门社会组织综合监管体系。

2014年，深圳制定了《市社工委、市民政局关于构建社会组织综合监管体制的指导意见》，提出了完善行政监管机制、行业自我监管机制、社会公众监管机制以及社会组织退出机制的具体举措，从而建立起政府行政监管、社会公众监督和社会组织自律三位一体的综合监管体系。为了加强社会组织执法监管，深圳出台了《深圳市社会组织抽查监督办法》。深圳政府非常重视社区基金的作用，从2014年开始大力推动社区基金会发展，建立了社区基金会登记办法。为了进一步规范社会组织发展，增强社会组织的社会诚信和公信力，促进政府向社会组织购买服务的实施，深圳建立了全市统一的社会组织信息公开平台，并且出台了具备承接政府职能转移和购买服务资质的市级社会组织目录。

2016年以后，深圳非常重视社会组织党建，成立了新的市社会组织党委，建立了"三同步"、"五嵌入"、选派"第一书记"和党建组织员、党建章程等机制。深圳社会组织党建覆盖率达到96%。同时，深圳进一步改进了社会组织管理办法，改革社会组织统一社会信用代码制度，实现社会组织"多证合一，一证一码"，并实行社会组织异常名录管理和年度工作报告制度，建立和完善行政约谈以及社会组织年度工作报告等管理机制。

二 深圳社会组织发展迅速

由于政府对社会组织的高度重视和大力培育与支持，深圳社会组织增长速度很快。深圳市社会组织的登记数量从2008年的3355家增至2017年的9610家，年均增长率达到12.45%。其中，深圳市社会团体的数量从2008年的1389家增长至2017年的4146家，年增长13.02%；民办非企业单位从2008年的1966家持续增长至5164家，年增长率为11.35%；基金会从2011年的19家增长至2017年末的300家，年均增长率更是高达62.82%。

截至2018年9月30日，深圳全市共有社会组织13054家，其中登记10190家，备案2864家。社团数量6088家，民非6631家，基金会335家。市级社会组织3839家（含社团1859家、民非1645家、基金会335家），区级社会组织9215（含社团4229家、民非4986家）。

从登记注册的社会组织分布领域来看，在2018年第三季度，深圳社会组织中占比较多的依次是教育类、社会服务类和文化类等（见表8-1）。

表8-1　　　　　　　深圳市主要社会组织分布情况

	教育类	社会服务类	文化类	体育类	工商服务类
数量（家）	3170	2672	2304	1751	1246
比例（%）	24.28	20.46	17.64	13.41	9.54

按照每万名常住人口拥有社会组织的数量，深圳从2008年的3.52个增长到2017年的7.67个。如果加上备案的社会组织数量，2017年深圳市社会组织达到12422个，每万名常住人口拥有社会组织9.92个。与同年的北京、上海和广州相比，深圳每万名常住人口拥有社会组织的数量最高。2017年，北京、上海和广州三地每万名常住人口拥有社会组织数量分别为5.71个、6.17个和5.24个。

深圳社会组织不仅数量增长快，而且总体上看比较活跃，这大致可以从社会组织的收入和支出状况[①]进行判断。深圳社会组织的收入在2016年为213.31亿元，2017年增长至251.11亿元。其中，社会服务机构的收入占比最高，占2017年度全市社会组织收入总

---

① 深圳市社会组织管理局、深圳国际公益研究院主编：《深圳社会组织蓝皮书——深圳社会组织发展报告（2018）》，社会科学文献出版社2019年版，第15—16页。

额的 77.51%；社会团体收入占比为 16.78%，基金会占 5.71%。就平均收入而言，基金会的平均收入最高，为 557.82 万元；其次是售后服务机构的 452.20 万元；社会团体的平均收入为 123.11 万元。从收入来源上看，深圳社会组织最大的收入来源是提供服务，达到 177 亿元，占比超过 70%；社会组织的捐赠收入为 24.11 亿元，占 9.60%；会费收入和政府补助收入均占 8.80% 左右。不同类型社会组织的收入来源有所不同。社会服务机构的收入来源主要是服务性收入。社会团体的收入比较多元，包括提供服务收入、会费收入、捐赠收入和政府补助等。而基金会的主要收入来源则是捐赠。社会服务机构和社会团体的服务性收入主要来源于政府购买的项目服务。这说明，社会服务机构和社会团体承接了大量政府委托的公益性服务。从支出情况来看，深圳社会组织 2017 年支出总额为 284 亿元，其中，业务活动支出 174 亿元，占比超过 60%；管理费用 68 亿多元，约占 24%。这也进一步表明，深圳社会组织的业务活动较多，社会组织总体上比较活跃。

三 深圳社会组织致力公共服务作用明显

深圳的社会组织在深圳的社会经济发展中发挥了重要作用，这些作用主要体现在四个方面。

(一) 促进就业

在国外和中国港澳台地区，社会组织提供了大量就业岗位，有的国家甚至解决了超过全国半数的社会就业。近十年来，深圳社会组织快速发展，需要大量专职和兼职人员在社会组织工作，因此，社会组织提供了不少就业岗位。2017 年，深圳社会组织共有专职工作人员 14.62 万人。其中，社会服务机构以专职工作人员为主，提供的就业岗位也最多，仅社工机构就有超过万名专职人员。相比较而言，区级社会组织所提供的专职工作岗位远远大于市级社会组织，占比达到 75% 左右。[1] 随着社会组织数量不断提高、规模不断扩大，深圳的社会组织将会接受越来越多的社会就业。同时，社会

---

[1] 深圳市社会组织管理局、深圳国际公益研究院主编：《深圳社会组织蓝皮书——深圳社会组织发展报告（2018）》，社会科学文献出版社 2019 年版，第 17 页。

服务机构在劳动领域开展了诸多相关服务，比如说就业培训、就业指导和就业岗位链接等，这些服务业在很大程度上促进了就业。

（二）提供公共服务

深圳社会组织活跃在文化、教育、卫生、环境保护以及公益慈善和社会服务等众多领域，为深圳居民提供公共服务。2016年底，深圳市社会组织共开展公益活动92118次。其中，市级社会组织开展公益活动77364次，占总数的84.0%；区级社会组织开展公益活动14754次。① 社会组织的公共服务主要是政府购买的项目服务，其中社会服务机构特别是社工机构是最重要的服务提供者。社工机构通过岗位、项目、社区党群服务中心三种主要途径为市民提供覆盖民政、残障、妇女儿童、禁毒、青少年、社区、司法、综治、教育、医务等在内的15个领域的专业服务。

在政府购买服务的项目中，"民生微实事"是社会组织提供社会服务的重要平台。2015年9月，深圳市政府印发《全面推广实施民生微实事指导意见》（深府办函〔2015〕140号），开始在全市范围内全面推开"民生微实事"。"民生微实事"是指社区群众关注度高、受益面广、贴近居民、贴近生活，群众热切希望解决的惠民项目。是在社区党委的统一领导和组织下，按照"四议两公开"原则，通过群众"点菜"、政府提供服务的方式，快速解决社区居民身边的小事、急事、难事。民生微实事项目主要包括以下几个方面：一是完善社区安全防护、增强居民安全保障的消除安全隐患项目；二是提升社区绿化品质、改善社区居住环境的社区环境整治项目；三是健全社区文体设施、丰富居民娱乐生活的文化体育娱乐项目；四是增强居民自助互助、提升居民综合素养的居民生活关爱项目。在民生微实事工程中，第三、第四个项目服务主要由社会组织提供。项目实施三年多来，市、区财政累计投入资金48亿元，实施项目4.3万个，其中，社会服务类项目占比从2015年的38%提升到2018年的70%左右。②

---

① 深圳市社会组织管理局、深圳国际公益研究院主编：《深圳社会组织蓝皮书——深圳社会组织发展报告（2018）》，社会科学文献出版社2019年版，第17页。

② 相关资料由市民政局相关部门提供。

（三）参与社会治理

与社会管理的概念不同，社会治理的最大特点是多元共治，即由多个不同的主体来共同管理和服务社会。中国社会治理的模式是党委领导、政府负责、社会协同、公众参与和法治保障。这里的"社会协同"就是指包括社会组织在内的社会力量在党的领导下，协同政府开展社会治理。近几年来，社会组织在社会治理中的参与性越来越高，在社会治理中发挥的作用也越来越大。深圳社会组织在公共服务、救灾济贫、劳动就业、环境保护以及社区发展等领域的作用非常突出，甚至在城市管理和综治维稳等方面也作用突出。比如说，志愿者组织与城管、交通和公安等部门广泛合作，通过志愿服务，为城市有序运行贡献力量；社工机构通过社工的专业服务，为预防社会问题、化解社会矛盾、促进家庭及社会和谐等方面发挥了作用。民政部在全国推动的"三社联动"，即"社区＋社会组织＋社工"，是促进社区治理的重要举措。深圳的社会组织和社会工作发展在全国都处于领先水平，社会组织和社工在社区治理中扮演了重要角色。在深圳的各社区党群服务中心，社工机构和其他各类社会组织为社区居民提供各种服务，既满足了居民需要，也促进了社区发展。

在中国共产党的领导下，中国抗击新冠肺炎疫情取得了重大胜利，疫情得到了有效控制。国外学者认为中国抗击疫情是社会治理的一个经典范例。中国共产党的强有力领导、政府的负责以及全社会的广泛参与是抗击疫情取得胜利的重要保障。其中，社会组织在抗击疫情中发挥了重要作用。基金会募集和捐助了大量抗疫资金和物资。专业服务机构和志愿团体组织专业人员和志愿者通过各种方式为患者及其家属提供心理辅导及其他服务。大批志愿者协助政府和社区开展抗疫宣传、居家隔离服务及测量体温等活动。

（四）助力国际化城市建设

改革开放以后，深圳从一个边陲小镇发展成为非常重要的国内城市。但要成为国际化城市，深圳需要扩大交流，走向国际。深圳的社会组织在深圳国际化城市建设中发挥了重要作用。比如说，外商协会等行业协会在国际投资和贸易等方面作用显著。同时，社会组织还组织和参与了大量国际性的会议及活动。据2017年度报告统计，深圳市社会组织共开展国际合作项目42项，参加国际会议356次，参加国际组织41个，组团出国（境）访问217次，举办国际博览会8次，接待国（境）外机构访问3次，内容涉及经济文化合作与交流、技术交流与洽谈等。2017年，共有316家社会组织参加国际活动680次，相较2016年的512次，有了较大的提升，尤其是参加国际会议这一项，从2016年的172次激增至2017年的356次。① 社会组织通过各种方式，扩大了深圳的国际交流和影响力，从而推动了深圳国际化城市建设。

第二节　志愿服务成为闪亮品牌

深圳是中国改革开放的桥头堡。改革开放使深圳的经济发展达到了很高的水平，同时，也催生了深圳的志愿精神和志愿服务。20世纪80年代，深圳的志愿服务蓬勃发展起来，涌现了一大批有爱心的志愿者（深圳之前借鉴香港的概念将志愿者称为"义工"），建立了比较完善的志愿服务体系，并初步形成了志愿文化。深圳志愿者秉承"服务社会，传播文明"的宗旨，倡导"参与、互助、奉献、进步"的服务精神，传播"助人自助""送人玫瑰，手有余香"的互助理念，伴随深圳的腾飞，取得了长足的发展和令人瞩目的成绩，走出了一条具有深圳特色的志愿服务发展之路。可以说，深圳是全国志愿服务发展最早也是最好的地区之一。

一　深圳志愿服务发展阶段

深圳的志愿服务发展大致可以划分为三个历史阶段。

（一）酝酿、萌芽阶段（1990年以前）

20世纪60年代初，"学雷锋"活动家喻户晓，社会上掀起了关

---

① 参见深圳市社会组织管理局、深圳国际公益研究院主编《深圳社会组织蓝皮书——深圳社会组织发展报告（2018）》，社会科学文献出版社2019年版，第40—42页。

爱、互助的氛围。在"先富带后富"的责任意识下，率先富裕起来的深圳人，格外热心于社会公益事业。乐于助人、奉献的精神特质成为深圳志愿者发展的基础。20世纪80年代，深圳经济特区成立后，一大批建设者远离家乡来到深圳，归属感不高，劳资纠纷问题比较突出，迫切需要社会的关爱。在此背景下，19名热心人士组成义工队伍，以共青团深圳市委青年权益保护部的办公室为阵地，开通"关心，从聆听开始"青少年服务热线电话，面向青少年尤其是外来青年建设者提供帮助。1989年9月20日，"青少年服务热线电话"在团市委权益部办公室正式开通，首批19名义工组成了中国内地第一支义工队伍，拉开了深圳志愿服务的序幕。1990年4月23日，由46名义工组成的深圳市青少年义务社会工作者联合会（后更名为深圳市义工联合会，以下简称深圳义工联）在民政局注册成立，成为中国内地第一个义工法人社团。根据法人社团的管理办法，民间社团需要挂靠一个上级单位，因而义工联成了团市委的一个民间社团组织。义工联在团市委的指导下自行探索服务、自主运营管理。

（二）组织化探索发展阶段（1990—2000年）

深圳义工联逐渐发展，其服务更加多样化，组织更加健全，志愿者规模迅速扩大。1995年，以"情系你我他，温暖入千家"为主题，以助老、助弱、助病、助残、助学为内容的志愿者"五助"家庭服务计划，针对有特殊困难的家庭推出了多种综合性的免费上门服务项目，为倡导良好的社会风尚起到积极推动作用，也标示着深圳志愿者走向社区，常态化和固定化。从1993年的400名个人会员，发展到1999年的拥有3万名个人会员，开展的服务活动内容也从原来的几个项目发展到13大类30多个常项服务。伴随人员的增加和服务活动的增多，义工联逐渐成为拥有较强人力资源、经济资源的民间志愿服务团体，在深圳市拥有极强的社会影响力，在中国内地也有极高的知名度，成为劳动和社会保障部和共青团中央选定的志愿服务示范组织。这个阶段，深圳志愿服务得到长足发展，政府与民间团体充分结合，志愿服务形式也摆脱了"运动式"的模式，以"学雷锋活动月"作为起点，建立了长期定点服务网络，为需要帮助的人们做好事做实事。政府"学雷锋"和民间"志愿者"融合地向着"组织化"的方向发展。

（三）多元融合阶段（2001年以后）

2001年是国际志愿者年，深圳志愿服务也走向多元融合的发展道路，不仅在项目化、专业化、国际化上取得发展，在法制道路上也迈出了坚实的步伐。随着志愿服务的推进和深化，深圳在服务理念上开始升华。"学习雷锋、奉献他人、提升自己""来了就是深圳人，来了就做志愿者"的口号再次引起了深圳人尤其是来深建设者的共鸣。"雷锋精神"逐渐内化为全体公民的内在素质，志愿服务他人的行为也升华成为每个公民的自觉行为。2007年以后，伴随着深圳社会工作的发展，义工服务和社工服务开展联动，进一步提升了深圳义工服务的项目化和专业化水平。

二 深圳志愿服务的特点

深圳的志愿服务可以总结为以下六个特点。

（一）政府高度重视，大力推动和引导志愿服务

由于政府在社会转型中的主导性影响，政府如何认知志愿者组织，如何确认自身在志愿服务发展中的角色定位，直接影响到志愿者组织发展的外部制度环境。在义工服务及义工联出现以后，深圳市政府高度重视义工联及义工服务的作用，在人员编制和经费方面给予大力支持，定期拨给各级志愿组织扶持经费，对专项的服务活动另拨费用。此外，深圳市委、市政府还将志愿服务纳入深圳的社会建设。2011年12月4日，深圳市委、市政府在全国首次提出：到2015年，深圳志愿服务事业达到国际城市的先进水平，初步建成"志愿者之城"的总体目标。"志愿者之城"建设也正式列入精神文明建设"十二五"规划重点工程。2017年以来，深圳提出要全面推进志愿服务社会化、制度化、专业化、生活化，推动志愿服务从提供社会服务向参与社会治理、凝聚社会共识、培育生活方式跨越，助力营造"来了就是深圳人，来了就做志愿者"的城市文明新风尚。市义工联成立党委，指导带动全市志愿者组织开展党建工作，明确了党组织在志愿者组织中的核心领导地位，进一步强化了

志愿者组织的理想信念教育和战斗堡垒作用。同时，义工联推进志愿服务制度化建设，出台"1+12"的规范化管理制度，完善道德委员会制度，确立志愿者退出机制和奖惩制度，始终保持志愿者组织的纯洁性，确保志愿服务的规范运作。

共青团深圳市委非常重视和支持义工联和义工服务，提出建设"青年发展型城市"的目标，并以此提出打造"志愿者之城"3.0版的工作思路：以制度化、专业化为引领，推动志愿服务从提供社会服务，向参与社会治理、凝聚社会共识跨越，在建设"青年发展型城市"中号召广大市民参与志愿活动，打造"志愿者之城"升级版，努力推动深圳志愿服务事业始终保持在全国的领先地位。从深圳志愿服务发展的历程看，深圳市各级政府扮演着重要的角色。随着社会建设的推进，深圳市各级政府在志愿服务发展中的作用越来越重要。正是由于市委、市政府的高度重视和大力支持，深圳的志愿服务才得以快速发展，并且始终在全国处于领先地位。

（二）志愿者发展速度快，规模大

深圳志愿者1989年仅有19个人组成的志愿服务队，1990年注册法人社团时有46人，1993年发展到400多人，1994年取消大专学历等条件后迅速发展，1995年6000人，1997年1.8万人，2000年3万人。2005年在感动中国第一位志愿者丛飞的事迹感召下，人数增加至5.8万人。2008年北京奥运会、汶川大地震激发了深圳人的志愿热情，人数激增至18万多人。2011年第26届大学生运动会深圳全城共有127万名志愿者，其中赛会志愿者2.2万人，由注册志愿者直接转换为城市志愿者25万多人，社会志愿者100多万人。目前，深圳的志愿者人数已经达到165万人。

（三）志愿者从"精英化"到"社会化"

谭建光等对深圳最早参与志愿者热线电话服务的19名成员以及义工联成立时的46名成员进行分析，发现他们具有以下特征：一是学历比较高，大学毕业的占绝大多数。二是职业较稳定，都在国家机关或国有企事业单位工作。三是收入较稳定，比外来临时工或其他普通职员的收入高。四是年纪较轻，没有太大的家庭经济负担。五是有过做学生干部、团干部经历的人占多数。

2004年，广东青年管理干部学院和深圳市团校联合对志愿者开展调查显示：从文化程度看，志愿者中博士占0.26%，硕士占1.31%，大学占49.35%，中专占16.45%，中学占31.85%，小学占0.78%。大学文化程度的人数比例很大，与1990年相比，志愿者文化水平逐渐走向大众化。从职业分布看，普通职员占33.42%，学生占6.01%，管理人员占5.74%，技术人员占5.00%，外来打工者占4.17%，文教工作者占2.87%，服务业人员占2.61%，医护人员占2.61%，公安人员占0.78%，不详占37.08%。普通职员占的比例较大，参与志愿服务的行业也多样化了。

2010年，深圳义工联开展调查的结果显示：志愿者中文化程度研究生占4.2%，大学占54.9%，中专占31.1%，初中及以下占7.8%。大学文化程度的人仍是志愿服务的主流。职业分布主要是学生占18%，党政机关和社会团体人员占12.2%，工业和建筑业占11%，其他行业占比都在10%以下，各行业都保持一定的参与性。

从上述调查结果看，深圳志愿者有两大特点：一是精英会聚。深圳志愿者的学历从1989年至今一直是"大学"所占的比例最大。同时，在目前的志愿者组织架构中，精英志愿者作为义工联骨干主要担任组织管理工作，而其余志愿者主要组成了庞大的基层志愿者队伍。二是广泛的社会性。随着志愿者人数的增长，不同教育和职业层次的人都积极参与到深圳的志愿服务。深圳志愿者形成有广泛社会参与性、精英会聚、能力互补的良好发展态势。

（四）志愿管理规范化

深圳志愿服务发展的一个重要经验就是实现规范化和制度化管理。深圳义工联依据《社会团体登记管理条例》，制定了《深圳市义工服务条例》和《深圳市义工联合会章程》，建立并不断完善志愿者注册登记机制、培训机制、服务考核机制、项目拓展机制和档案管理机制。志愿服务管理有法可依，有章可循。同时，探索形成"一星级志愿者"到"五星级志愿者"、百名优秀志愿者、志愿者服务市长奖等七大激励体系，初步实现了组织的法治化、社团化管理。同时，深圳义工联依法接受共青团的指导、监督，坚持行政化的组织方式，积极争取党政、共青团在立法、人力物力资源和组织发展方面的支持。

为推动和保障志愿服务活动的健康开展，推动志愿服务沿着法治化、规范化、制度化方向发展，深圳团市委从1998年开始着手推动志愿服务立法工作。2005年，国内第一部义工法规《深圳市义工服务条例》的正式实施，为深圳志愿服务向法治化、规范化发展奠定了重要的基础。该条例是中国第一部全方位的规范义工服务的地方性法规，也是中国第一部专门规范义工及义工服务的地方性法规。这是深圳志愿服务发展的一个里程碑，标志着深圳志愿服务事业步入了法制化轨道。

此外，深圳还不断健全和规范志愿服务管理机制，建立了一整套从公开招募、入会登记、入会培训，到年度注册、档案管理、服务时间记录的管理制度。良好的激励机制，是保障志愿服务可持续发展的重要保障。因此，深圳特别重视志愿服务的保障和激励，在全国率先出台了《深圳经济特区市民文明行为促进条例》《深圳市义工服务条例》，把对志愿服务的激励措施法定化。深圳还出台《深圳市礼遇和帮扶道德模范暂行办法》，对优秀志愿者给予入户、住房保障、困难救助等多方面保障和激励。同时，设立社区"爱心银行"项目，探索建立志愿服务积分通存通兑、延时使用机制。在精神激励方面，建立星级认证、百优志愿者等多层级荣誉认证体系。

（五）志愿服务项目化和专业化

深圳义工联在国内率先探索了"政府委托""政府购买服务"等方式，通过为社会提供志愿服务的形式，实现对政府公共职能的有效补充，推出了一批精品项目。志愿服务项目化的主要形式包括服务大型活动、服务党政中心工作、开展各项服务项目以及探索企业购买志愿服务项目等。在高交会、文博会、慈展会等各类深圳市大型活动中，深圳义工联都会以"政府购买项目"的形式组织志愿者参与服务。深圳义工联围绕净畅宁工程、梳理行动、文明城市创建等党政中心工作，与市交警局、市公安局、市城管局等相关职能部门进行合作，组织开展交通志愿者、治安志愿者、城管志愿者等项目服务。此外，义工联设立了"松柏之爱"孤寡老人项目服务、"与你同行"残疾人项目服务以及"一起成长"服务孤儿等项目服务。深圳义工联还通过企业购买服务的形式为企业提供志愿服务。

为了提高志愿服务成效，深圳义工联不断探索专业化发展的道路。志愿服务范围从最初的热线电话服务，拓宽到20大项30多类服务，服务分工越来越细致，服务专业化水平不断提高。同时，深圳义工联还通过大力发展团队志愿服务，发挥团体会员在自身领域的优势，培养了高校、口岸、机场、卫生系统、海上救助队等先进团队，提供特定领域的服务。市义工联依托公安局、医院和心理咨询机构，实施了"春风行动"，为受强暴女性提供法律、医学、心理等服务；建立了由专业讲师组成的，为青少年和外来青工讲授性生理知识和艾滋病知识的"青春红丝带"服务项目。1998年以来的"扶贫支教计划"中，深圳派出多位志愿者赴贵州、山西、广西等地支教；派出医疗志愿者前往梅州山区开展"健康直通车"服务。目前，团市委带领全市各级团组织在医疗救护、护河治水、垃圾分类、海洋保护、法律援助、科普教育等近20个领域组建1000多支专业志愿服务队。

为了提高服务的专业水平，市义工联积极与社会工作服务相结合，探索"社工+义工"合作方式。深圳市制定的社会工作"1+7"文件为社工和义工的联动机制提供了制度基础。市义工联一方面引进专业社工对志愿服务进行培训和管理，另一方面在志愿服务中与专业社工进行合作。2008年，团市委向市民政局申请首批22名社工岗位，全面启动了社工、志愿者联动工作。社工进入志愿服务体系以后，其主要职责是帮助完善和健全志愿者组织的管理，指导、培训志愿者，帮助志愿者协调整合资源，以及推动志愿服务的深化发展。以深圳市儿童医院为例，深圳市义工联联合市民政局、关爱办等部门，在医院设立服务U站，作为医院志愿服务的枢纽中心。每天，U站的2名专业社工带领39名骨干义工值守，承担综合协调、应急指挥、岗位调配、导诊分流、志愿者招募、特色活动等职责，已成为病患人员进入医院直接面对的服务平台，每天服务超过500人次，在缓解医患矛盾、优化就医环境方面，发挥了重要作用。

（六）志愿服务信息化

为了提高志愿服务的便利性，深圳义工联搭建了O2O线上线下志愿服务平台，实现线上线下志愿服务参与的互联互通，使志愿者就近就便找到适合自己的志愿服务项目。线下志愿服务队伍横向覆盖卫生、教育等13个系统，纵向延伸至市、区、街道、社区四级，线下志愿服务U站实现"连锁"品牌推广，城市U站、社区U站、绿道U站、医疗健康U站、文明旅游U站等规范化服务点达340个。同时，大力推进"互联网+志愿服务"线上发展战略，在全国率先同时在"腾讯微信""阿里支付宝"两大平台开通线上志愿服务，每天在线可供市民参与的志愿服务项目达500多个。自主开发建设志愿者大数据库和信息化平台，发布电子义工证，构建综合信息服务体系，实现"查组织、易注册、发项目、找活动、记考勤、微捐赠"六大功能。以"志愿深圳""深圳义工"两个微信公众号为核心，联合120个志愿服务公众号，建立志愿服务新媒体集群，拼接形成宣传矩阵，形成强大宣传平台。

第三节　社会工作发展先行先试

一　社会工作——一种专业的社会服务

社会工作是指遵循专业伦理规范，综合运用专业知识、技能和方法，帮助有需要的个人、家庭、群体、组织和社区，整合社会资源，协调社会关系，预防和解决社会问题，恢复和发展社会功能，促进社会和谐的职业活动。社会工作涵盖社会救助、就业、心理辅导、婚姻家庭、医疗卫生、教育、司法、军队、企业和城乡社区发展等十多个服务领域。提供社会工作专业服务的人被称为"社会工作者"（以下简称"社工"）。

社会工作服务不同于志愿服务；社工与志愿者也有根本区别。首先，社工是一种职业，而志愿者不是职业。作为职业，社工有严格的职业准入规定，在中国需要通过国家社会工作者职业资格考试;需要遵循职业伦理规范(《社会工作专业价值和伦理守则》);需要通过职业活动维持生活(职业授薪者)。其次,社工受过专业训练,掌握专业的知识和技术并在服务中加以运用。社会工作是社会福利体系和社会建设的重要部分,具有提供社会服务、预防和解决社会问题、促进社会发展等社会功能。社会工作的发展程度是衡量一个国家和地区社会发展水平的重要指标。正因如此,党和政府对社会工作高度重视。

2010年6月,中共中央、国务院颁布《国家中长期人才发展规划纲要(2010—2020)》,第一次将社会工作专业人才提升为国家急需的六种主体人才之一,并将社会工作专业人才队伍建设列为中国未来十年人才队伍建设的主要任务,要求培养造就一支职业化、专业化的社会工作人才队伍。提出:到2015年,社会工作人才总量要达到200万人。到2020年,社会工作人才总量达到300万人。2011年,中央18部委联合印发《关于加强社会工作专业人才队伍建设的意见》的通知,提出要大力发展社会工作,培养社会工作人才。在紧接着的几年时间里,民政部和财政部等相关部委先后发布了多份文件,对社会工作人才培养、社会工作服务、社会工作专业机构以及政府购买社工服务等方面提出了更加明确的要求。此外,历年的政府工作报告中也都把社会工作发展列为政府的重要工作。

深圳的社会工作伴随着经济特区的发展而前行,一直在全国先行先试,在全国处于领先水平。①

二 深圳社会工作发展历程

2006年,党的十六届六中全会提出要建设一支宏大的社会工作人才队伍。为了落实全会精神,民政部于2006年底在深圳召开了全国民政工作社会工作人才队伍建设推进会。民政部领导委以深圳重任:希望深圳探索民间化运作的社会工作发展模式。深圳承载如此重任主要基于两个原因:一是作为改革开放的前沿城市,深圳具有很强的改革创新精神;二是深圳发展社会工作具有良好的经济基

---

① 深圳市社会工作者协会提供了相关资料,在此深表感谢。

础和毗邻香港的区域优势。香港的社会工作在亚洲甚至国际上都处于很高水平，专业化和职业化程度很高。深圳既可以借鉴香港的发展经验，也可以得到香港社会工作学界和实务界的支持。

2007年，深圳成立加强社会工作人才队伍建设推进社会工作发展领导小组。领导小组建立了以市委副秘书长牵头的社会工作文件起草小组，由相关部门领导和专家学者组成。市委副书记亲自带队赴香港等地调研。同时，为了探索社会工作发展模式，深圳市民政局在市级民政系统开始试点。市民政局培育了深圳首家民间社会工作专业服务机构——深圳市鹏星社会工作服务社。与此同时，市民政局在市福利院、军休所、救助站、老龄委以及社区办等单位开发了34名社工岗位，采取政府购买服务的方式，向专业社工机构购买服务。2007年8月，市民政系统首批社工正式上岗。同年10月，深圳市颁布实施社会工作"1+7"文件，深圳社会工作"1+7"文件是全国第一个围绕建立健全社会工作人才培养、评价、使用、激励机制和制度保障的综合性地方文件，体系完整、措施得力、可操作性强。文件的颁布标志着深圳市初步建立了社会工作专业制度体系，完善了社会工作岗位设置和社会工作人才配置机制，明确了培育和发展社会公益性民间组织、志愿者队伍等配套政策措施。

2008年开始，深圳在全市各区推动社会工作试点。服务领域从民政系统扩大到司法、教育、卫生、残障、企业以及婚姻家庭等十多个领域。同时，除了岗位服务以外，深圳也开始探索向社工机构购买项目服务。2010年，深圳开始推动社区社会工作服务，在各社区建立社区综合服务中心，由社工机构安排社工为社区居民提供综合性服务。至2015年，深圳基本实现社区服务全覆盖，所有社区都建立了社区综合服务中心。2017年，深圳将社区服务中心扩展为社区党群服务中心，由社工机构的社工运营管理，将社区党群服务中心作为社区服务的平台，为社区居民提供全方位服务。深圳的社会工作服务逐渐走向多元化、专业化、职业化和制度化。

三 深圳社会工作发展模式和现状

从过程和服务两个方面来总结和分析深圳社会工作发展模式和

现状。

（一）过程：政府主导推动

从发展过程来看，深圳社会工作是由政府主导推动，社会力量运作。

政府主导推动体现在几个方面：第一，深圳的社会工作由政府自上而下推动。在民政部要求下，深圳开始社会工作试点。第二，政府成立社会工作人才领导小组，推动相关部门参与发展社会工作。第三，确定发展思路整体推进社会工作。深圳社会工作发展路径是：成立相关组织—开展调研—制定制度—开始试点—扩大试点—全面铺开。因此，深圳社会工作发展非常有序和稳定。第四，培育专业社工机构，开发社工岗位，开启政府向社工机构购买服务模式。第五，政府为社会工作发展建立各种保障，包括组织保障、制度保障、平台保障、人才保障、经费保障和设施保障。

1. 组织保障

成立深圳市加强社会工作人才队伍建设推进社会工作领导小组，由市委副书记担任组长，市委组织部长和分管副市长担任副组长，成员单位包括市委办公厅、组织部、宣传部、政法委、政研室、市政府办公厅、市发展改革局、人事局、财政局、民政局、教育局、司法局、卫生局以及共、青、妇、残等十多个相关部门。从2008年开始，在市民政局设立社会工作处，在各区民政局设立社会工作科，有些区在街道办党工委设社工办公室，专门负责社会工作事务。同时，在市、区民政局的主导推动下，市社会工作者协会和各区社会工作者协会相继成立。社工协会作为行业组织，负责社工的注册、培训及行业规范等方面的具体工作。

2. 制度保障

为了推动社会工作规范有序发展，深圳制定和颁布了很多社会工作相关制度和文件。比如说，制定出台了《中共深圳市委 深圳市人民政府关于加强社会工作人才队伍建设推进社会工作发展的意见》（社会工作"1+7"文件）、《中共深圳市委 深圳市人民政府关于加强社会建设的决定》和《深圳市社区服务"十二五"规划》，还出台了一些关于社会工作人才建设的政策文件。深圳市民政局及各区民政局也分别制定了社会工作发展制度，比如说社工机构行为规范、社区服务中心的设立和运营标准、社会工作岗位设置以及社会工作评估办法等。深圳市社工协会在社工及社会工作服务方面制定了一些具体制度，比如社会工作者守则、社会工作者教育、社会工作督导以及社会工作者人才安居办法等。

3. 平台保障

作为一个职业，社会工作者需要工作岗位；社会工作服务需要平台。深圳为了打造平台，专门在一些服务领域开发了社工岗位，比如司法社工、学校社工、医务社工、企业社工和残障社工等，购买了一些社会工作项目服务，同时建立社区服务中心，构建了"岗位+项目+社区"多元化社会工作服务平台。十多年来，深圳社会工作经过社会化发展，形成了岗位、项目、社区服务中心三大综合服务模式。2007年，深圳探索社会工作岗位"嵌入"政府职能部门及事业单位。2009年开始通过举办公益项目大赛，鼓励和扶持社会工作项目发展。2011年起大规模推进社区服务中心（现整合为"社区党群服务中心"）建设。目前，深圳社工服务已覆盖全市各区、街道和社区，累计通过1700个岗位、480余个项目及670家社区党群服务中心开展专业社会工作服务。深圳不断创新和拓展社会工作服务领域，深圳社工服务覆盖民政、教育、残障、青少年（团委）、司法、禁毒、综治、信访、社区（含社区服务中心）等14个领域（见图8-1）。

4. 人才保障

国家相关部门把社会工作者确定为一项职业；把社工定位专业技术人才。作为专业服务提供者，社会工作人才对于社会工作发展至关重要。中央高度重视社会工作人才队伍建设。深圳也把社会工作人才建设作为重要工作。2007年10月，深圳市委、市政府就专门出台了《关于加强社会工作人才队伍建设 推进社会工作发展的意见》（深发〔2017〕18号）。为推动社会工作发展，留住优秀社会工作人才，深圳市人才扶持的相关政策对社会工作行业予以了倾斜。一是率先将社会工作人才纳入人才安居范围，开创全国先河。截至目前，深圳社会工作行业累计为500余名社工申请人才安居租

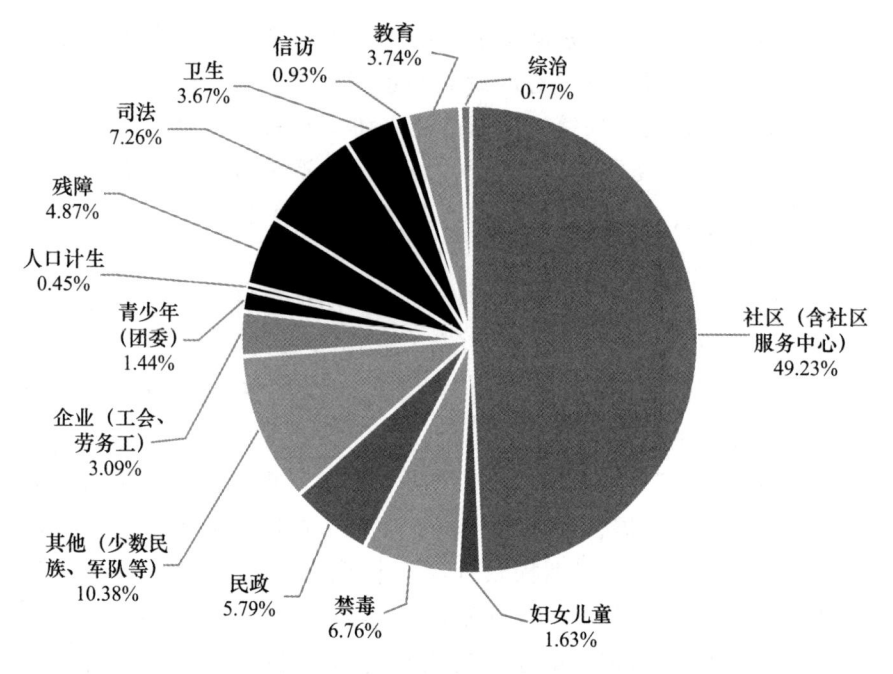

图 8-1 深圳社会工作 14 个服务领域社工人数比例（2017 年底）

- 教育 3.74%
- 信访 0.93%
- 卫生 3.67%
- 司法 7.26%
- 残障 4.87%
- 人口计生 0.45%
- 青少年（团委）1.44%
- 企业（工会、劳务工）3.09%
- 其他（少数民族、军队等）10.38%
- 民政 5.79%
- 禁毒 6.76%
- 妇女儿童 1.63%
- 综治 0.77%
- 社区（含社区服务中心）49.23%

房补贴，总金额达 180 余万元，累计获得 77 套市级配套人才安居房。① 二是深圳多个区级政府出台社会工作人才扶持办法，为辖区内服务的社工在住房、深造学习、专业研究等多方面提供资源保障和便利。经过十多年的发展，深圳社工人才队伍从无到有逐步壮大。目前，深圳市持有社会工作者职业资格证书的人数累计达 10851 人（2016 年），社工行业从业人员 7883 名（2017 年），专业社工达 6671 人（见图 8-2 和图 8-3）。

为了提升深圳社会工作专业服务质量和社工人才素质，深圳构建了多层次、立体化的社工人才培训体系。目前，深圳建立了以深圳市经济特区社会工作学院平台为支撑，横纵多层次社工人才培训架构模式。横向方面包括初、中、高级培训，初级层次包括新社工岗前培训、分领域培训、社区营造与社区培训等；中级层次包括社工督导人才梯队培训、社工明星讲师培训、社区基金会人才专项培

---

① 数据来源于深圳市社会工作者协会，统计点为 2017 年 12 月 31 日。

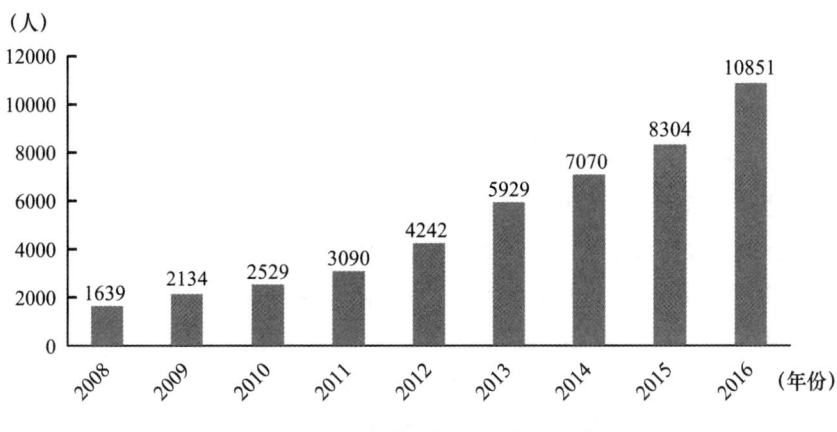

图 8-2 深圳市历年社工持证人数

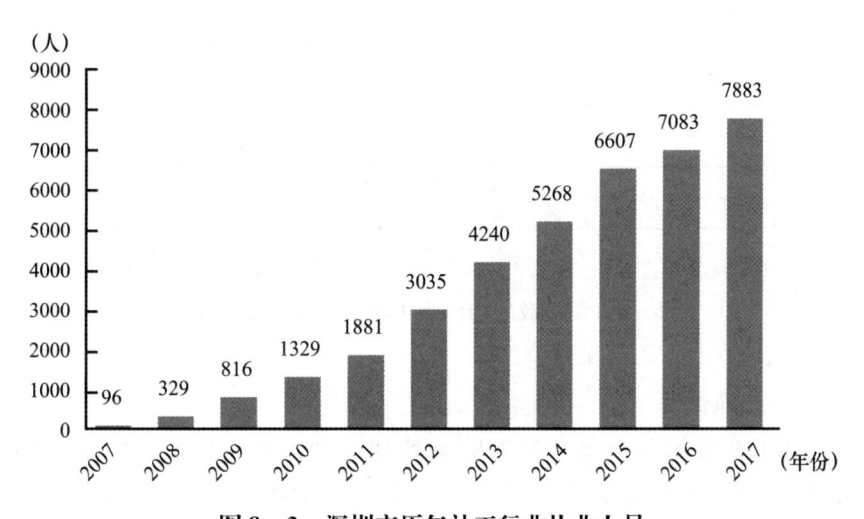

图 8-3 深圳市历年社工行业从业人员

训等;高级层次包括中国社会创新成长计划、社会组织中高端人才培训、境外公益机构跨界培训等。纵向方面培训手段统一与个性化同时兼顾,运用"互联网+"思维,运用O2O模式开展线上线下结合的培训。十年间,深圳举办的社会工作各类培训达2383期(含机构自办培训),参训人员超过8万人次。

5. 经费保障

社会工作属于社会福利和公益服务的一部分，需要公共经费支出和财政保障。从2007年至2017年，市、区两级政府累计投入财政资金31.7亿元，投入规模居全国首位。同时，在政府1∶1配比的资助下，企业进行社工服务自主购买，形成了对政府购买社工服务的有效补充。此外，深圳政府从2015年开始设立政府社会建设专项服务基金——民生微实事，每个社区200万元/年，全市约14亿元/年。民生微实事的近半经费用于购买包括社工机构在内的社会组织所提供的社区服务。总体上看，深圳对社会工作的财政支持力度不断增加（见图8-4），为社会工作发展提供了有力保障。

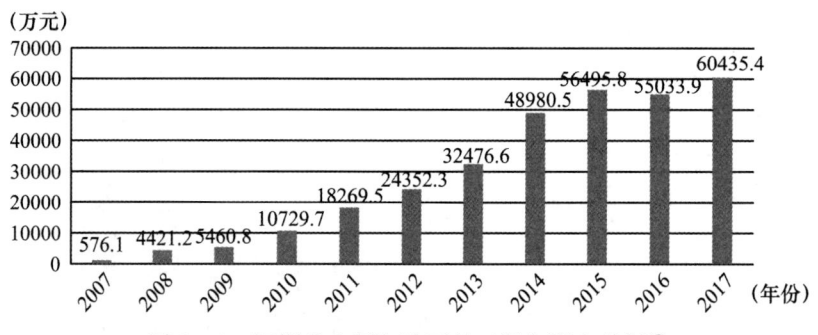

(万元)

年份	金额
2007	576.1
2008	4421.2
2009	5460.8
2010	10729.7
2011	18269.5
2012	24352.3
2013	32476.6
2014	48980.5
2015	56495.8
2016	55033.9
2017	60435.4

图8-4 深圳政府历年购买社工服务资金总额①

6. 设施保障

社工开展服务需要有基本的场地和办公设施。为此，深圳市相关部门做出相关规定或者采取相应措施，解决社工服务的设施问题。比如，深圳市民政局规定，社工用人单位需要为社工提供办公场所；社区服务中心需要200平方米以上的服务场地，并配备必要的办公设施。从2007年社会工作试点开始，学校、医院及福利院等用人单位都为社工安排了办公场所，甚至配备了办公设备。目前，所有社区党群服务中心都基本达到了场地面积及服务设施的要求，面积大的中心甚至达到上千平方米。

---

① 数据来源于深圳市民政局，统计点为2017年12月31日。

(二) 服务: 社会化、职业化和专业化

1. 社会化运作

与上海市早期的社会工作发展采取"政府主导、政府运作"不同的是,深圳的模式是"政府主导、社会运作",即由政府主导推动,民间专业机构提供服务。从2007年试点开始,深圳率先按照"政社分离、政事分开"的原则,通过招标、竞标等方式向民间专业机构购买社会工作服务,并以合同方式确定双方的责、权、利,促进公益资源的共享及合理分配,推动政府从直接"养机构、养人、办事"向购买服务方向转变。与由政府直接提供服务相比,政府向社工机构购买服务的方式一方面可以降低服务成本,提高服务效率;另一方面也可以促进作为社会组织一部分的社工机构发展,推进社会服务和社会建设。深圳的社工机构近10年来快速发展。截至2017年底,深圳市登记的业务范围中包含"社会工作"的社会组织达到231家(见图8-5)。

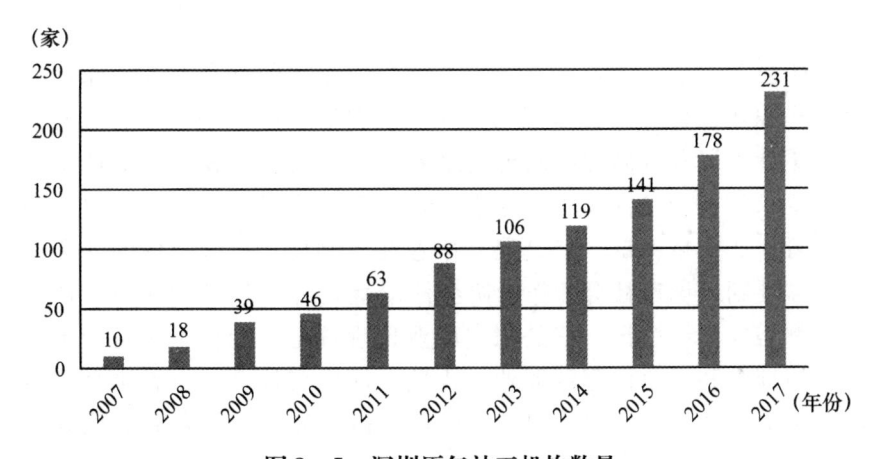

图8-5 深圳历年社工机构数量

年份	2007	2008	2009	2010	2011	2012	2013	2014	2015	2016	2017
家数	10	18	39	46	63	88	106	119	141	178	231

在社会化运作方面,市、区社会工作者协会作为行业组织,在社会工作发展中发挥了重要作用。以市社工协会为例,深圳市社会工作者协会属于深圳社会工作行业的枢纽型社会组织,是直接为社会工作制度配套的行业管理服务专门机构。深圳市社会工作者协会围绕"充分发挥'保障中心'作用,建立健全保障机制"这一核心

任务，一方面履行行业自我规范和自我服务职能，通过开展社会工作者登记注册、继续教育、人才安居、关爱基金、激励表彰、投诉维权、政策倡导等服务，推进社会工作者与社会工作服务机构的权益保障和稳健发展；另一方面通过社会工作标准化建设、社会工作督导培育、社会工作服务绩效评估等措施，有效促进深圳社会工作专业化水平提升。同时，深圳市社会工作者协会通过资源整合、统筹援建、研究倡导、宣传推广、行业交流、服务领域深化拓展等工作，充分整合链接政府部门、企事业单位、高校、基金会、社会组织、媒体等多方资源，统筹实施民生实事项目，充分发挥社会工作在民生保障、社会福利和社会治理中的专业作用。

除了社工机构和社工协会以外，企业和其他社会组织也参与了深圳的社会工作发展。比如说，企业根据自身需要全资购买社工服务，或者采取政府配套的方式，承担部分资金购买社工服务。另外，还有一些企业和组织以资助服务项目的方式支持社工服务。深圳举办的公益项目大赛也吸引了大量社会资金支持社会工作发展。

2. 职业化管理

社会工作是一种职业，因此需要有职业化的管理方式。深圳社会工作职业化管理主要体现在：一是设置职业准入条件。一般的政府购买社工服务合同都明确规定服务提供者的资格要求。对社工的基本要求是社会工作或相关专业大学毕业，或者是通过了全国社会工作者职业资格考试。二是建立职业注册制度。符合条件的社会工作者需要到深圳市社会工作者协会注册登记才可以开始从业。社工每年都需要注册登记。三是制定职业伦理规范。社会工作是一个饱含价值理念和职业伦理的职业。为此，深圳市社会工作者协会借鉴欧美和港台地区的做法，制定了比较严格的社会工作者职业伦理规范，并对违背职业伦理规范的社工进行处理甚至取消社工职业资格。四是建立职业薪酬制度。深圳在2007年的社会工作"1+7"文件中就有一个专门的社工薪酬待遇（见表8-2）。而且，在社工购买服务合同及社工机构评估中，政府都对社工职业待遇进行了明确而严格的规定。随着社工服务购买标准的提高，深圳社工的工资薪酬有了明显增加。

表8-2　深圳市社会工作类专业技术人员薪酬指导价位

单位：元/月

专业技术职位名称		平均薪酬数
中级	七级社工师	5230
	八级社工师	4930
	九级社工师	4510
助理级	十级助理社工师	3960
	十一级助理社工师	3720
士级	社工士	3330
见实期	专科毕业	3190
	本科毕业	3660
	双学士、研究生班毕业（没有硕士学位）	3890
	硕士研究生	4320
	博士研究生	4920

3. 专业化服务

社会工作服务的核心就是"专业"；离开专业就不是社工服务。从2007年开始，深圳社会工作就特别强调专业性。总体来看，深圳社会工作服务的专业化程度虽然与欧美等发达国家和中国港台地区还存在很大差距，但与国内其他地区相比较而言，深圳属于社会工作的专业化程度最高的地区之一。这主要表现在以下几个方面。

第一，服务提供者的专业性。社会工作服务提供者主要是专业社工机构和社工。相比较国内其他地区而言，深圳社工机构和从业社工的数量较多，专业性也更强。

第二，服务内容的专业性。在这里，服务内容是指社工的工作内容。国内的社工服务比较容易受到用人单位领导的支配，出现行政化倾向，但由于政府购买服务的合同中明确规定了服务内容和标准，深圳社工的工作在总体上还是体现了较强的专业性。

第三，专业督导和顾问的作用。自2007年全市社会工作试点以来，深圳开始聘用香港督导、顾问，同时培养本土督导人才、建立本土督导人才体系。经过近十年来的发展，形成了"督导助理—初级督导—中级督导"的三级督导体系。目前，深圳市本土督导人才队伍达1019人（其中中级督导26人、初级督导264人、督导助理729人）[①]，实现了督导助理与初级督导配比全覆盖。专业督导在深圳社工服务中发挥了重要作用。

第四，服务方法的专业性。深圳社工按照服务合同的专业要求，运用所掌握的理论和方法，在专业督导的指导下，为服务对象提供专业服务。同时，深圳非常重视服务标准化建设。2010年，深圳市民政局委托深圳市社会工作者协会同深圳市各社会工作服务机构合作，开始筹备建立残障、妇女儿童、教育、禁毒、老年、企业、司法、医务等8个领域的社会工作服务指标体系。2013年，深圳市民政局汇编上述8个领域的服务指标体系和《深圳市社区服务中心运营与评估指标》，形成《深圳市社会工作分领域服务指标体系汇编》。2015年，深圳市社工协会向民政部全国社会工作标准化技术委员会提交《老年社会工作服务指南（建议稿）》和《企业社会工作服务指南（建议稿）》。

第五，服务评估的独立性和专业性。为了以评促建，深圳建立了第三方评估机制。2009年初，深圳探索引入第三方独立评估机构对社工服务成效进行评估，基本形成了政府委托、第三方评估机构组织实施、评估委员会审核认定的现代评估体系，构建了包括评估机构、会计师事务所、督导、顾问、市社工协会、用人单位、服务对象、员工多元评价主体，以绩效导向为重点的深圳评估模式。同时，按照"谁购买，谁评估"的原则，市区两级采取灵活多样的评估机制，评估结果作为招投标的重要依据，有效发挥了以评促建的作用。

经过十几年的发展，深圳社会工作已经成为全国社会工作的发展标杆，成为深圳社会建设、社会治理创新中的一支重要力量，得到了政府和社会的高度肯定。

[①] 数据来源于深圳社会工作者协会，统计点为2017年12月31日。

第九章　美丽家园绿色之城

深圳1980年建立经济特区后，伴随着城市的快速、高强度开发，对土地、水等自然资源需求提升的矛盾日益突出；经济的持续快速发展与发展方式转变、产业结构转型相对滞后的矛盾日渐显现；人口的快速增长对优质的生态产品供给带来较大压力，实现经济发展和环境保护双赢的绿色发展，既是深圳可持续发展的内在要求，增进民生福祉的重要途径，也是增强城市综合竞争力的必然抉择。深圳特区在建市之初就比较注重环境的保护。1984年初，邓小平首次视察深圳，指出当时深圳绿化不足的问题。随后，深圳市委审核通过《深圳经济特区城市绿化规划方案》，着眼于把深圳建设成一座绿草如茵、林木葱郁、空气清新、环境优美的花园城市。1986年，特区编制了对日后发展影响深远的《深圳城市总体规划》，就城市规模、路网骨架、内外交通等影响环境质量的重要内容做出科学规划，并提出划定绿化隔离带作为抑制城市组团无序扩张的办法。1989年出台的《广东内伶仃岛—福田国家级自然保护区总体规划》，是深圳最早的自然保护专项规划，建立了全国唯一的位于城市中心的国家级自然保护区。总之，深圳不断突破空间、资源、人口、环境的制约，实现经济社会可持续发展。

第一节　夯实基础构建框架

一　以特区立法权为契机推进环境保护

（一）全国人大授予深圳经济特区立法权

1992年7月1日，根据第七届全国人大二次会议的授权，第七届全国人大常委会第二十六次会议通过决定，"授权深圳市人民代表大会及其常务委员会根据具体情况和实际需要，遵循宪法的规定以及法律和行政法规的基本原则，制定法规，在深圳经济特区实施"，同时授权深圳市人民政府制定规章并在深圳经济特区组织实施。自获得特区立法权以来，深圳市人大及其常委会遵循授权决定和《立法法》，本着珍惜和用好立法权的精神，从实际出发，积极探索，同时借鉴香港及国外优秀法律文化，勇于创新，充分发挥特区立法"试验田"的作用，不仅推动了深圳市的改革开放、社会进步、环境保护和民主法制建设，而且为国家和其他省市的立法提供了经验。2000年前，深圳市通过环境立法，初步建立了环保法规体系框架。2000年以后，以科学发展观为指引，进一步强化环境保护立法工作。

（二）完成环境行政执法责任制国家试点工作

1998年，广东省环保局、国家环保总局先后将深圳确定为全省、全国环保行政执法责任制试点工作城市。深圳环保行政执法责任制在较短时间内得到建立和实施。（1）明确执法依据。在明确各项环境执法行为法律依据的基础上，对执法人员开展形式多样的执法培训和考核，坚持持证上岗，提高执法人员的执法技能和水平。对一些突出的环境问题和执法的薄弱环节，通过制定管理制度或者提请地方立法，解决环境监督管理法律依据不足的问题。（2）落实执法责任。以签订执法责任书的形式，将环保部门的执法责任、执法要求落实到各个执法处室和有关单位；各执法处室和有关单位在细化的基础上，将执法任务进一步分解落实到具体的执法岗位和执法人员。（3）加强执法监督。针对法律赋予的各项环境执法权限，制定具体的执法监督制度，建立起内部稽查和外部监督相结合的执法监督机制。实行行政执法的评议考核制度，对各执法单位及执法人员的执法现状和执法水平进行定量化考评。通过实行行政执法责任制试点，深圳市环境监督管理工作取得显著成效。1999年，深圳市环保局审批项目4439项，比试点前的1997年提高了一倍多，而审批项目的时间则由过去平均每个项目10天减少到4.5天；实施环境现场执法检查21469人次，比1997年增加了3倍；受理、处理各类环境投诉3557宗，处理率达100%，比1998年增加了3.5倍；实施环境行政处罚502宗，罚款达900多万元，执法力度显著增强；经过行政复议和行政诉讼审查后，环境执法行为的正确率都达到100%。2000年5月，深圳市通过了国家环保总局和广东省环保局试点验收组的考核验收，圆满完成了国家环保总局和广东省环保局确定的环境行政执法责任制试点任务，为全国环保系统严格依法行政创造了经验。

（三）率先在全国为循环经济立法

深圳经过40年改革开放后，经济增长和社会发展取得了令人瞩目的成就，同时也面临着土地、资源、人口、环境四个方面"难以为继"的巨大压力，且资源和能源利用效率与发达国家城市相比也偏低。深圳面临着资源与环境的瓶颈制约和社会治安、城市管理、人口管理、社会事业建设四个方面的严峻挑战。在此背景下，深圳市委提出要大力发展循环经济，尽快转变经济增长方式。循环经济促进条例开始制定和出台。2006年3月14日，深圳率先就促进循环经济立法；4月21日，深圳又发布了《关于全面推进循环经济发展的决定》，提出发展循环经济的指导思想、主要目标和主要思路。同年7月1日正式颁布实施《深圳经济特区循环经济促进条例》。该《条例》集中在资源节约和废物循环利用两个方面，确立了关于循环经济的十项基本制度：发展循环经济的规划、计划制度；循环经济发展评价制度；抑制废弃物产生制度；清洁生产审核制度；政策扶持制度和淘汰制度；绿色消费制度；政府绿色采购制度；财政补贴制度和资金支持制度；政绩考核制度；宣传教育制度。其中把政府发展循环经济目标和任务的完成情况作为其政绩考核的标准，旨在引导政府彻底改变过去那种片面追求GDP增长的政绩观，树立与科学发展观相适应的，注重人文、资源和环境指标的，可持续发展的政绩观，此举对于政府积极推动循环经济具有重大意义。2007年12月，深圳市被国家发展和改革委员会正式列为国家第二批循环经济试点城市。

二 深圳气象灾害预警制度

（一）气象灾害预警的缘起

深圳市气象灾害预警制度的建立源于1993年多次严重的内涝灾害。为防御洪水、台风灾害，及时组织抢险救灾，市政府于1994年6月以第27号令正式颁布《深圳经济特区防洪防风规定》，首次以政府规章的形式确定以城市防灾为主要目的的暴雨、台风预警信号。同年7月22日，深圳气象台参照香港天文台悬挂风球信号的做法，首次发布暴雨预警信号，成为全国第一个发布气象灾害预警的城市。随着实践的推进，气象灾害预警制度得到不断完善。1994年至2006年12年间，气象灾害预警信号发布规定经过三次修订，预警信号种类从1994年的台风、暴雨两种增加到2006年的11种，包括台风、暴雨、高温、寒冷、大雾、大风、雷电、冰雹、灰霾、干旱、火险，这既与中国气象局和广东省的突发气象灾害预警信号发布规定相衔接，又综合考虑深圳的天气气候特点和多年预警服务经验，基本涵盖了发生在深圳的所有气象灾害，更加符合深圳天气和气候特点，对各类灾害的防御措施也更加到位。

（二）不断推进气象预警的现代化

为进一步提高防灾减灾的针对性和有效性，解决好局部地方和某一点上的气象灾害预警问题，2007年，深圳市气象部门在不断推进气象现代化和科技创新的基础上，又成功探索出用手机小区广播实现有效、快速发布气象预警信息的新渠道。同时，推出气象灾害分区预警系统，以1平方公里为网格单位，将深圳市划分为2020个网格，实时为即将发生气象灾害的网格区域内的手机用户发送预警信息。同年7月18日，深圳市正式启动实施气象灾害分区预警，采取"统一预报、分区预警、重点提示、对点广播"的原则，探索精细化预警预报服务的路子，提高了预警预报的准确率和覆盖面，被列入全国气象现代化指标参照项目。

（三）加大与气象预警相关部门间的合作

深圳市气象部门先后与国土部门合作建立地质灾害监测预警系统，共同发布地质灾害气象预警；与环保局联合发布空气质量预报,合作开展"生态城市建设与环境保护研究";与卫生局联合发布高温中暑预警;与规划局联合开展"城市建设的气象影响评估"专题研究;与应急指挥中心合作开展"城市综合防灾与公共安全"的专题研究;还分别与卫生、教育、旅游、农业、海事等部门先后签署合作协议,对因气象条件引发的各类公共事件提供气象保障服务。各部门在合作中大大提高了应对气候变化和防御减轻气象灾害的整体合力。气象灾害预警信号发布效率与防灾的社会经济效果日渐显著。公众对深圳市气象服务总体评价满意率从2005年的63.6%、2006年的73.1%提升到2007年的97.8%。

三 科学发展观深圳研究基地

党的十六届三中全会通过《中共中央关于完善社会主义市场经济体制若干问题的决定》(以下简称《决定》),科学发展观正式提出。《决定》在论述完善社会主义市场经济体制的目标时,强调"按照统筹城乡发展、统筹区域发展、统筹经济社会发展、统筹人与自然和谐发展、统筹国内发展和对外开放"的要求。《决定》在论述深化经济体制改革的指导思想和原则时,提出要"坚持以人为本,树立全面、协调、可持续的发展观,促进经济社会和人的全面发展"。为贯彻落实科学发展观、构建和谐社会,2007年1月,科学发展观深圳研究基地成立,这是中国社会科学院与深圳合力推动科学发展观理论研究和实践探索的重要行动,也是继深圳在全国率先成立邓小平理论、"三个代表"重要思想和科学发展观研究中心之后,加强和谐深圳、效益深圳建设的一项重要举措,继续发挥深圳经济特区的窗口、试验田、示范区和排头兵作用。

四 基本生态控制线的划定

深圳既是快速发展的城市,又是自然资源严重短缺的城市。回首过去的25年,深圳经济建设取得了惊人的成就,但由于城市的快速扩张使得资源占用和能源消耗也非常大,对生态环境带来一定程度的负面影响,支持城市发展的基础资源也已经出现短缺,可持续发展已明显受到土地和发展空间、能源和水资源、城市人口承载力、环境承载力等"四个难以为继"的制约。因此，深圳城市建设开始注重战略转移，从单纯注重量的扩张逐步转变为注重质的提高。为实现可持续发展的目标，保障城市基本生态环境安全，维护城市组团结构及生态系统的科学性、完整性和连续性，防止城市建设无序蔓延，深圳于 2005 年在全国率先划定了基本生态控制线。基本生态控制线内土地主要包括：维护生态完整性的生态廊道和绿地；主干河流、水库及湿地；一级水源保护区、风景名胜区、自然保护区、集中成片的基本农田保护区、森林及郊野公园；坡度大于 25% 的山地以及特区内海拔超过 50 米、特区外海拔超过 80 米的高地；岛屿和具有生态保护价值的海滨陆域；其他需要进行基本生态控制的区域共六类土地。线内有约 10% 的土地属于建设用地，用于满足重大道路交通设施、市政公用设施、旅游设施等的建设需要。基本生态控制线的划定，综合考虑了城市长远发展的建设需求，同时又兼顾了保持相对良好的生态环境的需要，当时深圳全市陆地总面积为 1952.84 平方公里，划定的生态线内土地面积约为 974 平方公里，占全市总用地的 50% 左右，可以满足建设生态城市的基本要求。为了保障基本生态控制线在城市建设当中得到落实与实施，以政府规章的形式出台了《深圳市基本生态控制线管理规定》（以下简称《管理规定》），及时地为基本生态控制线的管理控制提供依据。

　　为进一步加强基本生态控制线的管理工作，妥善处理基本生态控制线内已存在的现状建设，在充分考虑并研究了各区政府和基层部门提出的意见基础上，按照"尊重历史、实事求是，严控总量、分类处理、疏堵结合、逐步实施"的原则，深圳于 2007 年 3 月又颁布了《关于执行〈深圳市基本生态控制线管理规定〉的实施意见》，对《管理规定》中涉及的具体操作内容进一步深化和细化，对基本生态控制线内不同类型的建设用地和建筑物分别制定了处理措施。2016 年 3 月新修订的《关于进一步规范基本生态控制线管理的实施意见》发布实施，将基本生态控制线管理制度提升至生态文明基本空间制度的高度，实行最严格的源头保护制度和责任追究制度，用制度保护生态环境。坚持以人为本，推动生态资源的全民共享及合理利用，促进人与自然和谐共处。设立基本生态控制线保护标识，制定基本生态控制线调整规范，开展基本生态控制线内生态环境、土地建筑、社会经济等信息调查，大力推动建设用地清退和生态修复，合理疏导合法建筑，积极引导线内社区转型发展，探索保护与发展共赢新路径。同时，结合生态功能的差异性和多样性，划分不同类型的管制区域，并制定相应的生态环境保护、建设活动限制及产业准入等分级分类管理政策，对基本生态控制线进行精细化管理，完善查处违法用地和违法建筑工作共同责任考核平台、生态文明建设考核平台中有关基本生态控制线管理的考核内容，建立基本生态控制线管理审计制度，对领导干部生态保护责任进行审计。此外，《关于进一步规范基本生态控制线管理的实施意见》还规范了基本生态控制线动态调整机制，优化调整应遵循生态优先、占补平衡、布局优化的原则，除国家及省市重大项目建设、法定规划调整外，严禁改变基本生态控制线范围。

深圳率先划定城市基本生态控制线，以生态优先的理念推动发展思路和发展模式的真转真变，在全国范围内起到了很好的示范作用。在生态控制线划定、管理过程中如何通过引导空间发展权转移、提供多主体参与协商平台、加快基层社区发展、兼顾社会基层民生发展需求，务求实现弹性发展以缓解控制与发展的矛盾以及从单一的行政手段向多种手段相结合转变，包括文化手段、教育手段、市场手段等，通过治理主体之间的协商及谈判，重构各主体间的利益关系，增强各利益相关主体的自愿合作意愿，提高治理的效率及效果等方面为其他城市基本生态控制线的划定提供了可资借鉴的经验。

五 "1980 文件"

"1980 文件"是深圳市政府代表团于 2007 年 7 月 23 日至 27 日赴新加坡考察后，为全面推动深圳城市品位和内涵，围绕生态文明城市建设所颁布的地方政府文件。它包括 1 个行动纲领，即《深圳生态文明建设行动纲领（2008—2010）》；9 个配套文件，即《关于建设绿色政府的行动方案》《关于打造绿色建筑之都的行动方案》

《关于提升城市规划品位与内涵的行动方案》《关于水资源可持续利用的行动方案》《关于打造最干净最优美城市的行动方案》《关于推进住宅产业现代化的行动方案》《关于建设绿色生态一体化综合交通体系的行动方案》《关于打造安全深圳的行动方案》《关于推进节能减排的行动方案》等,以及中心区完善等80项生态文明建设工程项目。可以说,此次的开放交流对于完善深圳生态文明建设的顶层设计、提升生态文明建设水平有着非常重要的启示作用。深圳和新加坡的发展有着类似的条件。自然环境方面,两地的土地面积都比较小,发展面临着资源、能源、环境容量的紧约束,淡水资源缺乏;精神文化方面,由于新加坡建国和深圳建市历史都比较短,都具有创新、包容、开放、活力等相同的特质和个性;发展目标方面,在立足市场化机制基础上,都以现代化、国际化为奋斗方向,而且深圳还担负着中国改革开放"窗口""试验田""排头兵""示范区"的使命。

新加坡无论是从城市的科学规划、资源的集约利用、市场机制的充分发挥还是科技创新、国民教育等方面都积累了行之有效的环保经验。首先,注重城市的科学规划。为了保障长远发展,科学利用空间,新加坡建立了全岛长期规划体系,对未来40—50年的发展做出精心设计。合理设置主体功能区,按照规划进行城市开发,同时控制开发强度,依据不断完善的规划稳步推进美丽城市国家建设。其次,注重集约利用资源。早在20世纪90年代初,新加坡政府就开始了促进垃圾减少和废物循环的工作,建筑垃圾基本上都得到了循环利用。对于有限的土地资源,不断实施大规模的填海工程,利用填海区建设现代化的大规模污水处理厂、垃圾焚烧厂,对市区内的土地政府强调组团式发展,高强度集中开发,并积极推进地下空间的利用。政府规定任何人使用土地都必须以市场地价获得,不能无偿划拨,以充分体现土地的珍稀性价值。新加坡的水资源极度匮乏,为解决水源问题,将处理过的废水充分运用高科技手段进行微过滤、逆渗透、紫外线消毒等步骤生产出新生水。再次,注重发挥市场机制、价格杠杆的作用。通过利益驱动,引导人们自觉维护城市的整体可持续发展。为解决城市交通问题,通过让车主购买拥车证的办法，使新加坡汽车的年自然增长率一直控制在3%以内。通过向居民收取污水处理费、垃圾清运费来减少垃圾量的产生，同时以经济利益引导有关企业从事废弃物的循环利用。最后，注重国民教育，充分发挥公众保护环境的主体意识。采取多种多样的教育方式，如课堂讲授式、现场式、体验式，甚至借用高科技手段，公众可以通过切身体验，感受资源的循环利用过程、爱护自然界中的动植物、消除环保方面的一些误解以及增强家园意识，从而提高对政府环保施政理念的认知度和支持度。

六 城市水土保持的领跑者

（一）树立科学的水土保持理念

深圳是全国第一座开展城市水土保持工作的城市。1995年8月，在深圳召开的全国部分沿海城市水土保持工作座谈会上，第一次提出城市水土保持概念，提出城市水土保持主要体现为以城市建设服务为中心目标的水土资源保护理念。随后，深圳先后完成开发区水土流失治理面积132.3平方公里，彻底改变了开发区水土流失制约深圳经济发展的局面，2000年荣获财政部、水利部授予的"全国水土保持生态环境建设示范城市"称号；成功治理215处废弃石场边坡等裸露山体缺口，治理面积7.46平方公里，研发的"岩质边坡喷混植生快速绿化技术"先后获得广东省、深圳市科技进步奖和国家科技进步二等奖；建设饮用水源水库保护林33平方公里，提高水库涵养水源、净化水质能力。经过约20年的努力，水土流失面积从1995年的184.99平方公里下降至2017年的26.24平方公里。

（二）创新水土保持治理模式

首先，建立完善的水土保持规划体系。1997年，颁布《深圳经济特区水土保持条例》（2017年4月经市人大审议修正），发布《深圳市人民政府关于加强水土保持生态建设工作的决定》《深圳市人民政府关于生产建设项目实施水土保持方案申报审批制度的通知》《深圳市治理严重影响城市景观的裸露山体缺口工作实施方案》；先后编制出台《深圳市城市水土保持规划（1996—2010年）》

《深圳市水土保持生态环境建设规划（2000—2050年）》《深圳市废弃土石场水土保持生态环境建设规划（2001—2010年）》及《深圳市水土保持规划（2016—2030年）》。其次，为了掌控全市重大水土流失风险隐患，制定了《深圳市生产建设项目水土保持监督检查工作方案》，科学分类管理，及时推动整改工作，降低水土流失风险；同时，积极推动信息化建设，力争通过高分遥感影像、无人机航拍、GPS定位、物联网等高科技手段，开展全国水土保持监督管理信息示范建设，提高水土保持监管手段的科技含量和监管效率。再次，针对20世纪90年代深圳特区创建初期引发的大面积开发区水土流失问题，创新性提出"理顺水系、周边控制、固坡绿化、平台恢复"开发区水土流失快速治理模式，率先在国内建立了在高陡岩质边坡上实现快速和可持续植被恢复的综合技术体系，引领倡导边坡生态防护理念，为中国城市化过程中的水土保持生态文明建设发挥窗口和示范作用；按照"一库一策"的原则，针对饮用流域内各类水土生态问题进行针对性分类防治，建立多树种、多层次、多色彩、多功能、高效益的林草复合植被生态防护体系，降低库区水土流失，提高水库涵养水源、净化水质能力，绿化美化周边环境。最后，在全国率先开展水土保持方案备案制管理。对基本生态控制线以外区域的生产建设项目实行水土保持方案备案管理。2008—2017年，全市累计审批水土保持方案7000余个，每年平均审批生产建设项目水土保持方案700余个，水土保持方案申报率达到95%以上。同时，加强大型建设项目多部门联合监管，通过制定生产建设项目水土保持方案编制指南和方案技术评审管理办法，对方案编制单位实行分类评价管理，形成了完整的水土保持法律法规体系，进一步规范了水土保持工作，提高了水土流失治理的效果。

深圳在建立经济特区之初就比较关注环境保护，并就环境保护做了各方面的顶层设计，修建了基础性的环保工程，以开放的视野、敢为天下先的精神，发挥经济特区试验田、窗口的作用来推进环保工作，为深圳实现可持续发展奠定了良好的基础。

第二节 深入推进生态文明建设

一 生态文明建设成效明显

党的十八大以来，以习近平生态文明思想为指导，坚守人与自然和谐共生、绿水青山就是金山银山、良好生态环境是最普惠民生福祉、山水林田湖草是生命共同体、最严格制度最严密法治保护生态环境等理念，深圳初步实现了经济发展与环境保护的良性循环。这首先要归因于产业结构升级有力推动了绿色产业发展，据深圳市核算并经广东省统计局核定，2018年，深圳全市本地生产总值24221.98亿元，按可比价计算，比2017年增长7.6%，增速为国内四大一线城市中最快的，三次产业结构由上年的0.1∶41.4∶58.5调整为0.1∶41.1∶58.8。其次归因于优化能源结构。再次归因于创新生态文明建设机制。最后归因于环境管理制度创新。

二 环境形势分析会制度

环境保护与经济发展一直都是处于矛盾的地位，特别是为了追求GDP忽视环境保护的现象屡禁不止，或者环境保护只做形式主义的应付，不采取实质性的措施推进。在联系群众、服务群众方面，有的地方和单位对基层群众反映的环境污染问题无动于衷、消极应对。如何使环境保护与经济发展达到双赢，深圳给出了很好的答案。党的十八大前夕，深圳首次以市政府名义召开环境形势分析会，将其与"经济形势分析会"并列，把环境保护摆在与经济发展同等重要位置来抓。环境形势分析会是市委和市政府落实绿色发展、生态文明观、"两山论"和协调发展的重大制度安排，至今已召开五次。遵循习近平总书记一再强调的，环境就是民生，青山就是美丽，蓝天也是幸福，深圳市委、市政府始终坚持以人民为中心的发展思想，每次的环境形势分析会都围绕重点解决损害群众健康的突出环境问题，提供更多优质生态产品，满足人民群众对良好生态环境的新期待，提升人民群众的获得感、幸福感和安全感。2012

年召开的第一次环境形势分析会,全面分析全市环境质量,总结问题提出举措;2013年会议的主题是专题研究大气污染治理问题;2014年会议的主题是专题研究水环境形势,部署水环境治理工作;2015年会议的主题是专题研究固体废弃物综合治理工作;2016年会议的主题是专题研究土壤环境保护和质量提升工作。

环境问题的产生、演化及解决,均与社会发展进程以及社会经济组织和运作方式、社会整体发展观、科技观、价值观及伦理道德观密切相关,针对环境保护与经济发展矛盾的解决,从政府层面来说,要制定和实施相关的环境经济政策,促进基于全社会成本的价格信号生成和传递,纠正市场失灵和政策失效的现状,让污染环境者承担其污染环境的经济和法律责任。对于环境改善和生态服务功能提供者,可以借助环境和生态保护的受益者支付原则,受益于生态服务和环境服务提供,进而体现发展和保护的公平性原则。从企业层面来说,短期看,强化环境保护会影响污染企业的生产成本、产品种类和市场占有率。但是,由于环境污染具有累积性,有的环境污染的后果可能要到多年后才能显现。所以,如果今天不治理污染,就要在未来以更大的代价和成本去治理,消耗更多的医疗资源、社会资源,遭受污染的受众面会更广。所以,环境治理一定要有前瞻性,不能武断地说环境保护会影响经济增长。其次,绿色发展是当今世界发展的主流,企业只有顺应这个趋势才能生存、才会有更大的发展潜力。对企业进行技术创新和工艺过程改进,实现节能减排,一方面可以更好地提高劳动生产率,增强市场竞争力;另一方面,也是履行企业的社会责任,增强在消费者心目中的信誉度。从消费者个人层面来说,每个人既有享受好的环境的权利,也有义务保护环境,每个人的日常生活方式都关涉美丽中国目标的实现。公众对环境保护所涉及各领域的参与,可以促进环境规制和政策有效实施,是降低政府监管成本的最好方式。公众对绿色产品的消费,可以倒逼企业进行绿色生产。政府—企业—公众的联合与制衡关系,可以有助于推进环境保护与经济发展矛盾的解决。

三 创建国家可持续发展议程创新示范区

2018年2月13日,深圳获批《创建国家可持续发展议程创新示范区》，意味着探索以科技为核心的可持续发展问题系统解决方案、破解新时代社会主要矛盾、落实新时代发展任务、为全球可持续发展提供中国经验获得国家层面的认同和大力支持，为深圳深入推进生态文明建设提供了强大的动力。

创新是深圳的魂。2006 年 3 月 14 日，国内首部改革创新法《深圳经济特区改革创新促进条例》经深圳市第四届人民代表大会常务委员会第五次会议通过，于同年 7 月 1 日起施行。国家发展和改革委员会于 2008 年 6 月 12 日发文批准深圳市创建国家创新型城市。深圳市是全国首个也是唯一一个国家创新型城市试点。在生态文明建设推进过程中，深圳依靠创新亮点纷呈。针对资源、能源、环境容量制约的凸显，深圳在 2006 年 3 月 14 日率先就促进循环经济立法，颁布实施《深圳经济特区循环经济促进条例》，作为在中国为数不多的循环经济方面的地方性法规，该《条例》具有一定的创新性。2011 年 9 月，深圳市出台了首个低碳发展规划——《深圳市低碳发展中长期规划（2011—2015）》。无论从政府工作鲜明提出的产业结构创新、科学规划生态湿地的城市建设、推进循环经济下的节能减排创新、加快集群经济的内涵式发展理念目标，还是从深圳已具低碳城市资源的比较优势看，推进深圳低碳城市建设，关乎深圳未来 30 年以深圳质量为核心内涵的全新发展模式。2014 年，深圳启动了环境污染责任保险模式创新工作，深入推进环境污染责任保险制度，引入保险经纪公司，优化投保模式，创新保险产品，加强对高风险企业环境监管。环境污染强制责任保险试点改革获评《南方日报》"深圳 2018 十大改革项目"，全市 774 家企业投保。2015 年 7 月，印发《深圳市大鹏半岛生态文明体制改革总体方案（2014—2020）》，大鹏新区优先选择了探索编制大鹏半岛生态资源资产表、构建大鹏半岛产业绿色低碳循环发展机制等 4 个项目抓紧推进。盐田区在全国率先建立城市生态系统生产总值（城市 GEP）核算体系，获得"中国政府创新最佳实践"奖。大鹏新区、宝安区开展自然资源资产负债表编制和领导干部自然资源资产离任审计，走在全国前列。未来针对资源环境承载力和社会治理支撑力相对不足等制约城市长远发展的问题，深圳会继续借助创新提升生态文明建设水平，实现超大型城市的可持续发展。为此，制定《深圳市可持续发展规划（2017—2030年）》及实施方案，明确创新驱动、经济发展、社会发展、环境提升的指标体系，与国家有关生态文明建设的要求一脉相承。

四 打造"国家森林城市"

深圳经济特区自 1980 年成立以来，就是以坚持改革，敢闯、敢试、敢为天下先的精神创造了世界城市化、现代化建设的奇迹，现在仍以这种敢为天下先的精神着力创建超高标准的国家森林城市，打造独具人文内涵的世界著名花城。党的十八届五中全会确立了创新、协调、绿色、开放、共享新发展理念，并明确提出支持绿色城市、森林城市建设，为构建生态安全屏障、修复生态系统、建设美丽中国勾画出了清晰发展蓝图。广东省也做出了新一轮绿化广东大行动和建设珠三角国家森林城市群的决策部署。深圳创建国家森林城市和世界著名花城可以说是对中央和广东规划部署的积极响应，也是聚焦美丽推进生态文明建设实施的新举措。2018 年 10 月 15 日，深圳荣获"国家森林城市"称号。目前，深圳森林覆盖率达 40.68%，建成区绿化覆盖率为 45.1%，全市公园总数达 1090 个，人均公园绿地面积为 15.95 平方米，形成了森林进城、绿意满城、花开鹏城的绿色新格局。

森林是城市生态体系的重要组成部分，也是城市发展和文明进步的重要标志，其具有巨大的固碳功能，对降低大气中温室气体浓度、减缓气候变化具有重要作用。森林的破坏会直接或间接地导致降水减少、水土流失、自然灾害以及气候变化等生态环境问题。恩格斯在《自然辩证法》中对森林的生态作用已有论述："美索不达米亚、希腊、小亚细亚以及其他各地的居民，为了得到耕地，毁灭了森林，但是他们做梦也想不到，这些地方今天竟因此而成为不毛之地，因为他们使这些地方失去了森林，也就失去了水分的积聚中心和贮藏库。阿尔卑斯山的意大利人，当他们在山南坡把在山北坡得到精心保护的那同一种枞树林砍光用尽时，没有预料到，这样一来，他们就把本地区的高山畜牧业的根基毁掉了；他们更没有预料到,他们这样做,竟使山泉在一年中的大部分时间内枯竭了,同时在雨季又使更加凶猛的洪水倾泻到平原上。"[1] 在推进城镇化进程中,世界各国普遍重视通过发展城市森林,改善人居生态环境,提高生态承载力,同时充分发挥森林、湿地和绿地在溶解城市灰色空间和缓解城市热岛效应方面的作用。随着城市化进程的加速,城市居民亲近自然、回归自然的心理需求日益增强,让城市回归自然,也是居民的民生期盼。深圳森林城市建设的宗旨是服务城市可持续发展和居民对优质生态产品的需求。深圳拥有丰富而分布均衡的森林资源,在用地矛盾非常突出的情况下,注重保护原生的绿水青山资产。2005年,深圳在全国率先划定基本生态控制线,使森林覆盖率稳定在40%以上,集聚了比较丰富的物种资源。深圳市陆域植被类型多样,有5个植被型、10个植被亚型、51个群系。野生维管植物共216科、962属、2210种,野生动物114科、312属、500种,其中中国特有种18种,国家级重点保护野生植物16种、野生动物41种。局部地区生物多样性高度丰富。创新提出构建"自然公园—城市公园—社区公园"三级公园体系,确立了500米可达社区公园、2公里可达城市公园、5公里可达自然公园的总体布局,每年持续推进50个以上的公园建设和改造提升。同时,把公园建设和自然积存、自然渗透、自然净化的海绵城市建设结合起来。深圳森林城市的健康发展离不开科技创新,利用遥感、地理信息系统、微信、网络等多种信息技术手段,大力推进智慧森林城市建设。对照珠三角国家森林城市群建设总体规划中的指标体系,深圳在森林覆盖率、区域生态廊道建成率、人均公园绿地等方面还需要进一步提升,接下来要推进提质增量,大幅度增加城市立体可视绿量。

五 实施《深圳市生态文明建设考核制度》

党的十八届三中全会指出,扎实推进生态文明建设,必须建立系统完整的生态文明制度体系,制度是重点,考核制度更是重中之重。深圳从2007年启动环保工作实绩考核,到2013年升级为生态

---

[1] 《马克思恩格斯选集》第4卷,人民出版社1995年版,第383页。

文明建设考核，围绕生态文明建设、管理和监督工作来考核各级领导班子和领导干部，打造具有深圳生态文明建设考核特色的制度品牌，在全国范围内颇具开拓性和创新性。2015年底该考核制度获环境保护"绿坐标"制度创新奖，被新华社誉为"生态文明建设第一考"。其更深远的意义在于通过探索实践，为全国其他地方提供了生态文明建设考核制度经验。作为保留"一票否决"考核事项的六项考核之一，深圳市各区党政领导班子年度考核中，生态文明建设考核结果占到总分的11.2%，超出了"经济发展"权重（8%）；各区均建立了区级生态文明建设考核制度，大鹏生态文明建设考核结果占领导干部管理权重高达25%；各区各部门制订年度工作方案，优先安排资金，落实各项任务；国资委成立生态文明建设工作领导小组，将生态文明建设指标纳入企业经营业绩考核范畴，同时推动企业内部将其纳入年度考核重点内容。

2007年12月，《深圳市环境保护实绩考核试行办法》出台实施。2013年8月，为贯彻落实党的十八大关于"建立体现生态文明要求考核目标体系、考核办法、奖惩机制"的要求，深圳将环境保护实绩考核升级为生态文明建设考核。在近10年的生态文明建设考核工作中，成立了生态文明建设考核领导小组办公室，专门负责考核工作的组织、协调和督查，组长由市领导担任，负责考核工作重大事项决策。整个考核组织工作形成了层次分明、运行有效、各领域主体参与的体系。考核对象为各责任单位一把手，涵盖市内各区、与人居环境相关的政府部门以及与环境污染治理有关的大型国有企业。考核对象随着形势发展和实践需求不断拓展，从环保工作实绩考核初期的6个区、11个市直部门和两家重点企业，扩展到现今具有环保职责的各区各部门各企业总计41个单位。2018年起创设了经济与环境"双排名"制度。考核指标包括水、气、声、城市内涝、污染源等环境质量全部要素，指标设计上充分体现民生环境需求，确保了生态文明建设成果的最大受益者是广大市民。作为"主考官"的第三方评审团，由来自社会各界的50名人员组成，他们包括深圳市人大代表、政协委员、党代表、生态环保领域专家、环保市民和各辖区居民代表，他们的推举由各单位独立进行。特别值得一提的是，考核首创了现场陈述会的形式，评审团现场听取"考生"汇报，明确要求各区、市直部门领导班子和党政正职就年度环保工作进行限时陈述，并进行现场答辩，现场打分。主考官中立，考核过程透明，考核结果客观，是深圳生态文明建设考核制度的最大特色和亮点，彰显了考核的公平公正与公开透明，也体现出政府强化公众参与的意识，避免了政府既当"运动员"又当"裁判员"，自己考核自己，难以做到客观公正的弊端。在国际上，对政府公共服务的职能考核采用第三方评审机制开展公正公开的考核已属常态，深圳的生态文明建设考核积极主动与国际接轨，且注重强化考核结果运用。考核结果由市委常委会审定，纳入市管领导班子和市管干部考核内容，成为干部任免奖惩的"关键票"，对在生态文明建设考核中未达标的单位及责任人实行"一票否决"，取消其评先评优、晋职晋级资格。除了在任期内要进行考核，领导干部离任还要接受"生态审计"。深圳的生态文明建设考核制度不断改革创新、自我完善，通过丰富考核内涵、拓宽考核范围、创新考核手段、注重公众参与、强化结果运用，逐步营造了生态文明建设齐抓共管的格局。深圳会紧跟国家和广东省生态文明建设目标评价考核的形势和最新要求，进一步提升生态文明建设考核制度的科学性、规范性、可操作性。

六 成立碳交易所

碳交易是《京都议定书》为促进全球减少温室气体排放，以国际公法作为依据的温室气体排减量交易而采用的一种市场性机制。随着人们逐渐意识到发展绿色经济和节能减排的必要性和紧迫性，各国纷纷建立和完善以持续及低碳发展为主题的碳交易体系。作为温室气体排放量最多的国家，中国的固碳能力和减排空间巨大，构建适合中国国情的碳交易市场体系既是推动产业结构调整、企业节能减排、实现经济绿色低碳和可持续发展的需要；同时，也是顺应国际发展形势、完善碳汇及碳金融体系，在国际利益博弈中增强主动性，提升国际竞争力的必要选择。2013年，国家在北京、上海、广东、深圳、湖北、天津、重庆7个省市开始碳排放权交易试点。

2010年9月30日，深圳以成为国家首批低碳试点城市为契机，正式挂牌成立排放权交易所，注册资本金额人民币3亿元。2012年起，排交所开始碳交易三大系统（深圳市碳排放权益注册登记簿系统、温室气体排放信息管理系统、深圳碳排放现货交易系统）的准备与设计。深圳市人大于2012年10月立法通过《深圳市经济特区碳排放管理若干规定》。随后，深圳市人民政府，以及深圳市市场监督管理局、深圳市发展和改革委员会先后出台了《深圳市碳排放权交易试点工作实施方案》《深圳市碳排放权交易管理暂行办法》等五项政府文件和规章制度，为推动深圳碳市场健康发展营造了良好的政策环境。同年12月，通过国务院全国交易场所清理整顿联席会议批准，取得交易场所合法运营资格。2013年1月，排交所成功取得首批国家发改委自愿减排交易机构备案资格。2013年6月18日，深圳成为全国首个碳交易市场。启动当天，深圳碳排放权交易就完成了8笔，成交21112吨配额。

作为全国最早启动的碳交易市场，深圳碳市场锐意改革，借助成熟的市场机制和丰富的商业机会，成为国内碳排放配额流转率最高的交易场所，2013—2016年度配额流转率分别为5.23%、8.53%、11.99%和16.10%，连续4年在全国碳市场中拔得头筹。2016年，由国家发改委和深圳市政府共同揭牌的"全国碳市场能力建设深圳中心"成立，服务全国碳市场发展大局，深圳开始面向全国非试点地区积极开展碳市场能力建设培训，培训人员超过4000人。2017年5月，由深圳中心牵头的"全国碳市场纳管企业碳排放管理示范工程"正式发布，通过选择行业内具有代表性的龙头企业，为其提供参与碳交易的全流程综合解决方案，将其打造成为全国碳市场行业标杆。开放性使深圳成为国内首个允许境外投资者参与的碳交易平台。2016年3月19日，深圳能源集团妈湾电力有限公司与英国BP公司在排交所的牵线下，签订了一份以400万吨碳排放配额为交易标的的碳资产回购协议，这是国内首单跨境碳资产回购交易业务。深圳金融业发达，身处其中的深圳碳市场也在绿色金融创新方面走在全国前列。成立以来，深圳碳市场积极与国内外金融机构、低碳企业开展合作，开发碳金融产品。在中国碳排放交易体系于 2017 年 12 月正式启动后，深圳碳市场将继续扮演重要角色。深圳经济发展与节能减排之间是正向传导，正在实践一条以更少的资源能耗和更低的环境代价，实现更有质量和可持续的绿色发展之路。2017 年，深圳市 794 家碳交易管控单位中的制造业企业工业增加值增加了 595 亿元，同比上年增幅达 11.37%；2017 年碳排放强度较 2016 年下降 9.8%，超额完成了深圳市"十三五"碳排放强度年均下降 4.6% 的目标。截至 2018 年 9 月 7 日，深圳碳市场二级市场配额现货总成交量达 3611.75 万吨，位居全国碳市场第三；总成交额达到 11.01 亿元，位居全国碳市场第二；配额市场平均价格基本保持在 30—40 元/吨，位居全国前三。接下来，深圳碳市场将进一步发挥先行一步的优势，发挥示范带动作用，承担深圳碳市场管理和运行责任，并积极协助国家和地方碳市场主管部门，提高业务服务水平，支持管控企业实现绿色转型，促进碳交易服务于实体经济，助力碳市场平稳顺畅运行。

创新是深圳的魂。在深入推进生态文明建设过程中，深圳充分利用了规划创新、科技创新、制度创新、管理创新等努力实现生产发展、生活富裕、生态美好的发展道路，打造美丽花园城市。

第三节 人与自然和谐共生的美丽典范

2019 年 8 月 18 日，《中共中央 国务院关于支持深圳建设中国特色社会主义先行示范区的意见》（以下简称《意见》）发布，深圳的战略定位为可持续发展先锋。牢固树立和践行绿水青山就是金山银山的理念，打造安全高效的生产空间、舒适宜居的生活空间、碧水蓝天的生态空间，在美丽湾区建设中走在前列，为落实联合国 2030 年可持续发展议程提供中国经验，率先打造人与自然和谐共生的美丽中国典范。

一 健全环境公益诉讼制度

《意见》中对特区提出可持续发展先锋和法治城市示范的战略

定位。环境公益诉讼制度的发展，是契合示范区发展两项战略定位的重要举措。环境公益诉讼制度是指社会成员，包括公民、企事业单位、社会团体依据法律的特别规定，在环境受到或可能受到污染和破坏的情形下，为维护环境公共利益不受损害，针对有关民事主体或行政机关而向法院提起诉讼的制度。环境公益诉讼司法实践类型包括：由检察院发动的环境公益诉讼案、社会公益组织（NGO）发动的环境公益诉讼案、公民作为原告发动的环境公益诉讼案、由环境资源主管机关发动的环境公益诉讼。行政机关在环境保护领域有相关专业人员及专项的财政投入，具备履行环境保护职能所需的专业知识与技能，在预防、治理、应急方面，对环境实现全方位的保护，发挥环境保护工作主导作用；检察机关利用司法专业优势，面对环境保护出现的问题，给予社会组织、行政机关有效的法律保障，并监督社会各界履行环境保护义务；社会组织拥有专业知识和长期的环保一线实践经验，通过日常环保活动，及时发现及反馈环保问题，推动环保问题处理进程，维护环境治理成果，并通过宣传教育，提高全民环保意识。形成行政机关主导、检察机关监督、社会组织推动的协调配合模式。

在健全环境公益诉讼制度方面，深圳市坪山区可以说走在了全市的前列。2019年10月25日，坪山区第一届人大常委会第二十八次会议审议并全票通过了《关于加强法律监督支持检察公益诉讼工作的决定》（以下简称《决定》），这是深圳首个由人大通过的专门支持和促进检察公益诉讼工作的文件。坪山区检察院自开展公益诉讼工作以来，虽然取得了良好成绩，但公益诉讼工作仍存在线索发现难、调查核实难、检察建议刚性不足、社会公众对公益诉讼认知度不高、被监督对象对公益诉讼工作认识不到位、配合不力等瓶颈性问题，一定程度上制约了检察公益诉讼工作的开展，公益诉讼工作亟须得到人大的肯定和支持。《决定》的出台，充分显示了坪山区人大对检察公益诉讼工作的重视和支持，为坪山检察机关加强公益诉讼工作提供了制度依据和保障。

健全环境公益诉讼制度还可以充分发挥深圳志愿者之城的特色。深圳作为志愿者之城，注册志愿者达到170多万，目前提出建设

"志愿者之城" 3.0 版本，探索志愿服务从基础性地提供社会服务，向参与社会治理，继而促进凝聚社会共识转变，实现志愿服务的转型升级，其特征是志愿服务的专业化、法治化，最终解决的是凝聚社会共识、实现社会主义核心价值观的最广泛传播和普及。以环保社会组织为主的社会力量参与环境保护，首先具有公益性。环保社会组织是以实现环境公共利益为宗旨，不以营利为目的的非政府组织。作为一个组织，在公益诉讼中也往往不会有私益诉讼或者个人利益偏向的痕迹。其次具有群众基础性，环保社会组织服务于人民群众，得到了民众的支持。在获取和发现环境污染破坏信息方面都可以及时发现、积极反应，提供有效的公益诉讼线索，将环境损害在发生之前遏制在摇篮里。同时，因为群众基础好，在调查取证、勘验检查等过程中，往往可以从民众当中得到更可靠的第一手资料，调查成本相对较低。再次，具有专业性，环保社会组织中拥有大量的在环境方面突出的专业人才，专业人士操作可以一定程度上保障证据的可靠性以及可信度，利于诉讼的顺利进行。最后，具有积极性，环保社会组织的专业人员往往是高学历、高素质、社会责任感强的，他们对环境保护事业投入了极大的热情，所以在环境公益诉讼过程中也将有极大的积极性与使命感。同时，环保社会组织生于基层，扎根群众，在社会中有一定社会影响力。环保组织提起环境公益诉讼也将极大地调动公众参与环境公益诉讼以及环境保护的积极性。

二 坚决打好水污染防治攻坚战

（一）深圳水环境总体情况

深圳有九大流域水系：深圳河流域、深圳湾流域、茅洲河流域、观澜河流域、龙岗河流域、坪山河流域、珠江口水系、大鹏湾水系、大亚湾水系，河流310条，总长999公里，其中流域面积大于100平方公里的河流有深圳河、茅洲河、观澜河、龙岗河、坪山河。但40年高强度开发建设紧逼城市水环境正常承载力极限，人口高度密集，产业高速发展，工业企业污染多，点源、面源污染负荷重，污水管网建设历史欠账多，再加上径流小是深圳河流的先天硬伤，河流的自净能力弱，很小比例的污水流入河中就足以导致河流黑臭，跨界河流治理难度大。据当时的深圳市人居环境委统计，全市黑臭河流共159条，其中90条位于主要建成区。

　　1980年经济特区成立以来，深圳治水大致经历了先特区内后特区外、先中东部后西部的历程，治理力度逐年加大。先后经历了污染加重阶段：经济社会快速发展，水污染治理设施建设滞后；逐步治理阶段：以创建国家环保模范城为契机，开展了水环境综合整治以及深港合作开展深圳河治理；重点突破阶段：开展8年珠江水环境综合整治以及广东省人大督办淡水河石马河污染整治；全面提速阶段：广东省环保厅、监察厅挂牌督办茅洲河，广东省政府实施南粤水更清行动计划，2015年成立治水提质指挥部办公室，2016—2017年度共安排治水工程项目622项。

　　2015年3月27日，深圳市政府常务会议讨论并原则通过《深圳市治水提质总体方案（2015—2020年）》。2015年4月2日，国务院发布《水污染防治行动计划》，深圳市政府决定，以"总体方案"为基础，形成"行动方案"和"工作计划"，出台"治水十策"和"十大行动"。"治水十策"包括：流域统筹、系统治理，统一标准、一体推进，雨污分流、正本清源，分片实施、联网提效，集散结合、提标扩容，海绵城市、立体治水，以水定地、控污增容，引智借力、开放创新，清淤治违、畅通河渠，防抢结合、公众参与。以流域为单元系统规划治水提质工作，有效衔接地下综合管廊等城市基础设施建设规划。雨污分流工程实施过程中优先选用对周边扰动小的施工方法，以减少对城市交通等方面的影响。城市规划建设要以水资源、水环境承载力为约束，保障治污设施、河道整治用地。饮用水源保护区内严控人口和建设规模增长，杜绝新建污染项目。注重城市开发、市政设施建设的科学性和生态化，提升城市水环境容量。以国际发达城市为标杆，提高防洪排涝标准。防洪排涝标准：总体标准为200年一遇，内涝防治标准：50年一遇，雨水排水标准：重现期3—10年及以上，制定一批与现代化、国际化城市匹配的技术标准。采取的"十大行动"有："织网"行动：完善排水管网、提高雨污分流率；"净水"行动：新改扩建污水厂、提高出水标准;"碧水"行动:开展河流治理、消除黑臭水体;"宁水"行动:防洪达标建设、消除内涝灾害;"柔水"行动:推行低影响开发、建设海绵城市;"减负"行动:节水防污减污、控制污染排放;"畅通"行动:开展清障行动、实现河畅管清;"智慧"行动:依靠科技创新、实现跨越治水;"协同"行动:形成治水合力、推动治水提速;"保障"行动:强化组织保障、营造治水氛围。

(二) 实施河长制

"河长制"是在地方党组织和政府领导下,坚持问题导向,落实江湖管理保护职责的一种制度创新。"河长制"起源于2007年江苏无锡的太湖水污染治理,并逐渐推广至全国的江河、湖泊和海湾的环境管理和生态保护,具有较强的示范效应。随着"河长制"的层层推进,最明显的成效是产业结构调整,沿河、沿湖的企业不得不放弃传统落后的生产方式,开始寻求清洁生产方式,循环经济得到发展。"河长制"也提升了民间治水的信心和决心,社会公益组织积极参与,全社会形成了水环境治理的良好氛围。

2016年12月,中共中央办公厅、国务院办公厅印发《关于全面推行河长制的意见》;2017年5月,广东省委办公厅、省政府办公厅印发《广东省全面推行河长制工作方案》;2017年6月,深圳市委办公厅、市政府办公厅印发《深圳市全面推行河长制实施方案》。2018年10月水利部印发《关于推动河长制从"有名"到"有实"的实施意见》;2019年5月,深圳市河长办印发《深圳市2019年实施河长制湖长制工作要点》。深圳全市310条河流全部落实市、区、街道、社区四级河长1041名,湖泊、水库、山塘、小微水体落实四级湖长814名,实现河湖长制全覆盖。

(三) 治理现状及努力方向

经过多方努力,"深圳水污染治理实现历史性突破。基本完成全市雨污分流改造和污水管网全覆盖,新改扩建水质净化厂23座,基本实现污水全收集、处理全达标。159条黑臭水体和1467个小微黑臭水体全面消除黑臭,茅洲河、深圳河等五大河流考核断面水质达到地表水Ⅴ类标准以上,大沙河、坪山河、龙岗河等河流呈现水清岸美、鱼翔浅底的新景象。2020年将开展'水污染治理巩固管理提升年'工作。坚持治水、治产、治城有机结合，全面推行全流域治水新模式，实现全市河流水质基本达到或优于地表水 V 类标准"[①]。同时，加强与香港（深圳河）、东莞（茅洲河）、惠州（淡水河）等地在跨界河湾水污染治理等方面的合作。2019 年 6 月 4 日，深圳印发《广东万里碧道建设深圳行动方案》，把碧道打造为"顺畅的行洪通道、健康的生态廊道、秀美的休闲绿道、绿色的产业廊道、独特的文化驿道"。2025 年，深圳要全面建成 1000 公里碧道。进一步夯实河湖长制工作基础，切实加强执法监管和督导考核力度，还河流以宁静、和谐、美丽。

三 加快建设全球海洋中心城市

作为滨海城市，深圳拥有 1145 平方公里的海域面积和超过 260 公里的海岸线，海洋资源丰富。随着可开发建设用陆地面积日益减少，加强陆海统筹，发展海洋经济，也是深圳实现可持续发展的重要途径。2018 年海洋生产总值占全市 GDP 的 9.6%，海洋产业已成为深圳经济发展的重要支撑和新的增长极。深圳港作为世界级集装箱枢纽港，2018 年排名全球集装箱港口第四位。中兴通讯、研祥智能等大型电子信息龙头企业，已进军海洋通信、船舶导航等海洋领域。

《中共中央　国务院关于支持深圳建设中国特色社会主义先行示范区的意见》要求加快形成全面深化改革开放新格局，支持深圳加快建设全球海洋中心城市。《意见》发布后，深圳出台《关于勇当海洋强国尖兵　加快建设全球海洋中心城市的决定》及其实施方案，通过顶层设计，从产业发展、科技创新、文化生态、防灾减灾、综合管理、国际合作等方面推出一系列举措，并在未来几年计划投入上千亿元资金用于全球海洋中心城市建设，集聚一批全球海洋高端人才、高端企业、高端资源。深圳首发的"十个一"工程包括：创建一所国际化综合性海洋大学、成立一个深圳海洋科学研究院、打造一个全球海洋智库、建设一个深远海综合保障基地、打造

[①] 陈如桂：《深圳市政府工作报告》，深圳市第六届人民代表大会第八次会议，2020 年 1 月 8 日。

一个国际金枪鱼交易中心、打造一个以中国海工为代表的现代海洋产业体系、推进一家国际海洋开发银行建设、创设一个海洋产业发展基金、设立一个深圳国际海事法院、举办一个中国海洋经济博览会。进军海洋，深圳将持续发力，将海博会打造成为国际一流的海洋经济合作交流平台和深圳建设中国特色社会主义先行示范区的闪亮名片，同时加快研究相关项目的建设思路和方案，并争取国家支持。按照规划，到2035年，深圳将基本建成陆海融合、经济发达、科技创新、生态优美、文化繁荣、保障有力，具有国际吸引力、竞争力、影响力的全球海洋中心城市。

四 粤港澳大湾区环境的联防共治

粤港澳大湾区涵盖广东省广州、深圳、珠海、佛山、惠州、东莞、中山、江门、肇庆9市，以及香港、澳门两个特别行政区，陆域面积约5.6万平方公里，大陆和岛屿海岸线总长3201公里。湾区资源丰富，预测石油资源量为80亿吨，天然气水合物有较好开发远景，已圈定11个远景区、19个成矿区，锁定两个千亿方级矿藏；湾区的地热、地质遗址、地下水、海砂等资源丰富。2017年3月5日，粤港澳大湾区首次写入政府工作报告，成为三地跨制度的国家发展战略。2017年7月1日，在习近平总书记的见证下，香港特别行政区政府、澳门特别行政区政府、国家发展和改革委员会、广东省人民政府共同签署《深化粤港澳合作推进大湾区建设框架协议》。2019年2月18日，《粤港澳大湾区发展规划纲要》正式出台，全面推进内地同香港、澳门互利合作。粤港澳大湾区是国家建设世界级城市群和参与全球竞争的重要空间载体，优良的生态环境是支撑粤港澳大湾区经济社会可持续发展的先决条件。从战略性、全局性出发，统筹谋划粤港澳大湾区生态环境保护，以绿色发展推动粤港澳大湾区建设成为三地当前面临的重大课题。

实现粤港澳大湾区生态环境的协同治理，首先，从现有的三大世界级湾区（美国旧金山湾区和纽约湾区、日本东京湾区）发展经验来看，无一不是拥有优质的生态环境，并以此为依托发展高端产业，建设高品质、优质的生活圈。习近平总书记指出，保护生态环境就是保护生产力，改善生态环境就是发展生产力。持续改善生态环境质量，不断提供更高质量的环境公共产品，不只是高端产业发展的基础条件，同时，也更有利于吸引创新要素集聚，劣质的环境质量会对资本和人才产生挤出效应。其次，大湾区生态环境建设方面实现协同，也是由湾区的地理条件决定的。地理边界的连接、地质条件较好、地壳相对稳定，有利于实现区域一体化建设。根据湾区自然条件，优化产业布局和结构调整，科学设置开发强度，促进地区间人口经济和资源环境承载能力相适应，以保证整个区域生态系统的稳定性和平衡性。再次，粤港澳在共同推进环境治理方面有历史渊源，且成效显著。20世纪80年代初期，因深圳蛇口地区率先发展，引发香港当局对深圳湾环境的关注，香港于1983年提出了粤港两地联合监测深圳湾大气、水体的建议。经过良好的沟通交流协调，粤港两地于1986年完成并签订《粤港联合监测深圳湾大气、水体环境技术工作纪要》，为此后两地环保部门每年开展环保工作情况通报及实施监督协调奠定了基础。进入90年代，随着深圳城市和产业布局沿深港边境聚集及东西向延伸，粤港边境的环境问题越来越突出。为解决两地的环境问题，1990年经国务院港澳事务办公室、外交部和国家环境保护局批准正式成立了"粤港环境保护联络小组"，专门负责协调和处理粤港两地的环境问题。2010年，粤港合作的第一个纲领性文件《粤港合作框架协议》中把生态建设和环境保护列入建设优质生活圈的首个任务。之后，粤港澳在清洁生产、区域大气污染联合监测网络建设及共防共治、水域船舶排放控制区建设等方面做了多项实质的、有效的工作。2012年，粤港澳三地政府共同编制发布《共建优质生活圈专项规划》，提出大珠三角地区共同构建一个绿色、宜居、低碳、可持续发展的世界级城市群，为区内居民打造优质生活圈，提供洁净、舒适、便捷、高效、人本的优质生活环境，提升大珠三角地区的整体竞争力和吸引力。

深化粤港澳环保合作交流，其核心在于构建一套制度化的合作机制和深度的合作网络，在生态环境建设事务上的共同参与、共同出力和共同安排，特别是以市场为主导的相关环境经济政策；在目标协同上设置相对一致的生态建设和环境治理中长期目标，特别是对于区域性较强的自然资源的开发、大气环境治理、跨流域水污染治理、海洋生态环境治理等领域，应共同协商设定分阶段、分领域的生态环境目标。在标准协同上共同建立和完善相对一致的环境技术标准体系和环境质量标准体系。湾区内环境标准应向国际先进标准看齐，为生态环境建设的协同共治提供基础支撑。其次，转变经济增长方式，构建具有国际竞争力的现代产业体系。"深化供给侧结构性改革，着力培育发展新产业、新业态、新模式，支持传统产业改造升级，加快发展先进制造业和现代服务业，瞄准国际先进标准提高产业发展水平，促进产业优势互补、紧密协作、联动发展，培育若干世界级产业集群。"[1] 将产业结构和能源优化作为绿色发展的新动力，打造新能源等新兴科技产业链和服务基地，实现城市经济、人口、资源、环境等各方面的协调、健康和可持续发展。同时，加强相互间的科技合作，积极推动油气、天然气水合物的勘探开发，促进地热能梯级开发利用，改变地热资源开发较早却利用程度低的局面，积极推动地质遗迹和自然保护区的保护及开发利用，为大湾区旅游产业发展注入新的增长点。深圳作为大湾区的核心引擎，其探索建立的领先于国内的生态文明各项体制机制改革和政策体系，对大湾区绿色发展具有重要的支撑和示范作用。《粤港澳大湾区发展规划纲要》对湾区绿色发展设定了目标：到2022年，绿色智慧节能低碳的生产生活方式和城市建设运营初步确立，居民生活更加便利、更加幸福；到2035年，资源节约集约利用水平显著提高，生态环境得到有效保护，宜居宜业宜游的国际一流湾区全面建成。

中国共产党从建党之初就是以马克思主义为指导。马克思恩格斯在考察人类文明的发展进程时，始终坚持自然视角和社会视角相统一，这充分体现在马克思主义哲学、政治经济学、科学社会主义三个组成部分之中。中国特色社会主义是立足中国国情的社会主义，其"五位一体"的总体布局和"四个全面"的战略布局，既丰富了科学社会主义的内涵，同时又把科学社会主义发展到一个新阶

---

[1] 《粤港澳大湾区发展规划纲要》，人民出版社2019年版，第25页。

段。深圳经济特区的创办和发展,本身就是我们党推动中国特色社会主义理论创新和实践创新的产物。从经济特区到中国特色社会主义先行示范区,其高质量发展高地、法治城市示范、城市文明典范、民生幸福标杆、可持续发展先锋战略定位以及为落实联合国2030年可持续发展议程提供中国经验,强有力彰显了中国特色社会主义发展的勃勃生机。马克思主义认为,人类社会发展的目标是建立共产主义社会,实现人的全面而自由的发展。在马克思看来,"这种共产主义,作为完成了的自然主义,等于人道主义,而作为完成了的人道主义,等于自然主义,它是人和自然界之间、人和人之间的矛盾的真正解决,是存在和本质、对象化和自我确证、自由和必然、个体和类之间的斗争的真正解决"。①

---

① 《马克思恩格斯文集》第1卷,人民出版社2009年版,第185页。

第十章　创建现代化国际化创新型城市

深圳是中国共产党一手缔造的超大城市，成为展示中国特色社会主义的最佳缩影。深圳从一个边陲农业县起步，最早定位是外向型经济特区。随着城市规模越来越大、城市影响力越来越大，深圳审时度势、顺应规律提出现代化、国际化、创新型等定位，创造了世界城市发展历史上的奇迹。党的十八大以来，深圳明确提出建设现代化国际化创新型城市，特别是中央支持深圳建设中国特色社会主义先行示范区，打造全球城市标杆，为深圳发展擘画了新的蓝图、注入了强大动能。

第一节　现代化国际化创新型城市

一　现代化国际化创新型城市的内涵

从现代化的社会学定义看，现代化是一个社会全面进步的社会变迁过程，变迁涉及工业、农业、城市、科技、教育、文化、社会组织、社会结构、政治、日常生活、国防、人等多个领域。现代化是一个涉及全社会的系统改造工程，从经济到社会、从社会到个人、从物质到精神、从宏观到微观，都将经历一场现代化的洗礼。[①]广义的城市现代化，是涵盖城市的经济、社会、文化及生活方式等由传统社会向现代社会全面发展的历史转变过程，也是城市的物质文明和精神文明提高与变革的过程，这个过程具体表现在城市的生

---

① 刘瑞：《中国现代化的意义、内涵和标准》，《企业经济》2018年第1期。

产和建设，以及居民生活的各个方面，广泛应用现代科学技术成果和体现现代社会生产力水平与精神文明水平是其核心表现。①

中国社科院与联合国人居署共同发布《全球城市竞争力报告（2019—2020）：跨入城市的世界300年变局》，从城市角度审视全球近300年来的社会发展，发现领先城市引起世界基础"细胞"变化，全球城市体系及其特征的演变决定了世界体系的变革，全球城市发展完成了人类文明划时代的转型，人类社会形态加速转变、空间格局加速转型、社会关系加速重塑，以人为核心的城市发生翻天覆地的变化。

创新型城市是指自主创新能力强、科技支撑引领作用突出、经济社会可持续发展水平高、区域辐射带动作用显著的城市。加快推进创新型城市建设，对于增强自主创新能力、加快经济发展方式转变、促进区域经济社会又好又快发展和建设创新型国家意义重大。②

二 现代化国际化创新型城市的进程

国外现代化指标体系和标准，其中定性标准有箱根模型、列维模型、现代人模型和比较模型等，定量标准有布莱克标准、英格尔斯标准、世界银行的人均收入划分标准、联合国开发计划署的人类发展指数以及《联合国千年发展目标》中的指标体系。③

国际化城市概念雏形见于1889年，当时德国学者Goethe把罗马和巴黎描述为全球城市（Weslt - stade），以体现罗马和巴黎在世界上的影响力。此后随着全球化的推进，先后涌现出了很多相关概

---

① 参见朱铁臻《城市现代化研究》，红旗出版社2002年版，第18—19页；任银睦《现代化、城市化与近代城市现代化》，《东方论坛》（青岛大学学报）1999年第2期；邱国盛《1949年以来中国城市现代化与城市化关系探讨》，《当代中国史研究》2002年第5期；田霖《城市化与城市现代化互动共促关系研究》，《平原大学学报》2002年第1期；李锋《略论城市化与城市现代化的关系》，《开封大学学报》2004年第4期；邹农俭《城市化与城市现代化》，《城市问题》2007年第10期；罗翠芳《西方学者论20世纪上半期中国城市化与城市现代化》，《西南大学学报》（社会科学版）2011年第4期。

② https://baike.baidu.com/reference/2537596/18c0ly9wab - pnCc _ MS6buWc - 7fbFaCOu49Q7ElGswFHByM86N9_MuCk_9NNQ_TwGzCY8o5zCtahi51c_43WECrCZKI 57LJTzATlCHEQ3.

③ 陈柳钦：《国内外现代化指标体系和标准概述》，《全球科技经济瞭望》2011年第1期。

念,包括全球城市(Global City)、世界城市(World City)、国际化城市(International City)、全球城市区域(Global City – region)等。综合来看,国际化城市是城市发展到一定阶段和水平的产物,普遍是经济实力强大、服务功能良好、管理理念先进、腹地广阔、文化氛围多元、基础设施完善和生态环境优良的城市,可见国际化城市代表了一种城市能级和城市地位,主要通过经济、政治、社会、文化、生态5个方面来体现,这也构成城市国际化水平评价指标体系的主要内容。[1]

英国地理学家彼得·霍尔(Peter Hall)在20世纪60年代提出世界城市有7个特征:一是国家主要政治权力中心;二是全球或世界某一区域的经济枢纽;三是有高度现代化基础设施;四是世界主要的跨国与金融机构汇集;五是提供综合性国际服务功能;六是人才聚集中心;七是城市人口规模达到500万人以上。美国城市规划学家弗里德曼(John Friedman)在80年代提出著名的"世界城市假说",并由此提出人们比较公认的世界城市的7个指标和特征。美国学者科恩有一个简单的"国际化指数",这个指数只包括两个方面,一是跨国公司指数,二是跨国银行指数。英国学者科珀斯和科布兰克·德鲁瓦特在一份研究报告中提出构成国际城市的几个要素:一是必须能够有效地进行具有世界水平的国际商务活动;二是必须有创造财富、就业机会和收入的能力;三是提供良好的生活、工作和娱乐环境的能力。

创新型城市是指主要依靠科技、知识、人力、文化、体制等创新要素驱动发展的城市,对其他区域具有高端辐射与引领作用。创新型城市的内涵一般体现在思想观念创新、发展模式创新、机制体制创新、对外开放创新、企业管理创新和城市管理创新等方面。[2]

国内关于现代化、国际化、创新型城市的研究起步较早,但主要在改革开放以来。各地的城市规划、区域规划中,现代化、国际

---

[1] 易斌、于涛、翟国方:《城市国际化水平综合评价体系构建与实证研究》,《经济地理》2013年第33卷第9期。

[2] https://baike.baidu.com/item/%E5%88%9B%E6%96%B0%E5%9E%8B%E5%9F%8E%E5%B8%82/2537596? fr = aladdin.

化、创新型是主要战略目标之一。

2015年底召开的中央城市工作会议明确了打造现代化城市总目标，提出了解决制约城市科学发展深层次问题的具体措施办法，厘清了人们对现代化的认识误区。要认识和顺应城市发展规律，端正城市发展指导思想，明确城市发展空间布局、功能定位、主导产业和特色产业，科学划定城市开发边界，推动城市发展由外延扩张式向内涵提升式转变。改变千城一面的城市建设和发展路径，以特色经济、特色文化、特色生态、特色建筑打造城市独特的空间形态、经济形态和文化形态。

加入世界贸易组织后，中国融入世界的脚步加快，关于城市国际化水平的评价内容日益综合。主要研究有：顾朝林以比较国际性城市实力为目的从经济发展水平、服务业水平、劳动力素质、金融资本国际影响力和国际交流水平构建了指标体系并对18个大城市进行了评估。叶贵勋等构建了涵盖产业经济、人口容量等19大类99项指标的指标体系，对上海与国内的香港、北京，亚洲的东京、大阪、新加坡，欧洲的巴黎、伦敦，北美的纽约进行了比较。蔡旭初建立了9个方面共122个指标的国际城市综合竞争力比较指标体系。杨立勋提出了国际化城市的7个指标。刘玉芳从经济发展、社会进步、基础设施环境等4个方面构建指标体系，用于研究国内城市与国际城市的差距。居启宇从目标性和路径性两个方面构建包括40个指标的指标体系。倪鹏飞等的城市竞争力概念框架和测度指标体系选取5个经济指标对全球116个城市进行评价。也有学者从综合经济发展水平、国际化程度、基础设施条件、科技创新能力、人口发展能力等7个方面选取若干指标构成指标体系对长三角城市进行了国际竞争力驱动因子的分析。

三 深圳学者对国际化城市的研究

深圳学者唐高华认为，城市的现代化是城市体系的现代化，包括经济、文化、社会、教育、行政、基础设施、生态等各个子系统的现代化，具体表现为经济繁荣，管理水平较高，生活和娱乐设施齐全，城市功能完备，具有发达的科技教育、文化卫生等社会事业，城市的建筑和基础设施空间布局合理，生态平衡，有优美、舒适、卫生、文明的城市环境。①

深圳学者彭立勋认为国际化城市有6个特征：一是具有雄厚的经济实力，综合经济社会指标达到或超过世界中等发达国家同类城市水平。二是具有高度聚集的经济职能，汇集一定数量的跨国公司总部和国际金融机构，是国际资本集散中心和国际交往中心。三是具有与国际城市发展相适应的产业结构，有一定规模的工业基础，有发达的第三产业。四是具有四通八达的交通运输。五是联结国际市场和国内市场的纽带，外向型经济在国民经济中占主导地位。六是具有先进发达的教育、科技、卫生和文化艺术事业。②

深圳另一位学者袁晓江认为，国际化城市的主要特征是对外的影响力和扩张力较大，在经济、社会、文化等各个方面都表现出"外向"。具体表现为以下几个方面：一是经济方面，是外向型经济。人均国内生产总值达到2万美元以上；第三产业占70%以上，特别是第三产业中的银行、保险、证券业比较发达；外贸出口总额超过本地国内生产总值，外资占生产经营性投资1/2以上；机场的国际航线占航线总条数的1/2以上；外商直接投资占企业总投资的1/3以上；外国游客占游客总数的1/3以上；国际性会展占会展总数的1/3以上。此外，跨国公司地区总部、世界500强企业的投资、外资银行的数量、外汇交易量等，都应占较大比重。国际化城市是国内的经济、政治、文化、教育等方面的中心，但是，更主要的是世界性的，或世界区域性的中心。深圳目前除外贸出口所占比重较大这一具有国际化城市的特征外，其他方面的分量较小，国际化城市的特征不明显。如2015年在深圳居住的外国人2.6万人，中国香港53万人，新加坡168万人；2015年到深圳旅游的外国人164万人次，中国香港731万人次，新加坡758万人次；深圳机场的国际航线18条，而中国香港、新加坡均超过100条。二是社会方面，有较强的包容性。城市的外国居民占城市人口的10%以上，城市的外

---

① 唐高华：《现代化国际化创新型城市的内涵与建设策略》，《特区实践与理论》2016年第3期。

② 袁晓江：《深圳建设国际化城市研究》，人民出版社2004年版。

国留学生占高等院校学生总数的 10% 以上。有完善、方便的国际交往环境，特别是国际交往的语言障碍较小。城市的国际功能较强，适合开展国际展览、会议等活动。三是文化方面，有创新精神。竞争意识、风险意识、危机意识都比较强，敢于"走出去"，主动迎接世界市场的挑战。少有小富即安、小进则满的小农思想，善于把握机遇，不断进取。①

创新型城市的核心内涵是城市自主创新能力较强，具体表现为：科技创新制度设计较完善，科技投入较大，科技基础条件较好，企业技术创新能力较强，科技创新支撑和引领城市经济社会发展能力较强。② 目前，深圳创新型城市建设具备了资源基础、软环境和创新主体这三个要素。2014 年 12 月，福布斯中文版连续第五年发布中国大陆 25 个最具创新力的城市创新力排行榜，深圳名列第一。同年，中国社科院发布的《城市竞争力报告 2014》蓝皮书，在全国 294 个城市（含香港、澳门、台北）综合经济竞争力排名中，深圳排第二位。2015 年 5 月 15 日，中国社科院发布的《2015 年中国城市竞争力蓝皮书：中国城市竞争力报告》显示，深圳首超香港，跃居第一。③

第二节　创造世界城市奇迹的现代化之路

一　深圳建设现代化国际化创新型城市的战略及演进

1979 年 1 月，宝安县撤销，建立县级市——深圳市。1980 年 8 月 26 日，中央正式批准在深圳设立经济特区，仅仅 2000 字的《广东省经济特区条例》经过一年多的讨论和 13 次修改，终于在五届全国人大第 15 次会议上被批准公布，从此 8 月 26 日这一天成为深圳经济特区的诞生日。一个东起背仔角，西至南头一甲村，东西长 49 公里，北沿梧桐山、羊台山分水岭，南至深圳河，南北宽约 6.5

---

① 袁晓江：《深圳建设国际化城市研究》，人民出版社 2004 年版。
② 胡钰：《创新型城市建设的内涵、经验和途径》，《中国软科学》2007 年第 4 期。
③ http://ex.cssn.cn/skyskl/skyskl_yzfc/201508/t20150805_2107611.shtml.

公里,总面积327.5平方公里的经济特区呈现于世人面前。1979—1989年10年间,深圳与世界30多个国家与地区的客商签订了6890多项协议,实际利用外资27亿美元,大踏步走上改革开放的康庄大道。深圳对内开放与对外开放同步推进,以"内联"为主要形式,先后与中央40多个部门和29个省区市合办了3900家内联企业,实际投入36亿元。1987年以前,主要是内地向深圳单向投资,1987年以后,深圳加大双向投资、外向发展的力度,以产品加工、贸易、科技成果、资金和其他资源为纽带,通过内地、深圳、海外"三点一线"的联合模式,共建出口加工基地,携手走向国际市场,使深圳和内地的出口规模迅速扩大。①

1990年12月15日,市委书记李灏在深圳市第一次党代会上做了题为《继续办好深圳经济特区 努力探索有中国特色的社会主义路子》的报告,提出要当好探索有中国特色的社会主义道路的"排头兵",把深圳建成以工业为主,第三产业比较发达,农业现代化水平较高,科学技术比较先进的综合性经济特区和外向型、多功能的国际性城市,成为经济繁荣、社会全面进步的社会主义窗口。从此,深圳从边陲小镇走向经济特区,从经济特区到建设国际性城市,标志着深圳改革开放道路获得实践上成功,谋划深圳发展从经济一域扩展到城市全局,并且高起点站位,畅想未来国际化城市建设,这是深圳发展定位的一个里程碑。

市委书记厉有为在深圳第二次党代会上提出,要以邓小平同志建设有中国特色社会主义理论和党的基本路线为指导,以"抓住机遇,深化改革,扩大开放,促进发展,保持稳定"的方针总览全局,以增创新优势、提高整体素质为根本,以率先建立社会主义市场经济体制和运行机制、优化经济结构、完善城市功能为重点,以建立区域性金融中心、信息中心、商贸中心为突破口,以加强党的建设和精神文明建设为保证,把深圳初步建设成为社会主义现代化的国际性城市。第一次把现代化与国际性作为城市的定位,既与第一次党代会报告的定位一脉相承,又与时俱进,根据经济社会发展

---

① 《横空出世看深圳》,《人民日报》2008年11月10日。

实际，提出了现代化的新目标。既坚持了第一次党代会确立的国际性城市的目标，又更加细化了金融、信息、商贸三个支点，并且把城市发展的层级进一步提升为现代化。这不仅是追求开放，更要追上先进、超越先进，深圳始终蕴含着一股拼搏争先的精气神。

2000年5月22日，深圳市第三次党代会召开。这次会议的一个显著特点就是提出"率先基本实现社会主义现代化"和"努力建设区域性经济中心城市"。第三次党代会将深圳的城市定位从"国际性城市"改为"区域性经济中心城市"。深圳坚持实事求是，既坚持长远战略，实现现代化，又脚踏实地，逐步建设城市；既突出重点、纲举目张，围绕社会主义现代化的目标谋篇布局，又统筹协调、不落一子，同步发展经济、政治、社会、文化和生态建设。

2003年1月2日，深圳市委召开三届六次全会，明确提出建设国际化城市。深圳发展定位从"国际性城市"变为"国际化城市"，反映了深圳定位的更高追求。深圳市生产总值实现了2000亿元、3000亿元两个台阶的大跨越，地均产值、人均收入水平和外贸出口总额稳居国内大中城市第一，港口集装箱吞吐量稳居全球第四，机场进入全球百强，先后获得了国际花园城市、环境保护"全球500佳"等荣誉。深圳建立经济特区20多年的发展，为下一步更高能级的跃升奠定了坚实的物质基础。

2005年5月17日召开深圳市第四次党代会，提出建设和谐深圳、效益深圳，全面推进国际化城市建设目标。深圳市委要求以更加开阔的视野、更加宏大的气魄，以提升国际竞争力为核心，全方位推进对外对内开放，不断提高对外对内开放的质量和水平。经济上要主动融入国际大循环，管理上要加快实现与国际惯例接轨，基础设施建设上要向国际先进水平看齐，人文环境上要逐步实现国际化。要按照建设国际化城市的要求进一步完善城市功能，不断增强深圳的辐射力。深圳以开放成熟的心态拥抱世界，敢于吸收一切人类社会发展的有益成果，借鉴新加坡、中国香港以及日本、欧美等先进国家和地区的经验，按照国际先进水平，高起点规划、高标准建设、高效能管理，全面提升城市功能。

2010年5月23日，深圳市第五次党代会召开，提出"努力当好科学发展排头兵,加快建设现代化国际化先进城市"。把现代化放在国际化之前,并且在城市前加上了先进,反映了深圳市委对深圳的定位更进一步,不仅要现代化国际化,而且还要在现代化国际化上追求先进。大力推进全方位开放,加快城市国际竞争力的战略性增强,全面统筹国际国内两个大局,更好利用国际国内两个市场两种资源,构建在深港、珠三角、全国和全球四个圈层的开放合作新格局。加快推进国际合作与国际经营,培育参与全球竞争的"国家队"。抓住中国—东盟自由贸易区全面建成的重大机遇,建立多层次、宽领域的经贸合作交流机制,努力形成和发挥深圳在自由贸易区中的枢纽城市作用。加快深圳资本市场国际化步伐,积极争取境外企业在深圳融资上市。大力推动本土企业"走出去",加快培育一批跨国公司和国际知名品牌,增强深圳企业整合利用全球资源的能力。建立完善企业"走出去"的服务支撑体系,制定企业国际竞争战略,使深圳成为中国企业跨国经营最佳前进基地。继续推进深港经济融合,促进深港全方位合作。落实粤港澳打造"世界级新经济区域"的战略部署,力争在共建全球性的物流中心、贸易中心、创新中心和国际文化创意中心方面迈出实质性步伐。依托香港国际金融中心功能,谋划建设"深港金融圈",推动两地在人民币跨境贸易结算、信贷、证券、保险等多领域紧密合作,形成具有更强全球竞争力的金融合作区。加快建设前海深港现代服务业合作区,大力推进落马洲河套地区开发建设,进一步深化深港在教育、文化、卫生和城市管理方面的合作。

深圳市第六次党代会提出,要高举中国特色社会主义伟大旗帜,以邓小平理论、"三个代表"重要思想、科学发展观为指导,深入贯彻落实党的十八大以来中央各项决策部署、习近平总书记系列重要讲话和对深圳工作的重要批示精神,以"四个全面"统领各项工作,按照省第十一次党代会以来各项部署要求,解放思想、真抓实干,勇当"四个全面"排头兵,努力建成现代化国际化创新型城市,为实现"三个定位、两个率先"目标和中华民族伟大复兴中国梦而奋斗。坚持依托内地、服务全国、面向世界,更加善于统筹国际国内"两个大局",成为代表国家参与全球竞争合作的先行区,成为若干领域在亚太乃至全球具有重要影响力的国际化城市。坚持开放创新,提高配置全球创新资源的能力和水平,合力推动深圳市技术、产品、标准、品牌走向国际市场。形成鼓励"大众创业、万众创新"的体制机制和支撑服务体系,办好"国际创客周",努力打造国际创客中心和创业之都。这是第一次在党代会报告中提出"创新型"的城市发展定位。

2012年,开始建设国家自主创新示范区,前海深港现代服务业合作区开发开放取得突破性进展,22条先行先试政策获国务院批复。深交所全年新增上市企业129家,继续位居全球第一,平安、华为、招商银行进入世界500强,大亚湾中微子实验室发现中微子"第三种振荡",入选美国《科学》杂志年度全球十大科学突破,华大基因科学家王俊入选英国《自然》杂志年度全球科学界十大人物,国家超级计算深圳中心投入运行,国家基因库动工建设,第四代移动通信、基因测序、超材料、新能源汽车等技术处于世界前沿,光启研究院专利申请量占全球超材料领域的85%以上,华为、中兴在LTE技术领域的基本专利占全球的1/5,深圳市企业主导或参与制定国际、国家和行业标准416项,其中国际标准137项。创新生态体系更趋完善。出台建设国家自主创新示范区"1+10"文件。全年推广新能源汽车2100辆,累计超过5000辆,继续居全球城市首位。

2013年,深圳荣获全国首个"质量强市示范市"称号,荣获联合国教科文组织"全球全民阅读典范城市"称号。率先建立"宽进严管"的新型商事登记制度,以审判长负责制为代表的司法改革成效显著,相关经验在全国推广。华为公司成为中国首个跻身全球研发支出50强企业。首宗原农村产业用地入市交易,跨境人民币贷款在全国率先"破冰"。

2014年,深圳国家自主创新示范区获国务院批复成立,成为中国首个以城市为基本单元的国家自主创新示范区。率先启动法院工作人员分类管理和法官职业化改革,打响了全面深化改革元年的"当头炮";率先探索建立"人大主导、多方参与"的特区立法新机制,为全国推进科学立法、民主立法作出了新探索;成为国内战略性新兴产业规模最大、集聚性最强的城市，产业总规模近2万亿元。

2015年，建设全国海洋经济科学发展示范市，出台国家自主创新示范区建设实施方案、促进创客发展政策和宽带中国示范市实施方案，成为国家小微企业创业创新基地示范城市，获中国法治政府评估第一名，东西部扶贫协作得到中央领导肯定，全国首推"党建创新指数"。东部湾区（盐田区、大鹏新区）列入第二批国家生态文明先行示范区，实现"志愿者之城"建设目标，荣获首个"全国文明旅游志愿服务示范市"称号。

2016年，创建"标准国际化创新型城市"，主导或参与制定国际标准249项，深圳建设科技、产业创新中心的定位纳入国家"十三五"规划。国家基因库投入运营，成为全球最大的基因库之一。苹果、微软、高通等全球知名科技企业在深设立研发机构。深圳湾创业广场成为全国创新创业的新名片。"深圳蓝"成为亮丽名片，空气优良天数提高至354天，居内地城市最优水平。

2017年，成为全国法治政府建设典范城市，ARM中国总部、空客中国创新中心等80个优质项目落地，出台打造"世界著名花城"三年行动计划。

2018年，获批国家可持续发展议程创新示范区，成为中国最具创新力的城市。深圳获批建设海洋经济发展示范区。出台营商环境改革20条政策措施，出台全国首个关于加快建立多主体供给多渠道保障租购并举的住房供应与保障体系的意见，在全国率先实施重大科技项目评审专家"主审制"，出台科研项目经费管理改革20条。深汕特别合作区正式揭牌。中国（深圳）知识产权保护中心和南方运营中心正式挂牌。荣获"国家森林城市"称号。光明科学城、鹏城实验室、深圳湾实验室等重大创新平台启动建设。

2019年2月，《粤港澳大湾区发展规划纲要》正式向社会公布；2019年8月，《中共中央　国务院关于支持深圳建设中国特色社会主义先行示范区的意见》正式印发。这是深圳继兴办经济特区后迎来的又一重大历史机遇。《粤港澳大湾区发展规划纲要》赋予深圳粤港澳大湾区四大中心城市和区域发展四大核心引擎之一的重大使命。《中共中央　国务院关于支持深圳建设中国特色社会主义先行示范区的意见》明确赋予深圳高质量发展高地、法治城市示范、城市文明典范、民生幸福标杆、可持续发展先锋的五大战略定位,擘画了深圳未来的发展蓝图。

二 深圳建设现代化国际化创新型城市的历史及成就

从小县城到大城市,深圳走出了一条创造世界城市发展历史奇迹的现代化之路。

1979—1992年,深圳在改革开放之始,只是一个小县城,是"省尾国角",仅有"猪仔街""鱼仔街"两条小巷和一条200米长的小街,深圳农民一天收入不过1元,人均GDP只有606元。利用中央赋予的"特殊政策、灵活措施",以"杀出一条血路"的豪迈气魄,在石破天惊的改革开放进程中闯出千余项全国"第一":率先改革基建体制,开创中国内地工程招投标先河;率先推行国有土地使用权有偿转让,敲响新中国土地拍卖第一槌;率先突破固定用工的传统体制,打破"铁饭碗";率先进行国有企业股份制改革,发行新中国第一张股票;等等,为全国体制改革提供了经验和借鉴。伴随着对束缚生产力的生产关系进行调整,对计划体制、价格体制、商业流通体制、财政体制、银行信贷体制、企业管理体制、劳动人事制度、工资制度、基建管理体制、外经外贸体制、外汇管理体制、政府管理机构等全面改革,深圳迸发了前所未有的活力,经济呈现高速发展,到1989年GDP已突破100亿元,达115.66亿元,实现百倍增长。

1992—2012年,深圳建立并完善社会主义市场经济体制。1992年1月18日至2月21日,邓小平同志视察了武昌、深圳、珠海、上海等地,在调研途中发表了一系列重要讲话,对中国改革开放注入了关键的动力,以"三个有利于"为代表的共识成为社会主义市场经济发展的重要评价标准。1992年7月,全国人大常委会授予深圳市人民代表大会及其常委会、市政府制定地方法规和规章的权力,从此深圳充分利用立法权,大胆进行突破性立法,基本建立适应深圳社会主义市场经济体制和城市管理需要的法规框架。1993年11月召开的中国共产党十四届三中全会审议并通过了《中共中央关于建立社会主义市场经济体制若干问题的决定》，为社会主义市场经济体制构建了基本框架。这个时期，随着全国全方位改革开放的推进，特区初期所享有的特殊政策已开始普惠全国，倒逼深圳经济体制从传统的计划经济体制向社会主义市场经济体制转变，经济增长方式从粗放式向集约式转变，特区发展从主要依靠特殊政策向提高整体素质、增创新优势转变。1993年底，深圳出台决议，停止登记注册新的"三来一补"加工业，属于污染环境的，坚决迁走。在经济结构调整的艰难时刻，深圳开始全面转向发展高新技术产业，以电子信息产业为主的高新技术产业和优势传统产业实现了快速发展，加快了产业结构调整和升级，实现了由要素驱动向创新驱动的转变。特别是加入世界贸易组织以来，深圳充分利用毗邻港澳的优势，加速融入全球产业链、贸易链，连续20多年进出口总值保持全国大中城市第一，带动深圳逐渐从制造向研发迈进，占据微笑曲线的高端，促进四大战略性产业蓬勃发展。经过努力，深圳的经济社会发展又上新台阶，在奠基开创时期单项改革的基础上，全面建设和完善各种要素市场，初步建立起由"十大体系"组成的社会主义市场经济体制的基本框架。

党的十八大以来，深圳发展进入新时代，深圳坚持"依托香港、服务内地、面向世界"，以构建开放型经济新体制为重点，高标准建设前海蛇口自由贸易试验片区和深港科技创新合作区等国家级平台。目前前海蛇口片区实现每平方公里产出超100亿元、平均每个工作日开业企业76家、每3天推出1项制度成果，吸引了351家世界500强企业前来投资。深圳深度参与"一带一路"建设，2017年对"一带一路"沿线国家和地区贸易额5756亿元、占全国的1/13。目前，深圳拥有全球第三大集装箱港、亚洲最大陆路口岸、中国五大航空港之一，覆盖20多个国家的国际客运航点44个，成为展示中国改革开放成就的重要窗口、国际社会观察中国改革开放的重要窗口。国外点赞纷至沓来："全球经济特区最成功的要数中国深圳""深圳的快速发展是人类历史上了不起的成就"。进入新时代，率先加大营商环境改革力度，首创"4+2+2+2"住房供应和保障政策，科技供给侧结构性改革、国资国企改革、财政管理体制改革等重点领域改革取得重大突破；"前海模式"累计推出制度创新成果 358 项，其中 133 项全国首创或领先，28 项全国复制推广；一批批诞生于深圳的创新制度走向全国，彰显了体制改革"试验田"的作用。现在的深圳已是生机勃勃的"创新绿洲"，深圳全社会研发投入占 GDP 的比重为 4.13%，接近全球最高的韩国、以色列水平；PCT 国际专利占全国的 43.1%，连续 14 年居全国城市第一位；2019 年高新技术产业增加值占 GDP 比重高达 32.8%。深圳被联合国教科文组织授予"全球全民阅读典范城市"，充满文化魅力。深圳平均每 10 人中就有 1 名志愿者，是全国最安全稳定、最公平公正、法治环境最好的地区之一。深圳拥有近千座公园，率先实现公交车 100% 电动化，PM2.5 年均浓度居全国大型城市最好水平，2020 年将达到欧盟标准……

第三节　建设全球标杆城市

伴随城市能级跃升，从外向型到区域性，从国际化到全球标杆，深圳辐射全球、全球配置的能力不断增强。学习并追赶世界先进城市，是深圳发展的历史使命，是现代化发展的必然要求，是增强发展后劲的内在要求。

一　聚焦高质量发展高地，率先建设体现高质量发展要求的现代化经济体系

《中共中央　国务院关于支持深圳建设中国特色社会主义先行示范区的意见》提出：到 2025 年，深圳经济实力、发展质量跻身全球城市前列，研发投入强度、产业创新能力世界一流，文化软实力大幅提升，公共服务水平和生态环境质量达到国际先进水平，建成现代化国际化创新型城市；到 2035 年，深圳高质量发展成为全国典范，城市综合经济竞争力世界领先，建成具有全球影响力的创新创业创意之都，成为我国建设社会主义现代化强国的城市范例；到 21 世纪中叶，深圳以更加昂扬的姿态屹立于世界先进城市之林，

成为竞争力、创新力、影响力卓著的全球标杆城市。2019 年 5 月，国际管理咨询公司科尔尼发布了一份《全球城市指数报告》，在排名前十的城市中，位居首位的纽约 2017 年的 GDP 9007 亿美元，其后分别为东京 7590 亿美元、洛杉矶 7531 亿美元、伦敦 5535 亿美元、芝加哥 5150.52 亿美元，第十位的新加坡为 2969.66 亿美元。2017 年深圳的 GDP 是 22438.39 亿元，约合 3200 亿美元。但是基于商业活动、人力资本、信息交流、文化体验、政治事务等 6 个维度进行综合排名，而深圳的排名为第 79 位。因此，要成为全球标杆城市，深圳需要补足短板，全面提升国际影响力。

一是深入实施创新驱动发展战略。抢抓"双区建设"的历史机遇，建设国际科技创新中心，完善"基础研究＋技术攻关＋成果产业化＋科技金融"全过程创新生态链，系统布局建设一批高水平的国家重点实验室、科研院所、研发机构、研究型大学，培育世界级先进制造业集群，发挥杠杆效应，综合推行融资担保、创业投资、金融增信、保证担保、小额贷款等方式，吸引和带动社会资金为企业融资，不断为创新创业发展注入金融源头活水，构建"资金链＋产业链＋技术链＋服务链＋生活链"，为不同成长阶段的企业提供科技研发、成果转化、创业孵化、产业化的全要素全链条服务体系。

二是深化社会主义市场经济体制改革。坚持高标准高质量建设前海合作区和前海蛇口自贸片区，以制度创新带动体制改革。着眼充分发挥市场在资源配置中的决定性作用，激活各类要素市场，促进各类要素加快合理流动，以提高全要素生产率为抓手不断提高经济发展质量与效率。同时用好政府的有形之手，主动营造一流营商环境，主动策划简政放权、强区放权等重大改革，不断以上层建筑的改革服务和推动生产力发展。

三是统筹空间经济布局。发挥粤港澳大湾区的核心引擎功能，实现全市域高质量一体化发展，深入实施"东进、西协、南联、北拓、中优"战略，对内辐射区域腹地，拓展全国节点城市布局，加强东南沿海城市、长江经济带的整体联动，立足珠三角辐射全中国。发挥"一带一路"重要节点作用，加强与香港联动发展，对外链接全球城市网络，加快构建与国际接轨的开放型经济新体制，用好国内国际两个市场两种资源，不断增强国际经济合作和竞争能力。

二 聚焦法治城市示范，率先营造彰显公平正义的民主法治环境

《中共中央　国务院关于支持深圳建设中国特色社会主义先行示范区的意见》提出：全面提升法治建设水平，用法治规范政府和市场边界，营造稳定公平透明、可预期的国际一流法治化营商环境。

一是全面提升民主法治建设水平。始终坚持党的领导下，不断推进人民代表大会制度在深圳的理论和实践创新，强化人大代表与人民群众的联系，确保人民群众能够通过人大代表更好行使权力。巩固壮大新时代统一战线，进一步完善大统战工作格局，强化各级党组织主体责任，支持各民主党派深化政治交接。用好用足特区立法权和综合授权改革试点，对现行有效的法规进行梳理，聚焦重点领域，制定或者修订一批需要变通国家法律、行政法规相关规定的特区法规，有序推进批量清单式权力下放承接。完善"审判流程公开""裁判文书公开""执行信息公开"司法公开三大平台，形成以诉讼服务中心为"实体店"，以官方网站、12368热线和微博、微信、手机APP平台为"虚拟店"的全方位立体化司法公开体系。

二是优化政府管理和服务。法治规范政府和市场边界，营造稳定公平透明可预期的国际一流法治化营商环境，加强法治政府建设，完善重大行政决策程序制度，提升政府依法行政能力。加强执法队伍建设，合理配置执法力量，推进综合执法改革，促进严格规范公正文明执法。健全完善重大决策合法性审查机制和稳定风险评估机制，不断提升政府决策法治化水平。提速数字政府建设，通过大数据和云计算打通和整合各类政务数据，建设"i深圳"政务平台，集成政府各领域服务资源，精准推送和简化方便企业和群众办事。依托"互联网"技术构建现代法律服务体系，打造便民利民的深圳法治地图，包括律师事务所551家、法律援助处11个、司法鉴

定机构31家、司法考试处9处、公证机构8家，实现了全市643个社区法律顾问点的导航以及645个社区法律顾问的检索，以及全市司法行政机关91个，其他政法机关220个地址导航和检索，极大地方便深圳市民。精心打造知识产权公园、民法公园等法治文化阵地，以法治文化浸润、熏陶方式，培育市民的法治理念和法治精神。

三是促进社会治理现代化。坚持"以人民为中心"，坚持党建引领基层治理，把基层党组织建设成为宣传党的主张、贯彻党的决定、领导治理实践、团结动员群众、推动改革发展的坚强战斗堡垒。加快新型基础设施建设，加快建设智慧城市，提高社会治理法治化、专业化、智能化水平。调动基层群众的积极性主动性创造性，促进广泛的社会参与，激发社会各阶层和群体的创新活力，为持续发展提供源源不断的社会动力。

三 聚焦城市文明典范，率先塑造展现社会主义文化繁荣兴盛的现代城市文明

《中共中央 国务院关于支持深圳建设中国特色社会主义先行示范区的意见》提出：践行社会主义核心价值观，构建高水平的公共文化服务体系和现代文化产业体系，成为新时代举旗帜、聚民心、育新人、兴文化、展形象的引领者。

一是全面推进城市精神文明建设。进一步弘扬开放多元、兼容并蓄的城市文化和敢闯敢试、敢为人先、埋头苦干的特区精神，践行社会主义核心价值观，争创全国文明城市"六连冠"，建设区域文化中心城市和彰显国家文化软实力的现代文明之城。加快建设博物馆之城、图书馆之城，建设新美术馆、歌剧院、展览馆等重大文化设施。打造"一带一路"国际音乐季、深圳设计周、国际科技影视周、国际摄影大展等对标国际一流的文化活动，涵盖文化艺术、创意设计、科技创新、体育休闲等多个类别，让广大市民充分享受到"月月有主题，全年都精彩"的丰富文化生活。

二是发展更具竞争力的文化产业和旅游业。着力推动"文化+""互联网+"等产业深度融合，建设充满活力的现代文化产

业体系，依靠科技创新、产业创新、模式创新，探索和打造文化和旅游融合的新业态。利用毗邻港澳的区位优势，统筹利用粤港澳大湾区各类会展资源，依托粤港澳大湾区丰富的产业布局和产业层次，带动和促进文创等相关产业的发展。积极开展国际旅游交流与合作，深化与港澳台地区旅游合作，大力发展"旅游+特色小镇""旅游+邮轮游艇""旅游+信息科技""旅游+工业体验""旅游+体育运动"等一系列新业态，加快探索研究简化邮轮、游艇及旅客出入境手续等工作，尽快取得突破。

四 聚焦民生幸福标杆，率先形成共建共治共享共同富裕的民生发展格局

《中共中央 国务院关于支持深圳建设中国特色社会主义先行示范区的意见》提出：构建优质均衡的公共服务体系，建成全覆盖可持续的社会保障体系，实现幼有善育、学有优教、劳有厚得、病有良医、老有颐养、住有宜居、弱有众扶。

一是提升教育医疗事业发展水平。创新管理体制加快发展新型公办幼儿园，全面推进公立幼儿园建设，确保每一个社区至少一家公立幼儿园，全市公办幼儿园在园幼儿占比将达50%。积极落实新建小区配套建设中小学，加快高科技预制学校建设，千方百计扩大中小学学位供给，加快集团化办学，实行名校+普通学校融合发展，强化学校发展的均衡性、普惠性。高质量普及高中阶段教育，规划建设"高中城"，解决高中学位短缺的现实问题。支持深大、南科大等创建"双一流"大学，加快建设中山大学、北理莫斯科、香港中文大学等新型合作办学，提升大学办学水平。扩大优质医疗卫生资源供给，依托优质大学建设医学院，扩大医院医联体建设，加强社康中心优质资源供给，培育和打造一批在国内外享有较高声誉的名医（名科）、名院和名诊所（名医诊疗中心），把深圳建设成为国际医疗中心城市。

二是完善社会保障体系。加强养老服务立法，完善居家社区养老服务体系，建立长期护理保险制度，加快建立多主体供给、多渠道保障、租购并举的住房制度，让所有深圳居民都可以"住有宜居"。充分运用公共政策、社会机制、市场机制来调动各方参与社保体系建设的积极性，以社会保障卡为载体，充分应用互联网、大数据、移动应用等技术手段，逐步实现线上线下服务渠道的有机衔接，实现"一号"申请、"一窗"受理和"一网"通办，为参保单位和参保人员提供全网式、全流程的方便快捷服务，提高社会保险公共服务水平。

五 聚焦可持续发展先锋，率先打造人与自然和谐共生的美丽中国典范

《中共中央 国务院关于支持深圳建设中国特色社会主义先行示范区的意见》提出：牢固树立和践行绿水青山就是金山银山的理念，打造安全高效的生产空间、舒适宜居的生活空间、碧水蓝天的生态空间，在美丽湾区建设中走在前列，为落实联合国2030年可持续发展议程提供中国经验。

一是完善生态文明制度。加大制度体系建设，在生态文明制度的四梁八柱之内加快精装修，完善自然资源产权体系、落实产权主体、调查监测和确权登记、促进自然资源集约开发利用、健全监督管理体系等方面加大改革力度，明确空间发展目标，优化生态保护格局，确定空间发展策略，高标准绘制国土空间开发保护"一张图"，将主体功能区规划、土地利用规划、城乡规划等空间规划融入国土空间规划，真正实现"多规合一"。

二是构建城市绿色发展新格局。决战决胜污染防治攻坚战，全面消除黑臭水体，建立生活垃圾分类投放和分类回收处理的全链条管理体系，加快建设"无废城市"，加快淘汰高污染锅炉、黄标车、老旧车等，推动形成资源节约、环境友好、生态安全的现代产业体系，有效扩大绿色产品消费，倡导形成绿色生活行为。积极建设国家森林城市、公园之城、花园城市、海绵城市，大力实施世界著名花城、森林质量精准提升、绿化景观提升、绿色生态水网、特色主题公园、森林小镇等52项重点工程建设，推动绿色低碳技术、产品、项目与资本的有效对接，构建绿色低碳领域的重要创投平台。

抚今追昔，深圳走过了不平凡的发展之路，尽管这条道路有过曲折，但是市委在中央的支持下，在全国兄弟省市的帮助下，团结带领全市干部群众，解放思想、实事求是，在一张白纸上画出了最美的图画，成为享誉全国乃至全球的新兴城市，用短短40年的时间，走过了西方发达城市几百年走过的道路，创造了世界城市发展史上的奇迹。展望未来，风景这边独好，深圳有中央的坚强领导，有良好城市基础，有现代产业体系，有天下英才奋斗，有毗邻港澳优势，有先进治理能力，一定能够不断跃升城市发展能级，成为影响全球的枢纽城市、标杆城市。

第十一章　建设中国特色社会主义先行示范区

支持深圳建设中国特色社会主义先行示范区，是习近平总书记亲自谋划、亲自部署、亲自推动的重大国家战略。正如深圳市委书记王伟中同志指出，党的十八大以来，每到广东、深圳改革发展的关键节点，习近平总书记都从战略和全局高度为我们领航定位、指明方向。

第一节　总书记两次视察深圳奏出新时代最强音

2012年，习近平总书记在党的十八大之后离京视察第一站就来到了广东、来到了深圳，在领全国风气之先的特区郑重指出，改革不停顿，开放不止步！总书记对广东提出"三个定位、两个率先"的殷切期望，要求深圳"充分发挥特区人敢为天下先的精神，敢于'做第一个吃螃蟹的人'"。

2015年，习近平总书记对深圳工作作出重要批示，首次赋予深圳在"四个全面"上创造新业绩的光荣使命。

2018年3月，习近平总书记参加全国两会广东代表团审议时，嘱咐广东实现"四个走在全国前列"、当好"两个重要窗口"，强调"深圳高新技术产业发展成为全国的一面旗帜，要发挥示范带动作用"。

2018年10月，习近平总书记第二次亲临广东、深圳视察并发表重要讲话，对广东提出四个方面重要要求，赋予深圳"朝着建设中国特色社会主义先行示范区的方向前行，努力创建社会主义现代化强国的城市范例"的崇高使命。总书记开宗明义地说："再一次来到深圳，再次来到广东，我们就是要在这里向世界宣示：中国改革开放永不停步！下一个40年的中国，定当有让世界刮目相看的新成就！"2018年12月，习近平总书记对深圳工作作出重要批示，再次明确这一伟大使命。

2019年7月，习近平总书记亲自主持召开中央全面深化改革委员会第九次会议，审议通过《关于支持深圳建设中国特色社会主义先行示范区的意见》；① 同年8月，党中央、国务院下发文件实施。这是"中国特色社会主义又一伟大实践的时代性开启，是广东、深圳发展进程中具有重要里程碑意义的大事，是继兴办经济特区后深圳迎来的又一重大历史性机遇，必将对广东、深圳改革发展产生极为重大而深远的影响"。

总书记第二次深圳之行的其中一个视察点是莲花山脚下的深圳改革开放展览馆，参观"大潮起珠江——广东改革开放40周年展览"，在此停留了一个多小时。1981年底，一块写着"时间就是金钱，效率就是生命"的巨型标语牌矗立在了蛇口工业区，这句标语从诞生之日就引发了广泛争议。1984年，小平同志视察深圳时，对"时间就是金钱，效率就是生命"做出了肯定；1984年的国庆游行中，"时间就是金钱，效率就是生命"写在了这辆反映蛇口工业区建设成就的彩车上。这一口号通过电视荧屏，传遍神州大地。2010年，深圳经济特区成立30周年之际，深圳发起了"深圳十大观念"的评选，排名第一的就是"时间就是金钱，效率就是生命"。

如果说"时间就是金钱，效率就是生命"这样的时代强音代表了40年前深圳改革开放开启之日的起点，那么，总书记视察40周年展览馆时指出，"40年来，中国发展成就令世界刮目相看……即便我们存在这样那样的一些困难和问题，也要在继续走下去中加以解决、加以克服"。这振聋发聩的声音鼓舞我们新时代要坚定沿着

---

① 《中共中央 国务院关于支持深圳建设中国特色社会主义先行示范区的意见》，2019年12月1日，中华人民共和国中央政府网站（http：//www.gov.cn/zhengce/2019-08/18/content_ 5422183. htm）。

改革开放之路走下去，同时要向更深更广的领域不断开拓，不断提高水平。

第二节 掀起新时代改革大幕

一 具有承上启下重要意义的党代会

2015年5月，深圳市第六次党代会召开，此次会议是进入新时代后深圳的首次党代会，会议全面总结了深圳过去五年的成绩，也为未来深圳的发展确定了航向。这次会议贯彻落实总书记第一次视察深圳讲话的精神，将"改革"作为主旋律：党代会报告开宗明义指出："深圳过去五年面临一些问题和挑战，首要体现就是，全面深化改革进入攻坚期和深水区，突破思想观念的禁锢和利益固化的藩篱难度加大。面对新的改革任务，一些党员干部守成思想严重，被盛名所累，被赞歌所惑，被利益所困，改革攻坚锐气弱化，缺乏问题导向，还存在为官不为的庸政懒政现象。"[1]

党代会报告对创新驱动做了重要阐述，结合贯彻落实中央于2015年5月出台的《关于深化体制机制改革　加快实施创新驱动发展战略的若干意见》（"中央8号文"）[2]，报告瞄准"创新型城市"和"一流科技创新中心"的建设目标，从营造市场环境、完善创新体系、加强金融服务等多个层面作出了工作安排，并提出"高质量建设国家知识产权示范市""打造创投之都、国际创客中心和创业之都"等多项具体举措，力求为创新驱动发展注入新的内涵，把"深圳创新、深圳创造、深圳创业"的品牌擦得更亮。在扩大开放方面，报告紧扣国家"一带一路"和自贸区建设的重大战略部署工作，提出打造"一带一路"战略枢纽和中国自贸区建设的新标杆，继续发挥深圳经济特区的引领示范作用。报告特别关注前海深港现

---

[1] 深圳市第六次党代会报告：《解放思想、真抓实干，勇当"四个全面"排头兵，努力建成现代化国际化创新型城市》。

[2] 《中共中央、国务院印发〈关于深化体制机制改革　加快实施创新驱动发展战略的若干意见〉》，2015年5月25日。

代服务业合作区是当时国务院批复的唯一的"中国特色社会主义法治示范区",要发挥这一优势,借鉴香港、面向国际,着力推进执法司法、国际仲裁、涉外法律服务等法治创新,力争率先营造国际化、市场化、法治化的营商环境。

二 "改革"成为关键词

改革是党代会核心内容之一。深圳打造国际化创新型城市离不开改革;建成更高质量的民生幸福城市,同样也离不开改革。深圳必须更加深化改革力度,要以前所未有的勇气、激情、担当,推动改革更加深入进行。改革就是要拿出涉及急难险重的问题马上就办的勇气和担当。在深圳市政协六届一次会议大会发言上,市政协委员李毅用照片"举证"深圳湾的淤积污染问题,引起社会共鸣。时任市委领导马上表态,治理深圳湾污染、修复深圳湾环境是深圳市委、市政府实施的重大战略,经过下大力气整治,整体效果是不错的,但仍有污水在流,一定要下功夫去解决和完善。

与此同时,面对外界对深圳改革40年的普遍赞誉,市主要领导反复强调,目前深圳整体处于"高位过坎、稳中求进"的过程,要牢记"木桶原理"警示,既善于补齐短板,更注重加固底板,坚持底线思维,从最坏处着眼,做最充分的准备,朝好的方向努力,争取最好的结果。要求深圳"戒骄戒躁",要有长远格局和目标。

例如,市委书记王伟中同志上任后的几个考察点正是瞄准深圳短板,精准发力。一方面,调研华为、腾讯、中兴,出席市政府与华为公司签约仪式,双方将在云计算、大数据、物联网等新一代信息通信技术研发应用和智慧城市建设等方面加强合作,推动新一代信息技术与制造业深度融合发展;深圳华为掌舵人任正非马上表态,华为总部永远不搬离深圳。另一方面,提出深圳经济发展目前面临着四大隐忧,其中排在第一的就是国家布局的行业性大院大所少、高等院校少、重大基础研究平台少,原始创新能力不足,导致深圳在一些领域核心技术受制于人,并对此多次会见诺奖得主,主动邀请他们在深建立实验室,充分表达了加强深圳基础创新短板的决心。

也正是因为有这样烽火相传的一代代深圳创业者，才会有今天的深圳。深圳市第六次党代会是承前启后的一次大会，它总结了深圳发展的成就，不避开问题，不割裂历史。第六次党代会直指的五大问题，就包括利益固化，改革攻坚锐气弱化，还有保持高速增长难度增大，司法效率不高、公信力不强的问题等。这也是很多城市发展壮大后所必然遇到的，随着利益格局的形成带来的深层次机制体制问题及干部的问题。解决问题的路径仍是两条主线：一是继续通过经济转型，保持经济的快速发展；二是继续深化改革，通过体制和机制建设解决党员干部存在的诸多问题，扫清一切发展的障碍。也正是在这样周而复始出现问题、解决问题的周期中，深圳一次次脱离旧有的发展轨道驶入另一个快车道。

第三节 打造国家可持续发展议程创新示范区

一 着力破解"大城市病"

国家可持续发展议程创新示范区是为了破解新时代社会主要矛盾、落实新时代发展任务作出示范并发挥带动作用，为全球可持续发展提供中国经验而作出的重要决策部署。2018年2月，中国政府网发布《国务院关于同意深圳市建设国家可持续发展议程创新示范区的批复》（以下简称《批复》），同意深圳市等三座城市建设首批国家可持续发展议程创新示范区，深圳的重点是"创新引领超大型城市可持续发展"。《批复》指出，深圳市建设国家可持续发展议程创新示范区，要紧紧围绕联合国2030年可持续发展议程和《中国落实2030年可持续发展议程国别方案》，按照《中国落实2030年可持续发展议程创新示范区建设方案》要求，重点针对资源环境承载力和社会治理支撑力相对不足等问题，统筹各类创新资源，深化体制机制改革，探索适用技术路线和系统解决方案，形成可操作、可复制、可推广的有效模式，对超大型城市可持续发展发挥示范效应,为落实2030年可持续发展议程提供实践经验。[①]

改革开放40年,深圳创造了世界城市化、工业化、现代化发展史上的奇迹,也遇到交通拥堵、环境污染、看病难、上学难等"大城市病"的发展型问题。建设国家可持续发展议程创新示范区是中国作为一个负责任发展大国,落实联合国《2030年可持续发展议程》、参与全球治理的务实行动。深圳作为国家可持续发展议程创新示范区,吹响为全国可持续发展率先探路的号角。深圳市提出2017年至2030年可持续发展的总体部署,以增进民生福祉为出发点,以实施创新驱动发展战略为主线,以破解"大城市病"为着力点,将深圳打造成为中国向世界展示可持续发展成功实践的典范,为新时期深圳进一步增强全球影响力和辐射力提供了历史性机遇。

二 可持续发展标准

事实上,早在2017年,深圳就已经发布《深圳市国家可持续发展议程创新示范建设方案(2017—2020年)》,依托《深圳市可持续发展规划(2017—2030年)》,力争建成全球可持续发展创新城市。规划也提出较为具体的"深圳可持续发展规划主要指标体系",(见表11-1)。

深圳可持续发展规划分为近期、中期和远期三个阶段,时间节点分别定在了2020年、2025年和2030年。"到2020年,深圳要建成国家可持续发展议程创新示范区,率先形成绿色发展方式和生活方式;到2025年,深圳成为可持续发展国际先进城市;到2030年,成为可持续发展的全球创新城市,可持续发展国际一流水平,形成一系列可以向全球推广复制的可持续发展经验,努力为我国落实联合国2030年可持续发展议程做出卓越贡献。"[②] 规划也确立了5大重点任务,推动深圳打造具有国际影响力的科技产业创新中心,

---

① 《国务院关于同意深圳市建设国家可持续发展议程创新示范区的批复》(国函〔2018〕32号)(2018年2月24日),2019年11月20日,http://www.gov.cn/zhengce/content/2018-02/24/content_5268412.htm。

② 《深圳市可持续发展规划(2017—2030年)》,2019年11月5日,深圳政府在线(http://www.sz.gov.cn/zfgb/2018/gb1052/201805/t20180528_12002951.htm)。

加快建成现代化国际化创新型城市,成为中国向世界展示可持续发展成功实践的典范,"打造成为创新活力之城、绿色低碳之城、智慧便捷之城、普惠发展之城、开放共享之城"。①

表 11-1　　　　　　深圳可持续发展指标体系

类别	序号	指标名称	2016 年	2020 年	2025 年	2030 年	指标属性
创新驱动	1	全社会研发支出占 GDP 比重(%)	4.10	4.25	4.50	4.80	预期性
	2	每万人发明专利拥有量(件)	80.1	84.0	85.0	92.0	预期性
	3	PCT 专利申请量(万件)	1.96	2.30	2.50	3.00	预期性
	4	每万名就业人数中研发人员数量(人年)	185	190	200	210	预期性
	5	科技进步贡献率(%)	60.7	62.0	63.0	64.0	预期性
经济发展	6	人均地区生产总值(万元)	16.86	17.60	18.50	20.00	预期性
	7	新兴产业增加值占 GDP 比重(%)	40.3	42.0	42.5	43.0	预期性
	8	第三产业增加值占 GDP 比重(%)	60.5	60.0	61.0	62.0	预期性
	9	先进制造业增加值占规模以上工业增加值比重(%)	69	72	76	80	预期性
	10	居民人均可支配收入(万元)	4.87	6.00	8.00	10.00	预期性
社会发展	11	新增劳动力平均受教育年限(年)	14.0	≥14.5	≥14.7	≥15.0	预期性
	12	继续教育年参与率(%)	70	≥80	≥85	≥90	预期性
	13	居民人均预期寿命(岁)	80.88	≥81.70	≥82.71	≥83.73	预期性

---

① 《深圳市可持续发展规划(2017—2030 年)》,2019 年 11 月 5 日,深圳政府在线(http://www.sz.gov.cn/zfgb/2018/gb1052/201805/t20180528_12002951.htm)。

续表

类别	序号	指标名称	2016年	2020年	2025年	2030年	指标属性
社会发展	14	重大慢性病过早死亡率（%）	5.30	4.77	4.50	4.24	预期性
	15	重点癌症早诊率（%）	35	55	60	65	预期性
	16	每万人全科医生人数（人）	2.03	3.20	3.50	4.00	预期性
	17	公共文化设施总面积（万平方米）	264	300	330	360	预期性
	18	注册志愿者总人数（万人）	130	180	200	230	预期性
	19	高峰期间公共交通占机动化出行分担率（%）	56.5	65.0	70.0	75.0	预期性
	20	光纤入户率（%）	80	90	97	99	预期性
	21	亿元GDP生产安全事故死亡率累计下降（%）	20.78	40.00	65.00	75.00	约束性
	22	重点品种食品监测合格率（%）	94	96	97	98	约束性
	23	万人八类刑事案件立案数（宗）	3.6	≤3.5	≤3.3	≤3.2	预期性
环境提升	24	万元GDP水耗（立方米）	10.22	10.00	7.18	5.56	约束性
	25	细颗粒物（PM2.5）年均浓度（微克/立方米）	27	25	20	15	预期性
	26	臭氧（O_3）日最大8小时平均浓度限值（微克/立方米）	135	135	130	120	预期性
	27	城市污水集中处理率（%）	91.5	95.5	97.0	98.0	预期性
	28	再生水利用率（%）	75	90	90	90	预期性
	29	生活垃圾资源化利用率（%）	55	80	85	90	预期性
	30	建成区绿化覆盖率（%）	45.1	45.1	45.3	45.5	预期性

资料来源：《深圳市人民政府关于印发深圳市可持续发展规划（2017—2030年）及相关方案的通知》。本表中亿元GDP生产安全事故死亡率累计下降指标以2015年的数据为基准年；本表中2016年第三产业增加值占GDP比重（%）数值未包含深汕特别合作区，而2020年、2025年、2030年数值包含深汕特别合作区。

三 聚焦重点践行五大任务

深圳全方位发力。近年来，践行"绿水青山就是金山银山"，努力实现天蓝地绿水清，打造美丽中国典范。以深圳河的治理为例，过去，由于流经地区人口、建筑较密集，深圳河早前没有得到系统治理，污染问题严重。深圳市借助市区治水提质指挥部，通过河道综合整治、正本清源及雨污分流建设，对黑臭水体、入河排污口、内涝点治理进行挂牌督办和社会公示。深圳市治水提质指挥部成立的下沉督办协调组，建立起"厂、站、网"一体化全要素治水新模式，改变多头管理格局，形成治理合力。2018年，深圳河全流域实施治水骨干工程，曾污染严重的深圳河湾水质取得突破性改善。2019年1—6月，观澜河、坪山河持续达到地表水Ⅳ类，深圳河旱季稳定达到地表水Ⅳ类，茅洲河氨氮、总磷同比改善50%，深圳在全国地表水考核断面水质变化时排名全国第十。如今，深圳生态湿地、人与候鸟和谐相处，优越的生态环境正成为深圳的又一软实力。而为落实绿色发展理念，深圳已率先构建起相对完善的生态文明制度体系，为全国生态文明体制改革破题探路。在生态文明顶层设计方面，深圳树立了"生态立市""环境优先"理念，作为城市总体规划的指导思想；深圳还建立了直接对党政领导一把手考核的环保实绩考核工作机制；自2013年起，环保实绩考核又全面升级为生态文明建设考核，并顺利对全市10个区（新区）、16个市直部门和12个重点企业开展年度生态文明建设考核。这在全国颇具开拓性和创新性，形成独具特色的"深圳路径"。

可持续发展议程创新示范区的核心要义是以科技创新为核心。深圳在建设过程中抢抓新一轮科技革命和产业变革历史机遇，形成以创新为主要支撑和引领的经济体系和发展模式。[①] 科技创新还是

[①] 2018年，深圳新增国家高新技术企业超过3100家，累计超过1.44万家，R&D占GDP比重达4.2%。主要知识产权数量持续提高，PCT国际专利申请继续居全国城市首位，专利授权量增长40%。深圳还获得科技进步一等奖等国家科技奖16项、中国专利金奖4项。全年新引进人才28.5万人，新增全职院士12名。光明科学城、鹏城实验室、深圳湾实验室等重大创新平台启动建设，新增各类创新载体189家。

深圳社会治理现代化的重要支撑。中国社科院信息化研究中心发布《第八届（2018）中国智慧城市发展水平评估报告》，深圳智慧城市发展水平达76.3，位居全国第一。

第四节　打造创新创业热土和最佳营商环境之都

一　营商环境优势显著

近年来，深圳不断强化营商环境改革，通过制度创新优化市场和投资环境，使得这座城市成为"来了就不想走、走了还想再来"的创新创业热土。2018年12月3日，粤港澳大湾区研究院发布《2018年中国城市营商环境评价报告》，对全国直辖市、副省级城市、省会城市共35个大中城市的营商环境进行评价，从软环境、基础设施、商务成本、市场环境、社会服务、生态环境6个指标进行测算，深圳超越上海、广州和北京，位居第一。根据评估结果，深圳软环境成绩卓然：常住人口增速达到4.59%，位居全国第一；市场主体数达到306.1万个，是全国唯一超过300万个的城市；深圳创业密度保持全国第一；每千人注册市场主体、新增市场主体数均为全国第一。

与此同时，中央广播电视总台也于2018年底编撰发布《中国城市营商环境报告2018》，深圳同时在多个其他分项评价中进入前十。报告按照国际可比、对标世行、中国特色原则，重点围绕与市场主体密切相关的开办企业、办理许可、获得信贷、共享资源、纳税、合法权益保障、知识产权保护等方面来制定相关评价体系。报告指出，北京、上海、广州、深圳四座一线城市营商环境总体水平居前，在综合排行榜中分别占据前四位。在七个分维度评价榜单中，北京、上海、广州各有6项评价进入前十，深圳有5项评价进入前十。

二　多措并举打造营商环境

如此骄人的成就是深圳政府多年来致力于营造市场化、法治化、国际化营商环境的直接结果。强有力的营商政策，给城市发展注入了无限活力。正如英国《经济学人》指出：改革开放近40年，中国最引人注目的实践是经济特区。全世界超过4000个经济特区，头号成功典范莫过于"深圳奇迹"。

一是制度先行。近年来，深圳市一直致力于打造更优的营商环境，2018年深圳出台1号文件，主旨是进一步加大营商环境改革力度。其后，为了进一步落实这个文件，出台48项工作方案，114个配套文件，涉及126个政策点。主要包括六个方面：更加开放的贸易和投资环境、综合成本更加适应的产业发展环境，还有人才发展环境、政务环境、绿色发展环境、法治环境，目标是构建一个稳定公平透明、可预期的国际一流营商环境。一方面，新的营商环境举措积极对接国际通行规则，指标体系参照世界银行的营商环境指标体系；主要规则对标新加坡和香港；在若干个关键领域有重大突破，如建立覆盖全社会的征信系统，加大失信惩戒力度，大大提高失信成本，从源头上改善了营商环境。构建新产品地方标准认证体系，从被动适应规则转而成为规则的制定者。另一方面，突出"服务企业"的导向，通过长达五个月的调研后才出台文件，因此聚焦的内容都是用地用房难、经营成本高、产权保护力度不够等长期困扰企业的痛点。聚焦民营经济发展痛点、难点，深圳还出台了《关于以更大力度支持民营经济发展的若干措施》，推出"四个千亿计划"，出台《深圳市工商业用电降成本暂行办法》，切实降低企业用电成本。

习近平总书记高度重视广东的营商环境，曾多次指出"北上广深要加大营商环境的改革力度"。2018年11月，习近平总书记在民营企业座谈会上讲话，强调支持民营经济发展。深圳认真贯彻落实中央精神，从顶层设计的高度，从服务民营企业出发，通过一系列配套举措形成"组合拳"，针对民营经济发展困难、上市公司股权质押风险、中小企业融资难等突出问题，迅速出台了支持民营经济发展"四个千亿计划"、促进上市公司稳健发展、支持中小企业金融服务、降低工商业电价等四大政策措施，在全国率先设立150亿元的政策性纾困资金，组建30亿元的政策性融资担保基金，设立

50亿元的银行信用贷款风险补偿资金池，为企业减负超过1500亿元。2019年10月31日，由深圳市政府提请深圳市六届人大常委会第三十六次会议第二次全体会议表决通过，确定11月1日为深圳"企业家日"。从此深圳企业家有了自己的节日。设立"企业家日"是为了能更好表彰企业家和企业对深圳经济发展做出的贡献，也是贯彻落实习近平总书记重要讲话精神的具体举措，提高企业家的发展信心。深圳率先设立"企业家日"，吹响了新时代建设中国特色社会主义先行示范区，开局就是决战，勇做改革开放的排头尖兵，对标国际最先进、最发达城市努力奋斗的号角。①"企业家日"的设立，从氛围上有效营造了全社会尊重、理解、支持企业家的良好氛围，充分保护其财产权、经营权、创新权等合法权益。通过表彰，让企业家精神得到更好的弘扬，增强他们的荣誉感、自豪感和社会责任感，从而进一步营造尊重企业家的浓厚氛围。下一步，深圳将深入落实营商环境改革"20条"，持续深化企业开办、工程建设项目审批制度、税费缴纳、市场监管、跨境贸易等领域改革，努力建设国际一流营商环境改革创新试验区，打造全球创新创业和投资发展的最佳首选地。

二是大力度保护知识产权。据相关调查显示，外商外企最为关注的营商环境要素之一是对创新企业知识产权的保护。深圳对于知识产权的保护是采取多种政策"组合拳"，营造一个综合性的惩戒与保护相结合的"网络"。一方面，大力支持创新创造。开设深圳商标受理窗口；完善知识产权质押融资机制，设立风险补偿基金；在全国首推专利侵权损失险，运用市场机制破解知识产权案件维权难、成本高的问题。鼓励加大知识产权运用。建成中国知识产权运营中心，承担国家知识产权金融创新、高价值专利培育运营等重要任务，构建知识产权运营生态圈。探索发明专利所有权、运营权和收益权"三权分置、托管运营、收益分享"的知识产权运营新模式。下一步，还将探索建立世界知识产权组织技术创新支持中心，不断健全海外知识产权维权援助机制和服务体系，加强知识产权国

---

① 《"企业家日"诞生记——深圳市政协助力民营经济发展》，《人民政协报》2019年11月2日。

际布局和海外维权援助。另一方面，法治化手段维护知识产权，保护创新创造。知识产权案件由于其复杂性和专业性往往存在举证难、耗时长、诉讼成本高昂、诉讼可预测性较弱等特点。据此，深圳构建了知识产权快速受理、授权、确权和维权的服务体系，建设国家知识产权示范城市。实施最严格的知识产权保护。创新知识产权立法，制定特区知识产权保护条例，探索实施惩罚性赔偿制度，在建立合规性承诺制度、设立行政执法技术调查官等方面进行制度创新。为进一步将立法精神落地，深圳将条例的相关规定进行任务分解，落实到责任部门和责任人，并督促贯彻执行。严格知识产权执法，完善知识产权信用监管体系。公正知识产权司法，设立最高人民法院知识产权法庭，大大加强了案件审理的效率和专业性。

三是打造诚实守信商业氛围。深圳市作为国内较早开展社会信用体系建设的城市，按照"政府推动、社会参与、共建共享、注重实效"的原则，十几年来致力于打造诚实信用社会体系，产生了众多实效。早在2001年，深圳就领先全国，率先出台了《深圳市个人信用征信及信用评级管理办法》和《深圳市企业信用征信和评估管理办法》，初步规范了个人与企业信用信息的征集和使用、征信评估机构的运作和监管等活动。2012年，深圳市以信用建设为核心出台了《深圳市社会信用体系建设工作方案》《深圳市社会信用体系建设规划（2013—2020年）》等一系列制度文件，明确了信用体系建设的总体思路、发展方向、基本原则、组织架构等，初步形成了较为完善的工作体系；2016年，深圳市获批成为全国创建社会信用体系建设示范城市的试点市之一。为部署落实各领域、各行业信用信息的征集、管理及应用，深圳各相关部门根据自身的监管需求，围绕税务、食品药品安全、环境保护、安全生产、政府采购、招投标、网络交易、房地产、工程建设、社保医疗、司法等与人民群众日常生活和切身利益密切相关的重点领域，出台了一系列信用建设专项制度文件，并重点针对税务、市场监管、进出口管理等关键领域签署了一批联合奖惩的合作备忘录，形成了系统性、全方位的信用制度体系。可见，深圳的社会信用体系建设伊始就已经体现出"顶层设计、制度引领"的鲜明特色。

近两年，深圳不断完善社会信用体系，建立以信用监管为核心的市场监管体系，改变过去碎片化的信用管理体系，建立失信联合惩戒机制，对企业进行信用画像，建设覆盖全社会统一的公共信用信息管理系统，推动信用监管从企业"穿透"到个人，以信息技术推动智慧监管。目前深圳的公共信用信息管理系统覆盖企业、个人、事业单位、社会组织四大主体，集成信用动态、红黑名单、双公示异议处理、信用承诺等面向社会查询的功能，共归集入库商事主体信息6.5亿项，归集人口数据13.2亿条。同时，深圳构建了"法人+自然人"信用综合评价体系，建立企业违规与个人信用相关联的机制，强化对法人、股东等硬约束。并运用大数据建立企业信用合规度评价模型，搭建企业信用风险分类及预警平台，开展企业"信用画像"评级，累计完成305万家商事主体的信用画像评级，并将结果成功应用于全市企业年报抽查等事中事后监管，大幅提升了监管效率。

三 营造市场主体更满意的优质营商环境

一座城市的营商环境好不好，市场主体的选择是最好证明。40年来，深圳多措并举打造营商环境，成为大量企业心向往之的创新创业之城。近年来，大量企业迁入深圳，其中不乏恒大、ARM（中国）、顺丰控股等重量级企业；同时，也有很多迁入企业正是迫于成本压力而迁出深圳后又回迁的企业。企业迁移情况一直被视作反映一座城市营商环境的"晴雨表"。深圳良好营商环境，本质上反映了政府从几十年的改革实践中业已找到与市场、企业的相处模式和关系定位，建立起良性的政商关系，即"忽远忽近""若即若离"。不需要政府的时候，感觉不到政府的存在；需要政府的时候，政府就在身边。而且以优质的营商环境有效对冲了房价、人力成本等劣势，吸引更多企业来深发展。改革开放以来，深圳之所以在每一个重要的时代节点，都能够敏锐捕捉到时代趋势、把握时代机遇、突破时代桎梏，成功穿越一个个经济发展周期，持续焕发新的生命力，离不开深圳市委、市政府的改革魄力与不懈奋斗，更离不开一个良性的政商关系。

第五节 从单科冠军到十项全能

一 先行示范区是对深圳改革的二次赋能

2019年8月,《中共中央 国务院关于支持深圳建设中国特色社会主义先行示范区的意见》(以下简称《意见》)正式发布,这意义深远的政策"大礼包",指出了支持深圳建设先行示范区的"三个有利于",赋予了深圳五大战略定位,提出三个阶段的发展目标,寄望深圳做到"五个方面的率先",这是新时代党中央国务院赋予深圳的全新任务,任务表已经明确,路线图和阶段目标已经绘就。"中国特色社会主义先行示范区"的定位,是新时期深圳的全新使命:不仅仅是体现经济高质量发展和深圳固有的创新优势,而且是聚焦"高质量发展高地、法治城市示范、城市文明典范、民生幸福标杆、可持续发展先锋"五大发展目标,即从过去追逐增长优势转化为向经济、法律、社会、文化和生态等全方位发展。根据《意见》,深圳要做到"五个率先",即"率先建设体现高质量发展要求的现代化经济体系、率先营造彰显公平正义的民主法治环境、率先塑造展现社会主义文化繁荣兴盛的现代城市文明、率先形成共建共治共享共同富裕的民生发展格局、率先打造人与自然和谐共生的美丽中国典范"[①]。深圳未来要在践行新发展理念上做出表率,深圳40年的多领域发展已经积累了大量制度优势。

二 建成创新引领的全球城市

习近平总书记指出,创新是从根本上打开增长之锁的钥匙。创新是高质量发展的第一动力。在中国,实现更高质量、更有效率、更可持续的发展,也是新时代的战略选择。深圳的高科技创新是全国的一面旗帜。然而,深圳的科学创新与同是大湾区的城市香港相

---

① 《中共中央 国务院关于支持深圳建设中国特色社会主义先行示范区的意见》,2019年12月1日,中华人民共和国中央政府网站(http://www.gov.cn/zhengce/2019-08/18/content_ 5422183. htm)。

较，还有很大差距。澳大利亚智库 2thinknow 从 2007 年起发布《全球创新城市指数》报告。最新发布的《2016—2017 全球创新城市指数》将全球 500 个被评价城市分为四类，依次是支配型城市、枢纽型城市、节点型城市、新晋型城市。深圳排名 69 位，属枢纽型城市，第一档共 53 个支配型城市，伦敦、纽约、东京、旧金山-圣何塞（硅谷）、波士顿列前 5 位，新加坡为第 7 位、首尔为第 11 位、北京为第 30 位、上海为第 32 位、香港为第 35 位。从 2thinknow 历年榜单看，深圳的排名经历了从低位到迅速提升的过程。2009 年深圳的排名靠后，只列为新晋型城市；2010 年上升为节点型创新城市，全球未进 100 名，亚洲排名第 20 位；2011 年上升为枢纽型创新城市，进入全球 100 名，亚洲第 16 位；2012—2013 年度全球排名上升到第 71 位，亚洲第 12 位；2014 年、2015 年排名稍有下降，2016—2017 年又上升到全球 69 位，亚洲第 11 位。①

《意见》明确规定，深圳未来将有三大阶段性目标，即到 2025 年要建成现代化国际化创新型城市；2035 年建成高质量发展典范和现代化强国范例，以及综合经济实力世界领先、全球创新创业创意之都；到 21 世纪中叶，以更加昂扬的姿态，屹立于世界先进城市之林，成为竞争力、创新力、影响力卓著的全球标杆城市。单看第三阶段的发展目标，就直接开宗明义指出未来深圳的宏伟目标，即在国际上最重要与首屈一指的全球城市纽约、伦敦、东京等强支配型城市对标，这是非常大的挑战。

同时，《意见》指出，中央将支持深圳建设 5G、人工智能等重大创新载体。以深圳为主阵地建设综合性国家科学中心，在粤港澳大湾区国际科技创新中心建设中发挥关键作用。支持深圳建设 5G、人工智能、网络空间科学与技术、生命信息与生物医药实验室等重大创新载体，探索建设国际科技信息中心和全新机制的医学科学院。支持深圳建设一系列"国字头""中字头"创新载体，就是为了打破过往深圳在创新中一头大、一头小的不平衡现状，在基础研发等核心创新领域起到率先发力和引领作用。以深圳为主阵地建设

---

① 转引自深圳社会科学院经济研究所课题组撰写的调研报告《国际化创新型城市发展一般规律研究》，执笔人董晓远、廖明中、吴燕妮等。

综合性国家科学中心，则是要结合当前粤港澳大湾区科技创新的热点和痛点问题。例如，深港科技创新深度融合过程中，如何打破现有体制机制障碍，让科技创新中的各个要素能够有效配置和自由流动。从这个视角看，中央支持深圳建设中国特色社会主义先行示范区，并非要独立于大湾区另搞一套，而是要在粤港澳大湾区建设框架背景下进一步深化完善任务目标。

三 以更大力度的金融监管创新推动金融市场规范发展

《意见》要求深圳不断完善现代化经济体系，并指出"助推粤港澳大湾区建设，以制度创新为核心，不断提升对港澳开放水平"，"要在推进人民币国际化中先行先试，探索创新跨境金融监管机制"。这充分表明：金融业是未来深圳建立高质量的现代化经济体系不可或缺的支撑，随着粤港澳大湾区战略的深入实施，内地金融市场不断开放，与境外金融合作不断深化，完善跨境金融监管机制、防范跨境金融风险就成了十分重要的问题。从世界范围内看，金融危机后境外发达市场的金融监管已经开始由不干预或少干预的"轻触式"转向更加严格的宏观审慎监管和微观行为监管。深圳已逐步建立起以深圳证券交易所为核心的多元化资本市场体系，为创新企业提供多渠道融资途径，同时也为深圳实体经济的发展提供重要支撑。

下一步，深圳应按照《意见》要求不断完善本地金融监管，探索建立跨境协调机制，率先建设体现高质量发展要求的现代化经济体系。提高深圳金融监管体系层级，争取设立中央金融监管机构深圳总部，大幅提高深圳金融监管层级和金融政策的自主性。促进科技监管结合，在深圳金融业和互联网高度发达的基础上，依托大数据、人工智能、区块链、云计算等前沿技术，创新金融监管手段。

一方面，积极探索建立新兴金融业态大数据分析和风险排查系统，针对互联网金融、私募、交易场所、虚拟货币等领域非法集资风险问题，提高系统分析能力和预警能力，通过数据分享、平台预警等方式，连同各单位、各部门开展地毯式排查，及时发现并查处涉嫌非法集资风险企业。

另一方面，在地方金融风险监测预警系统的基础上，积极发挥前期落地深圳的"国家互联网金融风险分析技术平台——前海金融监控系统"的作用，基于行为监管理念，发挥国家级平台类金融监测、多业态监测、跨地域监测、穿透式监测的优势，重点针对新型网络化金融犯罪行为，将大数据金融安全与涉众金融风险防范工作有机结合，建立涉众传播、地域影响等更多维度的监测预警模型，实现对网络借贷、众筹、交易场所、外汇交易、虚拟货币、区块链等涉众金融风险企业的预警监测。探索创新跨境监管举措，积极借鉴国际跨境监管合作经验。创新设立深圳"监管科技""监管沙盒"的试验区和全国科技监管示范区，以风险识别为导向，鼓励金融科技创新和监管科技应用，以创新试点的方式，探索在金融监管领域减少监管真空及监管重叠，消除监管套利，以适应混业经营趋势下防控交叉金融风险的需要。依托各金融监管部门建立起全国性跨境反欺诈、反洗钱、反恐怖融资及反逃税的监测预警系统和合作机制，提升深圳跨行业跨市场交叉性金融风险甄别、防范和化解能力。

四 实施彰显制度优势的人才政策

习近平总书记在党的十九大报告中多次提及人才问题，将人才强国战略上升为全面建成小康社会决胜期必须坚定实施的七大战略之一。深圳各时期出台的人才政策，彰显了把人才作为第一资源抓牢、抓好的思路和决心。2011年8月，深圳发布《深圳市中长期人才发展规划纲要（2011—2020）》，明确了未来十年人才工作的基本要求、重点任务和重大政策措施。"十二五"期间，人才政策体系逐步建立并迅速发展，创新力度不断加大，政策红利得以充分释放，人才集聚效应明显，深圳成为海内外各类优秀人才集聚的高地。进入"十三五"时期，深圳人才政策重点转向着力完善人才发展体制机制，优化人才发展制度环境，激发各类人才创新创业活力，加速释放人才政策效应。

2016年3月，深圳出台《关于促进人才优先发展的若干措施》，提出20个方面81条178个政策点，在人才安居保障、给各类人才

"松绑"、落实人才自主权、优化人才服务等方面大胆突破,打破束缚人才发展的条条框框,为人才提供全方位的支持,努力营造人尽其才、人才辈出的政策环境和社会土壤,再造特区人才竞争力新优势,再创"孔雀东南飞"盛况,成为新时期深圳人才政策的集大成者。进入2017年,深圳进一步推出"十大人才工程",在柔性引才、向用人主体放权、为人才松绑、人才开发配置、人才评价激励和关爱服务等方面进行探索。法律是国际共通的治理工具,法治环境优势就是具有国际竞争力的人才制度优势,是优秀人才脱颖而出的最好环境。深圳有效利用刚性法律制度武器,抓住人才治理规律。2017年8月,深圳人才制度推出升级版,首部立法《深圳经济特区人才工作条例》正式发布,对人才工作体制机制相关规定进行突破或者创新,将目前人才工作中成熟的、长期适用的政策、做法通过立法给予固化。明确实行严格的知识产权保护制度,建立健全侵权预防、预警和应对机制,完善惩罚性赔偿制度;取消非学历教育办学机构、职业培训机构设立行政许可和人力资源服务行政许可;明确了科研人员成果转化的奖励和报酬;对高层次人才及其配偶入户"零门槛";等等,这一系列创新性的举措,遵循市场经济规律和人才成长规律,构筑起人才优先发展的法治保障。此项突破将开启深圳以立法治理人才的新时代。

下一步,与先行示范区对人才的需求相匹配,深圳理应建设高水平人才的培育、使用和激励机制,加快构建具有全球竞争力的人才制度体系,聚天下英才而用之。把人才优先发展战略作为新时代深圳城市发展的核心战略;要坚定贯彻落实党的十九大精神以及习近平总书记人才工作重要思想,以深圳市委书记王伟中在全市人才工作会议上的讲话为根本指引,厚植党管人才优势,遵循社会主义市场经济规律和人才成长规律,努力打造创造活力竞相迸发、聪明才智充分涌流的"人才特区"。

一方面,要加快人才发展体制机制改革,开发利用好国内国际两种人才资源,实行更加积极、开放、有效的人才政策,将人才工作从主要依靠政策治理向依法治理为主、政策治理为辅转变,打造统筹兼顾、符合市情、具有国际竞争力的人才法规体系,做好人才改革、开放、发展、服务等各项工作。充分利用特区立法权优势，以《深圳经济特区人才工作条例》出台为契机，推动深圳人才工作走法治化、科学化、规范化道路。发挥深圳经济特区的引领地位和政策优势，积极推动国家层面出台综合性人才工作法律法规。配合《深圳经济特区人才工作条例》出台实施，加强人才工作法制化建设，在知识产权保护、专利申请、人才治理相关领域简政放权等方面积极作为，制定完善法律法规，推进人才管理工作科学化、制度化、规范化，形成有利于人才发展的法治环境。

另一方面，人才政策应突破单纯依靠补贴、优惠等单向扶持方式，致力于通过政策工具的组合运用，全面优化创新创业、城市文化、自然生态、社会民生整体环境，种好梧桐树，引来金凤凰，打造国际人才高地。鼓励金融监管人才来深发展，推动深圳金融监管人才交流、培养体系和平台建设。建议设立专门性金融人才交流平台，鼓励金融人才来深发展。在吸纳引进人才方面，建议在2018年《深圳市支持金融人才发展的实施办法》的基础上，给予金融监管人才特别关注。根据全市统一安排，高层次人才和新引进人才经评定后，可享受人才安居、子女入学和落户等扶持政策待遇。对于来深从事金融监管工作的人才，符合相应条件的，可以比照高层次人才相关政策，在住房、周转房、子女入托、入学、干部收入等方面提供必要的支持。在人才交流提高方面，通过在驻深金融监管机构、政府部门、重点金融企业等设立金融人才挂职锻炼实践基地，面向金融监管机构的监管业务骨干，开展多向互动的挂职交流锻炼，培养复合型、高素质的金融人才。在人才培养方面，建议积极发挥资本市场学院、深圳高等金融研究院等人才培育机构的优势，通过金融监管培养奖学金、金融人才发展专项基金等形式，定向培养金融和监管人才。同时，为现有金融监管机构人才提供学习机会和长期培训计划，包括境内外学习机会，不断提高现有金融监管人才等专业水平和素养，为金融监管队伍建设提供有力支撑。

赋予深圳建设中国特色社会主义先行示范区的重大历史使命，充分体现了习近平总书记对科学社会主义理论与实践的战略思考，对新时代中国特色社会主义事业的战略推动，对中华民族伟大复兴的战略布局，对深圳改革发展的深切厚爱。① 建设先行示范区，下一步面临的任务更艰巨、挑战更严峻。必须牢牢抓住改革开放再出发的重大历史机遇，以改革开放的眼光看待、以改革开放的办法推进先行示范区建设，加快形成全面深化改革、全面扩大开放新格局，努力当好"两个窗口"②，即"展示我国改革开放成就的重要窗口和国际社会观察我国改革开放的重要窗口"。中国特色社会主义进入新时代，需要有承载综合探索示范功能的重大平台，深圳建设先行示范区的丰硕成果，正是对这一平台的强有力支撑，从而更有力增强科学社会主义在全球的吸引力、号召力、影响力，不断通过城市范例这一微缩景观，彰显中国特色社会主义制度的巨大优越性。

---

① 王伟中：《奋力谱写中国特色社会主义先行示范区壮丽篇章》，《学习时报》2019年10月18日第1版。

② 转引自习近平总书记参加十三届全国人大一次会议广东代表团审议时的讲话。

第十二章　让党的旗帜在特区高高飘扬

深圳是新中国历史上第一个经济特区，也是最重要和最有影响力的经济特区，是建设中国特色社会主义的试验场和示范窗口。英国老牌政经杂志《经济学人》认为全世界4000多个经济特区或开发区，深圳是最成功的一个。在短短40年之内，深圳之所以能够创造从一个边陲农业县到一座充满魅力、动力、活力和创新力的创新型国际化城市的奇迹，最根本的原因在于中国共产党的领导。在经济特区开展党建工作，在党的历史乃至在国际共产主义运动历史上都是一个崭新命题，极大地考验着中国共产党人的智慧。改革开放以来，深圳不断创新党领导经济社会发展的观念、体制、方式、方法，为发展航船定向掌舵。历史已经证明，没有中国共产党就没有今天的深圳，没有中国共产党的坚强领导就没有深圳改革发展的伟大成就。

第一节　坚持党对一切工作的领导

从深圳经济特区的筹建到成功破解发展中存在的种种难题，党的领导都发挥着定海神针的作用。

一　党中央在深圳发展中发挥着举旗定向的关键作用

深圳是中国共产党一手缔造的城市。然而，改革开放的道路从来都不是一帆风顺的。

第一次争论发生在深圳经济特区刚刚建立之后的20世纪80年

代初。对于实行对外开放政策,从一开始就有不同意见。经济特区主要是同资本主义国家发展经贸关系,意见分歧更大。由于马克思、恩格斯、列宁的著作没有讲过,毛泽东的著作也没有讲过,其他社会主义国家无此先例,因此,它是一项创举和试验。有的人批评"特区是国际资产阶级的'飞地'",是"走私的主要通道"。有人危言耸听地说,深圳特区除了五星红旗是红的外,其他都是黑的。这些,一段时间给特区创办工作增加了困难,特区发展举步维艰。而1981年下半年至1982年上半年一段时间发生在沿海地区的严重走私活动及由此产生的争论,一些受极左思潮影响较深和习惯于僵化垄断体制的人,却把走私等问题产生的原因归结为对外开放,给深圳经济特区扣上种种帽子,甚至要求中央取消"特殊政策、灵活措施",停办特区。① 有人甚至影射深圳特区就是新的"租界"。深圳在建立特区之后遭遇到了第一次重大困难,发展陷入进退维谷的境地。

　　就在关于要不要办特区以及办特区是对是错的争论纷纭而起之时,1984年1月,邓小平第一次视察深圳,深入基层实地调研,分别参观了罗湖商业大厦、上步工业区、渔民村、蛇口等地,听取了深圳市委领导和干部群众的汇报。邓小平欣然为深圳题词:"深圳的发展和经验证明,我们建立经济特区的政策是正确的。"题词对深圳的发展高度肯定,拨去了笼罩在经济特区头上的团团迷雾,为有关特区性质和存废做出了权威性结论。回北京之后,邓小平在与中央部分领导谈话时,明确指出我们建立经济特区,实行开放政策,有个指导思想要明确,就是不是收,而是放,特区是技术的窗口、管理的窗口、知识的窗口,也是对外政策的窗口。深圳也由此开始了加速发展的新阶段。如果说之前我们对举办经济特区还抱有试试看的担心的话,甚至有人还视之为与社会主义格格不入的"洪水猛兽",在这之后,从中央最高领导层开始,我们则大大坚定了一定能够把经济特区建设好,一定能够通过改革开放来发展、推动和完善中国特色社会主义的决心和信心。②

---

① 李岚清:《突围——国门初开的岁月》,中央文献出版社2008年版,第136—137页。
② 曹普:《当代中国改革开放史》上卷,人民出版社2016年版,第290页。

20世纪90年代初，在对"六四"政治风波和苏联解体、东欧剧变原因、教训的总结与反思中，一股借"批判资产阶级自由化"之名，否定改革开放，否定以经济建设为中心的"左"的思潮乘势而起，给改革发展造成极大的干扰，而作为改革开放的试验区深圳经济特区更是承受着极大的压力。1992年1月，邓小平再次南方之行，来到深圳，发表重要谈话，厘清了计划与市场、计划经济与市场经济等长期困扰和束缚人们思想的重大问题，明确指出深圳的经验就是敢闯。在确定中国经济体制改革目标为建立社会主义市场经济的党的十四大之前的1992年6月12日，邓小平就明确指出，"深圳就是社会主义市场经济，不搞市场经济，没有竞争，没有比较，连科学技术都发展不起来"。邓小平的谈话，不仅为深圳指明了新的发展方向，也为中国乃至国际科学社会主义指明了新的发展方向。

党的十四大之后，中国掀起了新一轮对外开放的热潮。此时，有人发出疑问，中国已经将社会主义市场经济作为经济体制改革目标，深圳作为经济特区还有没有必要继续存在下去。1994年6月，江泽民在视察深圳时，对经济特区的发展郑重提出"三个不变"的承诺，即"中央对发展经济特区的决心不变；中央对经济特区的基本政策不变；经济特区在全国改革开放和现代化建设中的地位和作用不变"。"那种认为在全国形成全方位对外开放格局的新形势下，经济特区的地位和作用可以削弱甚至可以逐步取消的看法，是不对的。"并对特区提出"增创新优势，更上一层楼"的要求。① 进入21世纪之后，为了进一步促进深圳的改革发展，2009年5月，《深圳市综合配套改革总体方案》获国务院批准实施，该《方案》提出深圳在配套改革中要做到"四个先行先试"。2010年，在深圳经济特区建立30周年庆祝大会上，胡锦涛在讲话中指出，在全面建设小康社会、加快推进社会主义现代化的进程中，经济特区不仅应该继续办下去，而且应该办得更好。中央将一如既往支持经济特区大胆探索、先行先试、发挥作用。经济特区要努力当好推动科学发展、

---

① 曹普：《当代中国改革开放史》下卷，人民出版社2016年版，第450页。

促进社会和谐的排头兵。

2012年党的十八大，标志着中国特色社会主义进入新时代。新时代的中国特色社会主义仍是中国特色社会主义，但具有了许多新的阶段性的鲜明特征，作为改革开放的先行者，深圳又将如何创新发展呢？2012年12月7日，习近平当选中共中央总书记之后，首次离京外出考察的第一站选择的是深圳，重走当年邓小平走过的路，宣示改革不停顿、开放不止步，这表明以习近平同志为核心的党中央，坚定不移推进改革开放的坚强决心和坚定意志。他高度肯定深圳的发展是中国改革的一个代表作，是一个中国奇迹，也是一个世界奇迹。2015年1月初，他专门对深圳工作作出批示，要求深圳在"四个全面"战略布局中创造新业绩，努力使经济特区建设不断增创新优势、迈上新台阶。2018年12月，习近平再次对深圳工作作出批示，要求深圳朝着建设中国特色社会主义先行示范区的方向前行，努力创建社会主义现代化强国的城市范例，在新时代走在前列、新征程勇当尖兵。2019年8月，《中共中央　国务院关于支持深圳建设中国特色社会主义先行示范区的意见》正式公布，这是在国际格局出现百年未有之大变局、中国走向中华民族伟大复兴新征程的关键时刻，中国高举新时代改革开放旗帜的一项重大战略举措。

从改革开放初期的创办"经济特区"到新时代的建设"中国特色社会主义先行示范区"，从邓小平到习近平，深圳深深地刻上了党中央的烙印。深圳的建立、成长和发展的历史，是党中央引领深圳发展的历史。

二　深圳市党组织始终是特区改革发展的"主心骨"

深圳经济特区建立以来，深圳市委和各级党组织总览全局，协调各方，成功地应对各种挑战，破解发展难题，通过不懈努力，推进经济社会全面发展，体现出较高的执政能力和领导水平。

自1990年以来，五年召开一次的深圳市党的代表大会，全面回顾过去的工作，科学确定未来五年的发展目标，为深圳的各方面建设发展标定了路径。1990年12月16日至18日，中共深圳市第一次代表大会召开，市委书记李灏向大会做了题为《继续办好经济特区，努力探索有中国特色的社会主义的路子》的报告，大会着重提出建设高度的社会主义经济精神和聚精会神地抓好党的建设两件大事。1995年4月24日至28日召开的中共深圳市第二次代表大会提出今后五年的基本任务是：增创深圳特区十大优势，率先建立社会主义市场经济体制和运行机制，再用15年或者更长一点时间进行第二次创业，把深圳建设成为富裕、文明、民主的现代化国际性城市。2000年5月22日至25日，中共深圳市第三次代表大会召开，市委书记张高丽做了题为《增创新优势，更上一层楼，率先基本实现社会主义现代化》的报告，提出力争到2005年左右率先基本实现现代化，到2010年左右达到中等发达国家水平，到2030年左右赶上发达国家水平。2005年5月16日至19日，中共深圳市第四次代表大会召开，市委书记李鸿忠做了题为《努力建设和谐深圳效益深圳》的报告，大会确定了今后5年工作的总体要求、奋斗目标和主要任务。2010年5月23日至25日，中共深圳市第五次党的代表大会召开，市委书记王荣做了题为《努力当好科学发展排头兵，加快建设现代化国际化先进城市》的报告。2015年5月21日至24日，中共深圳市第六次党的代表大会召开，市委书记马兴瑞做了题为《解放思想、真抓实干，勇当"四个全面"排头兵，努力建成现代化国际化创新型城市》的报告。党的十九大以来，深圳市委先后召开了六届八次、九次、十次、十一次、十二次、十三次全会，特别是十二次全会，讨论了《深圳市建设中国特色社会主义先行示范区的行动方案（2019—2025年）》，明确深圳在新时代走在前列、新征程勇当尖兵，朝着建设中国特色社会主义先行示范区的方向前行，努力创建社会主义现代化强国的城市范例，为实现中华民族伟大复兴的中国梦做出新的更大贡献。

深圳市党的各级领导干部勇于担当，体现了坚强的党性。改革开放初期，深圳的建设者面临着巨大的政治风险、政策风险、法律风险，有时甚至是"脑袋别在裤腰带上"背水一战。"时间就是金钱，效率就是生命"，这句话是解放思想的惊雷，但当时却被一些人指责为"又要钱又要命，比资本主义还坏"。土地拍卖、设立深交所、争取特区立法权……每一项改革都在争议中艰难前行，点滴寸进都要冒巨大的风险。在40年的发展道路上，深圳曾被担忧"特区不特、风光不再"，也曾被预言"将被抛弃"。面对"唱衰"之音，面对土地、能源、环境、人口等压力，深圳不等不靠、"壮士断腕"。从"腾笼换鸟"的产业转型到"创新驱动"的城市升级，正是深圳各级党组织勇敢扛起改革创新的大旗，以"一张蓝图绘到底"的坚韧和"功成不必在我"的情怀，打破思想樊篱、顶住各方压力，逢山开路，遇水架桥，诠释了从一个边陲农业县到现代化大都市的涅槃之路。

2020年初，全国暴发新型冠状病毒感染的肺炎疫情。习近平总书记高度重视，作出一系列重要指示，多次主持召开会议，对疫情防控工作进行研究部署，提出明确要求。中共中央印发《关于加强党的领导、为打赢疫情防控阻击战提供坚强政治保证的通知》。抗击疫情对于深圳这座超大型城市、全国最大的移民城市和口岸城市，其应对是否科学、得当、有效，不仅关乎深圳，更关乎全省、全国的防疫大局，对深圳是一次重大考验。深圳市委高度重视疫情防控工作，深入学习贯彻习近平总书记重要讲话和指示批示精神，全面贯彻落实中央决策部署和省工作部署，把人民群众生命安全和身体健康放在第一位，把疫情防控工作作为当前头等大事、重大政治任务来抓，顶格配置加强组织保障，迅速成立深圳市疫情防控指挥部，广东省委副书记、深圳市委书记王伟中担任总指挥，严格落实上下联动、左右协调、联防联控的工作机制，推动形成全市防控疫情工作的强大合力。各区（新区）、深汕特别合作区成立疫情防控工作领导小组，组织街道、社区党员干部和广大群众，发动社会各界力量，群策群力开展联防联控，形成市、区、街道、社区（居委会）、居民小区五级联防联控的抗击疫情组织架构和联防联控工作格局。

从2020年1月19日国家卫健委确认广东首例输入性病例居住深圳开始，标志着全市防控疫情战斗升级。深圳各级党政领导干部特别是主要领导干部发挥"头雁"作用，到社区、医院、检疫点、医学观察点、商场、药店、宾馆、酒楼等重点区域，现场督导检查，同时畅通商家进货渠道，稳住"菜篮子""米袋子"，严禁哄抬物价，保障群众需求，推动防控措施落实到位。全市各级党组织积极行动，广大党员干部亮身份、做表率，冲锋在第一线、战斗在最前沿，包片、包户、包人，带动社区小区居民构筑疫情防控的全民防线。重点场所成立临时党支部，一线阵地划定党员责任区，组建党员突击队，设立党员先锋岗。深圳市第三人民医院是收治新型冠状病毒感染肺炎患者的定点医院，作为华南地区唯一国家感染性疾病临床医学研究中心，接到任务后，全院230多名医生、300多名护士自愿放弃休假，共产党员身先士卒主动请缨，投入到抗击疫情的战斗中。全市党组织和党员、干部，听从指挥，用疫情防控的实际行动和工作成效，体现增强"四个意识"、坚定"四个自信"、做到"两个维护"！在这场人民战争、总体战、阻击战中，党旗始终在防控疫情斗争的第一线高高飘扬！《光明日报》2月12日、2月14日先后以《超大城市应急治理的"深圳探索"》《从深圳战"疫"探索看现代城市如何应对重大公共卫生事件》为题，介绍了深圳在抗击疫情中的做法。

第二节 政治建设摆在首要位置

旗帜鲜明讲政治是马克思主义政党的根本要求。党的政治建设是党的根本性建设。保证全党服从中央，坚持党中央权威和集中统一领导，是党的政治建设的首要任务。

一 坚决反对错误思想思潮

深圳经济特区是改革开放的前沿阵地，也是意识形态交锋的前沿阵地。深圳经济特区要做全国改革开放的"排头兵"，但政治上绝不能成为意识形态的"洼地"。党中央关于深圳经济特区要毫不动摇地坚持社会主义政治方向的要求从一开始就是旗帜鲜明的。1981年1月21日，中共中央办公厅转发《广东、福建实行特殊政策、灵活措施座谈会纪要》，其中明确指出："广东、福建的特区是经济特区，不是政治特区。"① 要求经济特区的各级党委要把改革开放和坚持四项基本原则结合起来，既要快速推动经济发展，又要保持良好的社会风气，抵制各种消极腐败社会思潮的侵蚀。

1982年3月1日，中央批准《广东、福建两省座谈会纪要》，其中明确指出："广东、福建两省实行特殊政策和灵活措施，是在遵守国家宪法法律基础上的特殊，是在坚持党的路线方针前提下的灵活。政治上必须坚持四项基本原则；经济上必须保证社会主义经济占绝对优势，坚持以计划经济为主、市场调节为辅；思想文化上，必须坚决抵制资本主义腐朽思想的侵蚀，加强社会主义精神文明的建设。否则，我们就是从根本上打了败仗，违背了特殊政策和灵活措施的根本出发点。"②

深圳经济特区自创建之日起，在政治问题上，始终保持着高度的清醒。一方面，深圳经济特区坚定改革开放的政治方向，反对极左思潮。深圳经济特区本身就是在总结"左"的错误政策教训基础上起步的，但是成立之初在党员干部队伍中、社会上还存在一些程度不同的"左"倾思想。因此，特区成立之初，组织领导广大党员干部认真学习贯彻党的十一届三中全会精神，让广大党员干部认识到极左错误实践已经走投无路，改革开放是改变中国命运的关键抉择，要求广大党员干部坚持解放思想、实事求是的思想路线，自觉把思想和行动统一到中央的决策部署上去，争做改革开放的促进派。另一方面，深圳市委也旗帜鲜明地反对任何违反四项基本原则的言行，反复向广大党员干部讲明经济政策的"特"和政治原则不能"特"之间的关系，让广大党员在思想上理解建立特区不是为了发展资本主义，没有特殊党员和特殊公民。特区还善于运用各种文化传播渠道，采用党员和群众喜闻乐见的方式传播马克思主义，反对资产阶级自由化。组织全市党员干部学习马克思主义基本原理和党史知识，进行"双基"（基本国情和党的基本路线）教育。市委宣传部还组织拍摄了大型政论片《世纪行》。《世纪行》是一部系统地宣传四项基本原则的电视政论片，共分四集：《真理的召唤》《民

---

① 深圳史志办公室编：《深圳市大事记》，海天出版社2001年版，第20页。
② 《中共中央批转〈广东、福建两省座谈会纪要〉的通知》，1982年3月1日。

族的脊梁》《伟大的磐石》《选择与挑战》。该片在人民大会堂举行发行仪式，播出后在全国普遍反映良好。

二 提高政治站位增强政治意识

深圳不断筑牢党员"政治灵魂"。在全党的统一部署下，深圳先后进行了多次集中教育活动。在20世纪80年代，开展了"整党"活动，对党的作风和组织进行了一次整顿。90年代，开展了"讲学习，讲政治，讲正气"三讲教育。21世纪以来，先后开展了以实践"三个代表"重要思想为主要内容的保持共产党员先进性教育活动，深入学习实践科学发展观活动，以创建先进基层党组织、争当优秀共产党员为主要内容的创先争优活动。2012年党的十八大以来，先后扎实开展了党的群众路线教育实践活动和"三严三实"专题教育，推进"两学一做"学习教育常态化制度化，"不忘初心、牢记使命"主题教育等，全市党员"四个意识"明显增强。

（1）落实政治责任。党的十八大以来，深圳在落实政治责任、强化政治领导、严格政治纪律、营造政治文化、净化党内政治生态方面实施了诸多创新举措。党的十八大以来，深圳坚持以党的政治建设为统领，增强"四个意识"，坚定"四个自信"，坚决做到"两个维护"。严格遵守政治纪律和政治规矩，牢记"五个必须"，坚决反对"七个有之"，在全省的统一部署下，全面坚决彻底肃清李嘉、万庆良的恶劣影响。做到"两个维护"，不是空洞的口号，而是实际而具体的行动。要求领导干部要自觉服从组织决定，决不允许跟组织讨价还价，决不允许把分管工作、分管领域和地方当作"私人领地"。（2）严格执行重大问题请示报告制度。市委常委代表市委所作的讲话、报告以及署名发表或者出版同工作有关的文章、著作、言论，事先经过市委常委会审定或者市委书记批准。坚持把政治纪律和政治规矩作为纪律教育学习月必学内容，作为党纪政纪法纪教育培训班必训内容，作为新提任领导干部集体廉政教育必谈内容，作为领导班子和领导干部考察考核必核内容。（3）健全政治建设的制度化常态化机制。制定考实考准干部政治表现办法，加强对人才的政治引领政治吸纳，强化基层党组织政治功能。严格执行新形势下党内政治生活若干准则,启动常态化检查督导,完善和落实民主集中制的各项制度,将党的政治建设责任纳入"五责联审巡查",推动各级党委党组落实好政治建设责任。严格执行民主集中制,落实市委常委会向全委会定期报告工作并接受监督制度,建立健全市委定期听取市人大常委会、市政府、市政协和市中级人民法院、市人民检察院党组工作汇报制度。完善党委(党组)工作规则、议事规则和决策机制,凡属重大决策、重要人事任免、重大项目安排和大额资金使用等事项,必须由领导班子集体作出决定。完善重大决策咨询和公开制度。对直接关系人民群众切身利益且涉及面广、容易引发社会稳定问题等重大决策事项,开展社会稳定风险评估。加强重大决策合法性审查,建立健全党政机关法律顾问制度和公职律师制度。实施决策全程纪实制度,建立重大决策终身责任追究制度以及责任倒查机制。

三 用习近平新时代中国特色社会主义思想武装头脑

(一)聚焦学习内容

习近平新时代中国特色社会主义思想是当代中国的马克思主义、21世纪的马克思主义,是实现"两个一百年"奋斗目标、进而实现中华民族伟大复兴的行动指南。更加值得珍惜的是,党的十八大之后,习近平总书记对广东、深圳先后多次发表重要讲话和做出重要指示批示。这是习近平新时代中国特色社会主义思想在广东、深圳的展开和具体化,是这一思想的重要组成部分。特别是2015年初和2018年底,习近平总书记先后两次对深圳工作做出专门指示,充分体现了对深圳的高度重视。深圳经济特区高度重视习近平新时代中国特色社会主义思想的学习,将其作为各级党组织会议的"第一议题"。通过不断深化学习,广大党员干部政治意识、大局意识、核心意识、看齐意识进一步增强,党组织的向心力、凝聚力和战斗力进一步提高。

(二)整合教育资源

成立全市干部教育培训工作联席会议,推动形成全市教育培训工作整体合力。出台了《深圳市干部学习促进办法(试行)》等系列文件,让学习从软任务变成硬约束,学习日趋科学化、规范化、长效化。出台干部培训规划,对全市干部教育培训工作进行系统谋划和整体部署。继续开设具有特色的深圳—井冈山—宁夏"三站联程"中青班、"都市计划"境外培训班、"北大—香港—新加坡"三站联程"胜任力提升"培训等班次。

(三)"四个70%"教学改革

深圳市委党校坚持党校姓党的原则,围绕"用学术讲政治"的办学要求,提出"四个70%"教学供给侧改革的思路,即党的理论教育和党性教育占总课时的70%以上,变平均用力为主业鲜明;案例式、研讨式、体验式等特色教学占总课时的70%,变单纯的理论灌输为丰富的实践体验;外请高端师资占总师资的70%,变"封闭办学"为"开放办学";中小班制培训班占主体班的70%,变"大水漫灌"为"精准滴灌"。

另外,在学习方式上,增强针对性和时效性。根据学员对象和学习内容,创新学习形式,做到有针对性地学。根据大抓基层的导向,做到全覆盖地学,深圳市先后对全市社区党委书记和党支部书记进行了全覆盖的轮训,得到了中共中央组织部的高度肯定。鉴于深圳市委党校在培训方面具有的先进经验和较强优势,自2017年12月至2020年,中央组织部在深圳市委党校举办革命老区村党支部书记培训班,培训4000名优秀的老区村党支部书记。此举在全国产生较大反响。深圳市委组织部和市委党校的工作也得到了中央组织部的高度肯定。

第三节 反腐倡廉贯彻于深圳建设发展全过程

党要管党、从严治党,是中国共产党能够在革命、建设、改革不同历史时期取得一个又一个胜利的一项重要经验。从严治党是保持党员干部队伍先进性和纯洁性的重要途径,是推进党的事业不断发展、实现不同时期战略目标的重要保障。深圳经济特区作为改革开放的前沿阵地,市场经济最活跃,意识形态斗争最尖锐,各种物质诱惑最强烈,因此,在深圳经济特区坚持反腐倡廉,具有特殊的重要意义。深圳用实践告诉人们:改革发展的力度有多大,反腐倡廉的力度就要有多大;行政权力运行到哪里,监察工作就开展到哪里;公共财政支出到哪里,审计工作就跟进到哪里;政府公共服务到哪里,绩效监督就覆盖到哪里。要保证特区的持续健康发展,就要继续坚持反腐倡廉和促进发展的"力度统一论",要把加强反腐倡廉工作贯穿于深圳建设与发展的全过程。没有反腐倡廉的成功,就没有深圳经济特区改革发展的成功。

一 党的十八大以前关于反腐倡廉的探索

(一)打击不正之风

改革开放初期的1982年4月,中共中央和国务院联合颁布《关于开展打击经济领域中严重犯罪活动的决定》。深圳市迅速响应中央的要求,成立了专项行动领导机构,据统计:"各级纪委组织440名干部投入查案,上半年立案审查100宗。1983年,查处案件的重点为党员领导干部,全市立案218宗,结案185宗。"[①] 在特区成立初期,纪检工作还针对一些党员干部钻制度的空子走私贩私行为,处分了参与走私的党员20多人。20世纪80年代末90年代初,随着改革开放和商品经济的迅速发展,部分党员干部中开始出现"一切向钱看"的消极腐朽思想,经济腐败现象有所抬头。基于这种新的挑战,深圳纪检部门从实际出发,先后围绕清理整顿公司财务、税收、物价,干部建房、个人承包企业、金融信贷、基建招标、出国护照办理等领域,发动人民群众检举揭发,提供线索,查获了大量违法违纪案件,其中不乏大案要案。其中比较有代表性的是从1989年3月至1991年1月的查处党员干部以权谋房专项行动,也即"清房活动"。据统计:"查处以权谋房26宗,其中查清结案20宗,移送司法机关6宗。以权谋房的26宗案件,涉及局级干部2人、处级干部8人、科以下干部16人;其中被撤销党内职务1人,

---

① 《深圳市志》第6卷,方志出版社2009年版,第109页。

免除党内职务 3 人，记大过处分 2 人，检察机关逮捕 4 人，取保候审 1 人。"① 针对党政机关经商办企业、炒买炒卖外汇、滥发钱物的不正之风也开展了专门的治理行动，依据相关政策和法律，"共清查处理党政机关所办企业 205 个，处理非法买卖外汇单位 346 个，收缴退赔滥发的钱物折款人民币 240 多万元"②。

（二）加大惩治力度

20 世纪 90 年代，腐败现象出现蔓延态势，呈现出"高发"和"多变"的特征。深圳经济特区查办大案要案的力度进一步加大，党政机关领导干部中的一些"蛀虫"纷纷落马，其中影响较大的是原深圳市计划局财贸处处长王建业，在不到两年的时间内受贿 480 万元人民币、75 万美元，并与其情妇史某共同侵吞公款 500 多万元，王建业于 1995 年 4 月被依法判处死刑，剥夺政治权利终身。1996 年 1 月至 9 月，深圳市检察机关共立案侦查贪污受贿等案件 162 件、186 人，追缴赃款 2949 多万元人民币，300 多万港元，③为国家和集体挽回了大量的经济损失。通过查办这些大案、要案，体现了深圳经济特区反腐败的坚定决心，使腐败现象的滋生势头得到抑制。

（三）注重制度建设

20 世纪 80 年代，深圳市出台《中共深圳市委关于建立和实行全党抓党风责任制的决定》，要求把端正党风作为一件重要的政治任务来抓，要实现一级抓一级，层层传递党风责任的压力。在 1987 年建立了监督部门联席会议制度，由纪委牵头，包括市检察院、法院等 16 家单位的主要负责人组成，每季度召开一次会议，对全市党风廉政建设和干部队伍建设中存在的重大问题进行研判。利用 1992 年全国人大常委会授予深圳经济特区立法权，开展廉政立法工作，90 年代，先后通过了《关于打击公职人员携款潜逃的决定》和

---

① 《深圳市志》第 6 卷，方志出版社 2009 年版，第 108 页。
② 李海东：《中共深圳市纪律检查委员会向中共深圳市第一次代表大会的工作报告》，1990 年 12 月 15 日。
③ 深圳党建研究会编：《深圳加强党风廉政建设新探》，海天出版社 1997 年版，第 15 页。

《关于国家工作人员在公务活动中不得收受礼品礼金的规定》等法规。21世纪，反腐倡廉进入整体推进阶段。2002年出台实施的《深圳市反腐保廉预防腐败体系》总体思路，探索在市场经济条件下预防和解决腐败问题的有效办法，坚持以腐败易发多发的重点领域和重点部位为防范重点，实现反腐败工作由侧重治标向标本兼治、加大治本力度的转变。该体系从合理配置权力、健全公共财政、完善用人机制、完善廉政法规、健全监督机制、加强教育防范、强化组织保障等7个方面构建深圳反腐保廉的制度体系，提出初步建立起适应社会主义市场经济体制的反腐保廉预防体系，使反腐保廉工作走向系统化、法制化、规范化，促进党政机关廉洁高效，有效遏制消极腐败现象。2003年，深圳市纪委、市人大办公厅、市政府办公厅联合发布了《关于加强深圳市反腐倡廉立法协调工作的意见》。该《意见》明确规定：凡市人大、市政府及其部门拟制定的重要法规、规章和规范性文件，市政府拟出台的重大改革措施或重大投资项目的决策，应征询市纪委在反腐倡廉方面的意见，从而使预防腐败工作更好地寓于重大改革和政策法规之中。2009年，国家预防腐败局正式将制度审查试点任务赋予了深圳。

（四）健全监督机制

强化对各级主要领导的监督管理，有针对性地制定各种内部监督制度，加强党员干部的自我约束意识。如在多家单位落实反腐保廉责任制；针对涉及土地、建设工程和企业国有资产流失的"暗箱操作"等问题，相关部门推进建立公开、公平、公正的市场经济秩序，及建立健全企业内部约束和监管机制，积极帮助企业规范经营决策程序和健全财务监管制度，强化企业民主监督机制。2001年，深圳市监察局效能监察室成立，这是全国第一个专司效能监察职能的专门机构。2002年，成立了腐败预防研究室。难能可贵的是，从1998年开始，深圳市探索纪检监察直接领导派驻体制，推进深圳经济特区的反腐倡廉建设。成立派驻组以前，深圳市直机关部门和市属局级事业单位的纪检工作，归口市直机关纪工委负责，监督工作遇到许多困难，如监督人员分散，工作难以落实；监督体制不顺，工作难以到位；监督效能低下，开展工作难；领导机关力量薄弱，工作容易顾此失彼。为此，深圳市纪委、市监察局对市直机关监督机构和人员的设置进行了探索和改革，相继成立了政法与行政执法、计划与财贸、建设与交通、科教文卫系统、市管金融和社会系统、市管国企、建筑工务署、市法院、市检察院九个派驻组，这一做法，创新了设置方式，强化了派驻纪检组职能。在对市直机关进行派驻监督的基础上，2009年，派驻监督开始向基层延伸。2009年12月，宝安区纪检监察派驻机构正式揭牌，这是省纪委确定的基层纪检监察机构改革的两大试点单位之一。改革后，派驻机构受区纪委监察局直接领导。2009年，为了更好监督各级党政"一把手"，深圳颁布实施《关于加强党政正职监督的暂行规定》，对各级党政"一把手"的权力进行了分解，设定清晰的"禁区"，使对"一把手"的监督制度化和法制化，建立起了监督和保护党政"一把手"的制度屏障。

（五）开启体制改革先河

深圳纪检监察机关对深圳发生的腐败现象进行了大量、细致的调查研究后，发现许多腐败问题都与行政审批制度有关，鉴于此，深圳经济特区再次走在了全国前沿，于1997年开始便在全国率先进行了大刀阔斧的行政审批制度改革。其改革思路是：对于该取消的行政审批项目坚决取消，对于需要保留的行政审批项目，可以运用市场机制来运作的，一定通过招标、拍卖等市场手段来处理；对不能通过市场机制运作的项目，尤其是那些容易发生以权谋私、权钱交易的项目的行政审批权力，必须进行合理分解，并加强相互之间的监督制约，防止少数人权力过分集中又缺乏内部监督、搞暗箱操作的弊端。[①] 1999年2月，《深圳市审批制度改革若干规定》正式实施，42个政府部门（单位）的审批和核准事项由1091项减少到628项，减幅达42.4%；为适应加入世贸组织后的需要，深圳又于2001年初开始了第二批行政审批制度改革，审批和核准事项由628项再次缩减到351项。通过改革，深圳的行政审批过程大大简化，不仅提高了政府部门的办事效率，而且有效抑制了党员干部滥

[①] 王树成、冯瑛冰、翟伟：《纠偏补弊、激浊扬清——党的十五大以来反腐败斗争回顾》，《党的建设》2001年第1期。

用权力、贪腐受贿的势头。深圳市的这一做法得到了中共中央纪委的肯定，在全国范围内得到推广。

（六）营造廉政社会氛围

20世纪八九十年代，深圳市纪检机关注重运用正面示范教育和反面警示教育相结合的方式进行党风廉政宣传教育。正面教育方面，市纪委先后在1982年和1988年，向全市开展向福田公社新洲大队党支部书记简就稳、附城公社布心大队党支部书记赖成发、深圳市政府副秘书长舒成友（参加过抗日战争、解放战争、抗美援朝战争）学习的号召，这些活动在特区建立初期发挥了激励人心的重大作用。反面警示方面，1983年，市纪委召开了全市科级以上干部大会，公开宣判5宗严重经济违法犯罪案件，在当时党员干部队伍中造成了很大的反响。此后，类似的警示教育在全市范围内还举行了多次。市纪委还采取了让腐败分子公开忏悔以及组织典型事例展览的方式来进行警示教育，比如市纪委和市委宣传部门在1989年、1990年先后举行了"深圳市清正廉明教育展""深圳市十年廉政建设展览"，在此基础上，向全市党员干部印发了《深圳廉政建设之路》画册，推动了警示教育深入基层、深入人心。2002年，深圳首次提出了"廉政文化"的概念，并组织开展廉政文化的研究和建设。2006年3月，出台了《纪委、市监察局关于进一步加强廉政文化建设的意见》，廉政文化建设步入规范化的发展轨道。2011年7月17日，深圳市正式发布《关于建立廉洁城市的决定》。

二 新时代深圳反腐倡廉的新实践

（一）以优良的作风践行为民宗旨

党的十八大以来，深圳把加强作风建设与弘扬特区精神紧密结合，引导广大党员干部把精力更多地集中到思改革、抓改革上来。

1. 以"五破五立"转变思想作风

进一步破除"老框框、老套路"的重重束缚，树立敢破敢立的开拓精神；破除盛名之下、志得意满的安逸心态，树立居安思危的忧患意识；破除"为官不为、当官做老爷"的消极状态，树立舍我其谁的担当精神；破除"差不多、过得去"的粗放思维，树立精益求精的较真精神；破除"光说不练、做而不实"的漂浮作风，树立一抓到底的实干精神。"五破五立"是深圳精神在新时期的具体体现。

2. 以"市委示范"树立作风标杆

深圳市委提出，领导干部当表率，就要带头践行、做深做实优良作风。通过开展"民生体验日"活动、实施"牵头破题行动"、开展"统一行动日"活动等，领导带头做示范，身体力行出成效。

3. 以"人民为中心"解决实际问题

深圳市委坚持以群众需求为导向，把作风建设同改善民生结合起来，从群众身边的事情抓起，从群众反映突出的问题改起，为群众办了一大批好事实事，推动了一大批关系群众切身利益、群众反映强烈的突出问题的解决，真正让群众见到了实效、感受到了变化。

4. 以"长效机制"巩固作风成效

一是"马上就办"。学习《习近平同志在福州工作期间倡导践行"马上就办"纪实》，建立"马上就办"的工作机制。二是"四线工作法"，即突出"主线"促发展、沉到"一线"抓工作、冲在"火线"破难题、守住"底线"保廉洁。三是"督察暗访"。明确督察暗访基层干部不作为乱作为这个重点，实行明察暗访两种形式，要求督察暗访事项必须有反馈以确保实效。

（二）高标准推进纪律建设

加强纪律建设是全面从严治党的治本之策。党的十八大以来，深圳坚决贯彻落实中央、省和市各项部署，全面推进纪律建设。

1. 扛起党委的主体责任

在党风廉政和反腐败工作中，各级党委（党组）负主体责任，主要体现为加强对党风廉政建设的统一领导，完善党风廉政建设领导小组工作制度。党委主要负责人对党风廉政建设重要工作亲自部署、重大问题亲自过问、重要环节亲自协调、重要案件亲自督办。各级党委要明确从严治党职责。对主体责任落实情况，要定期向上级党委和纪委报告。实行各区、市直部门党政主要领导向市委书面述廉制度。主体责任不仅体现在反腐倡廉上，而且体现在党的领导和党的建设上。2016年,深圳出台《关于支持改革创新建立容错纠错机制的若干规定(试行)》,明确容错的范围、内容和保障机制,支持和鼓励全市党员干部大胆创新、勇于担当。这是深圳市委在全面从严治党实践中勇于担负主体责任的突出体现。

2. 落实纪委的监督责任

各级纪委履行监督责任,加大正风肃纪和腐败案件查处力度。落实中央提出的双重领导机制,推行各区(新区)派驻机构垂直管理,实现监督全覆盖。研究制定加强上级纪委对下级纪委领导的工作意见,规范各区和市直各单位纪委向市纪委定期述职、约谈汇报制度。发挥市、区两级反腐败协调小组作用,建立完善责任追究通报制度,坚持"一案双查",对违反党的政治纪律和政治规矩、组织纪律;"四风"问题突出,发生顶风违纪问题;出现区域性、系统性腐败案件的部门和单位,既追究主体责任、监督责任,又严肃追究领导责任。做好巡查工作和派驻监督工作。

3. 实践监督执纪"四种形态"

认真落实运用监督执纪"四种形态"的工作方针,着力在第一、第二种形态上下功夫,把执纪监督的关口前移,防止小错酿成大错。对反映失实的要及时澄清,保护党员干部干事创业积极性。2016年,深圳市纪委制定出台《深圳市谈话提醒工作实施办法(试行)》《中共深圳市纪委 深圳市监察局实施谈话函询暂行办法》,力争对党员干部的不当行为早发现、早提醒、早处理,防止小错变成大问题。从1991年开始,全市在每年7月至9月开展全市党员干部纪律教育学习活动,称为"纪律教育学习月",已经成为深圳的品牌,教育的针对性和实效性得到进一步增强。

4. 加强纪检监察队伍自身建设

加强机关建设,调整内设机构,增强办案力量,聚焦主业、突出主责。推进派驻机构改革。健全纪检监察工作机制。强化内部监督管理。加强队伍建设,健全完善干部考核评价体系。按照新时期好干部标准严格要求,坚定理想信念,加强党性锻炼,带头纠正"四风",树立忠诚可靠、服务人民、刚正不阿、秉公执纪的良好形象。

（三）保持反腐败斗争的高压态势

腐败是人民群众最痛恨的现象。党的十八大以来，深圳市委以高度的政治责任感，扎实推进深圳反腐败斗争，取得了显著成就，为深圳经济社会发展和人民安居乐业提供了良好政治生态和社会环境。

1. 坚持反腐败工作"无禁区、全覆盖、零容忍"

坚决查处严重违反党的政治纪律、组织纪律等行为；重点查处党的十八大后不收敛、不收手，问题线索集中、群众反映强烈，现在重要岗位且可能还要提拔使用的领导干部。坚持抓早抓小，对苗头性倾向性问题早发现、早处置，及时约谈、函询、诫勉。完善典型案件剖析机制，查办案件与警示教育、制度预防同步推进，发挥查办案件的治本效果。近5年立案审查3354人，案件数量分别增长40%、99%、19.4%、21.2%、17.5%，反腐败压倒性态势形成。2012年以来，严肃查处了中共深圳市委副书记、政法委书记李华楠，中共深圳市委卫生工委书记江捍平，市水务局原局长张绮文，市中级人民法院原副院长黄常青，市振业集团原党委书记、董事长李永明，深圳机场集团原党委书记、董事长汪洋，罗湖区原副区长邹永雄等一批重大案件，形成了有力震慑。

2. 强化对权力运行的监督制约

完善监督机制，制定深圳市落实中央《建立健全惩防体系2013—2017年工作规划》省委实施意见的具体办法，科学有效预防腐败。落实党内监督各项制度，加强和改进对领导干部特别是主要领导干部行使权力的制约和监督。制定了纠治违规收送礼金、国有企业廉洁从业等一批法规制度，初步形成廉政法规制度体系。以全面深化改革为动力，规范权力运行。继续深化行政审批制度改革，优化审批流程，减少审批环节。积极推进投融资体制改革，规范政府投资管理。推行商事登记制度改革，压缩权力寻租空间。实行公立医院管办分离改革。深化以案治本工作。加强对社区股份合作公司的监管。建立信用信息系统，开通运行"深圳市企业信用信息系统"（深圳信用网）。推进廉政风险分级管理，建立行政决策评估问责机制等。

第四节　政府机构改革始终走在前列

自经济特区建立之后，深圳就一直在机构改革方面进行着大胆探索。

深圳经济特区建立后，在经济建设的过程中，中外合资、合作经营和外商独资经营的比重比较大，生产的商品主要供出口，市场调节在特区显得格外重要。因此，深圳经济特区必须主动从旧有行政体制和经济管理体制的束缚中挣脱出来，建立更加适应市场经济环境的新体制。当时，行政管理体制改革的基本思路是："按照现代企业制度中产权清晰和政企分开的要求，政府要将原来与政府职能合一的企业经营职能分开后还给企业，使企业从政府的附属物变成自主经营、自负盈亏、自我约束、自我发展的市场主体。"① 1980年，深圳市委、市政府开始行政改革的尝试，以"简政放权，扩权让利"为主要特点，实行财政包干，对于超额利润实行企业、主管局和市财政分成模式。

在初步尝试取得经验的基础上，深圳市委、市政府于1981年启动了第一次行政机构的改革，主要特点是"党政分工，政商分开"。通过改革，有效精简了领导班子的人数，市级领导人数大大减少，部办局领导职数一正两副，副职原则上不超过三人；还撤销合并了不必要的行政机构和层级，大大减少了各领域的行政人员。据统计："市属部委办局由原来的65个减到33个，机关行政人员由原来的2237人减到867人，减少了61%。"② 此外，此轮行政体制改革还果断裁撤了商业局、物资局、工业局等18个政企不分的行政机构，建立起具有独立市场主体地位的各类企业，适应了市场经济的发展要求。

---

① 深圳经济特区研究会、深圳市史志办公室：《深圳经济特区三十年》，海天出版社2011年版，第44页。

② 同上书，第45页。

1984年，深圳市委、市政府又启动了第二轮行政管理体制的改革，此轮改革的特点可谓"有减有增"。所谓"减"，主要是撤销了党委系统和政府系统相对应、相重叠的一些机构，将职能进一步转移到政府部门，做好党政分工，确保党委集中力量发挥领导核心作用，政府部门集中精力主抓中央和上级党组织方针政策的贯彻落实；所谓"增"，指的是按照政府应承担的宏观经济调控职能，充实了计划、财政、银行、审计等经济综合管理部门，以便于政府更好地行使宏观调控职能。

1986年下半年，深圳特区事业到了一个新起点，即由"打基础、铺摊子"向"上水平、求效益"的飞跃。面对新时期的新使命，党委必须进一步推动行政体制改革，以适应经济社会发展新形势的需要。这轮改革的特点主要是加强协调机构、强化监督机构、减少领导层级、便捷办事程序。1987年2月，深圳市委召开常委会，专题研究行政机构改革新方案，提出行政改革是一项复杂的系统工程，不是一次就能解决的，必须不断吸取经验，按照民主化、科学化的思路开展工作。通过这次改革，将原有的三级管理体制改革为市委、市政府和部委办局二级管理体制，减少了管理层级，有效提升了行政效率，有力地配合了经济体制改革。

1988年初，深圳市委紧紧围绕党的十三大关于政治体制改革的新思路，结合深圳实际情况，确定了深圳市行政体制改革的基本目标，主要是着眼于提高效率和活力，着眼于调动各方积极性、主动性，打造"高效、精干、协调"的行政管理机制以适应社会主义商品经济发展的新趋势。在深圳市委牵头下，组织了中央和本地的相关专家对行政体制改革的具体方案进行了大量研究，涉及领导体制、党政分工、机构改革、人事制度改革等多项内容，这些探索不仅在当时推动了深圳特区的行政体制改革，也为后来特区事业的发展奠定了坚实的制度基础。

党的十四大前后，深圳被列为国家和省机构改革的试点城市，按照中央的统一部署进行行政机构改革。1992年1月11日，深圳市委、市政府召开动员大会，贯彻实施《深圳市机构改革方案》。这已经是改革开放深圳建立经济特区后进行的第五次机构改革。

1992年3月，深圳市下发《关于印发深圳市直属机构改革方案要点的通知》。1993年9月，市编委批复下发各部门"三定"方案。这次改革的重点是转变职能，理顺关系，减少政府对企业的微观干预，加强宏观调控。其基本内容有：加强党的领导，理顺党政关系；转变政府对企业的微观干预，理顺政企关系；转变对事业单位的管理职能，理顺政事关系；调整党政机关部门之间职能配置，理顺其相互关系；进一步划分市与区（县）的职能，理顺市与区（县）的关系；进一步发展社会中介组织，完善社会自我管理机制。改革后市政府工作部门调整为40个，市委工作机构调整为8个，群团组织调整为5个；机关工作人员编制3077名。精简的机构意味着办事程序的精简，从外资、民营企业到广大人民群众无不深受其益。

1996年8月16日，深圳市委常委会讨论并通过《深圳市市属事业单位机构改革方案》，决定坚持政事分开、社会化和分类管理的原则，积极稳妥地推进事业单位的机构改革；采取逐步推进工资总额包干，住房、社会保险优惠，人员分流，保留离退休人员现行的经费供给渠道等一系列配套措施，搞好事业单位机构改革。11月6日，市委、市政府召开市属事业单位机构改革动员大会，宣布并公布撤、并单位名单。[①] 此举大大地提高了深圳行政效率，进一步方便了深圳人民群众的生活，并且对全国各地人才产生了很大的吸引力。通过机构改革，深圳市在优化管理体制方面走在了全国的前列，这对于深圳吸引优秀人才起到了很大的作用。

进入21世纪，深圳不断调整、改革、完善机构设置，为经济社会的发展提供了重要保障。截至目前，涉及范围最广、改革力度最大的是2019年推进的机构改革。2019年1月，深圳市委六届十一次全会对全市深化机构改革工作进行动员部署。1月10日，《深圳市机构改革方案》正式发布。此次改革，在共设置的53个党政机构中，党委机构19个（设在相关部门的市委议事协调机构的办事机构不计入机构限额），其中，纪检监察机关1个，工作机关18

---

① 深圳市史志办公室编：《中国共产党深圳历史大事记》，深圳报业集团出版社2012年版，第240页。

个；政府机构34个。除了与中央和省级机构基本对应的机构外，为了建立健全和优化市委对重大工作的领导体制机制，组建了市监察委员会同市纪律检查委员会合署办公，履行纪检、监察两项职责，实行一套工作机构、两个机关名称。组建市委审计委员会、市委教育工作领导小组、市委外事工作委员会，设市委全面深化改革委员会、市委全面依法治市委员会、市委网络安全和信息化委员会，作为市委议事协调机构。为了加强市委职能部门的统一归口协调管理职能，市委组织部统一管理市委机构编制委员会办公室和统一管理公务员工作，市委宣传部统一管理新闻出版和电影工作。为了优化政府职能，新组建和优化职责机构为市规划和自然资源局、生态环境局、卫生健康委员会、退役军人事务局、应急管理局、司法局、审计局、市场监督管理局、医疗保障局、档案局（市档案馆、市城建档案馆）、政务服务数据管理局，将市国税地税机构合并。不再设立市社会治安综合治理委员会及其办公室、市委维护稳定工作领导小组及其办公室，有关职责交由市委政法委员会承担。同时结合深圳地区的实际，因地制宜设置的机构有13个，包括7个市委工作机关和6个市政府工作部门，分别是：市委军民融合发展委员会办公室、市委台湾工作办公室、市委推进粤港澳大湾区建设领导小组办公室、市委老干部局、市委保密委员会办公室、市委机要局、市人才工作局作为市委工作机关；市城市管理和综合执法局、市政府口岸办公室、市扶贫协作和合作交流办公室、市中小企业服务局、市社会组织管理局、市城市更新和土地整备局作为市政府工作部门。

第五节　深圳城市基层党建的名片
——党群服务中心

基础不牢，地动山摇。基层党组织是党的全部战斗力的基础，是党的事业的组织支撑、工作支撑。深圳市大力推进社区党组织标准化建设，制定实施了城市基层党建"标准+"模式，破解了各领域基层党建整体性、协同性、互动性不够等问题。

2004年3月，深圳首个社区党委在罗湖区翠竹社区成立。2004年9月，深圳最后两个村——宝安沙井民主村、福永塘尾村同时挂牌成立社区居委会，不仅标志着宝安、龙岗两区城市化改制工作全部完成，也标志着深圳成为全国第一个没有农村行政建制和农村管理体制的城市。从此，社区成为深圳市基层社会的基本构成单元，成为党的基层组织建设的主阵地。在新的形势下，如何发挥社区党组织在社区建设中的领导核心作用，成为一个亟待回答的课题。深圳市积极探索，努力构建区域化党建格局，以党建创新带动社会管理创新，积极探索建设和谐社会的有效实现途径。2010年9月，深圳市委通过《关于实施扎根凝聚工程全面推进基层党建工作区域化的意见》，决定以城市社区为基本单位，充分整合基层党建工作资源，加快推进基层党建工作区域化，力争用3年左右时间在全市形成条块联动、区域统筹的基层党建工作新格局。其中最大的亮点是进一步健全设置党群服务中心。

改革开放初期，在"一元化"领导模式下，基层党组织作为治理结构的"终端"，还没有参与社群治理的自觉。到21世纪初，随着城市化迅速推进，多元社会主体"野蛮生长"，政府冲到基层一线"唱主角"，形成了以社区工作站为节点、行政主导下的基层治理结构，这时的基层党组织在社会治理架构中是一种"游离性存在"。为了巩固党在城市基层的群众基础、执政基础，深圳从2006年起推进区域化党建，实施党组织"扎根凝聚工程"，构建社区党委主导下的"一核多元"模式，发挥党委在社区各类组织中的领导核心作用。但这种单向度领导色彩比较浓厚的治理模式，使党组织与其他社会组织之间呈现出一定程度的结构化割裂和对抗性张力。因此，党的十八大以来深圳全面推进社区党建标准化，继之以2017年的"标准+"，建构了党委领导下社会各类主体和各种资源融合共生、同向共振的治理模式，以党群服务中心建设为重点，高标准打造、高水平投入、整体性推进、智慧化管理，充分调动各类主体服务人民、服务社会的积极性、主动性。

2017年3月，为进一步找准基层党建存在的突出问题，找出有效的对策措施，深圳对全市基层党建开展调研，形成89篇、近百万字的调研报告。随后，根据调研中提出的问题，深圳市委出台《关于加强党群服务中心建设管理的意见》在内的11个制度文件。有了文件做指导，深圳党群服务中心的定位从一开始就很明晰：坚持以人民为中心的发展思想，大力推进党群服务中心建设，打造向党员开放、向群众开放的共享空间，构建具有政治功能、服务功能、融合功能的红色家园，整合各种资源，为党员和群众提供综合性服务的支撑平台。

2018年七一前夕，深圳市、区两级党群服务中心正式揭牌启用，全市共建成1050个覆盖市、区、街道、社区以及商圈市场、商务楼宇等领域的党群服务中心，共同构成完整的三级党群服务中心体系。这就是深圳市委规划的"1+10+N"党群服务中心联盟。1个市级党群服务中心、10个区级党群服务中心、N个街道社区以及商务楼宇、产业园区、商圈市场等新兴领域党群服务中心，初步形成了政府治理和社会自我调节、居民自治良性互动的格局。

在高楼林立的城市里，基层党组织如果没有阵地、没有依托，区域统筹、资源整合、堡垒作用就会缺乏发力支点。点多面广，服务体系已经建立，也带来一个问题：日常沟通与管理如何实现？深圳市通过"智慧党建"信息系统，对全市所有基层党组织、所有党员进行联网管理，其终端从上到下延伸到每个街道社区，从点到面发散到每个支部，实现基层党组织情况"一捅到天"，上级部署要求"一插到底"，与党群服务中心体系相互融合，形成跨行政区域、跨组织架构、跨行业系统的信息化格局和服务网络，为强化基层党建引领基层治理，营造共建共治共享社会治理格局提供技术支持。

深圳党群服务中心的标志是由三叶草与党徽共同组成的一个心形。深圳1000多个党群服务中心，都以统一标准开放运行：每个中心总面积不少于650平方米；悬挂全市统一的标识和标牌，工作人员统一着装、佩戴工作牌，党员佩戴党徽上岗。中心布局普遍设教育培训、谈心谈话、宣传展示、图书阅览、群团活动、志愿服务、便民服务、文体活动等功能设施，并因地制宜完善功能设置。

按深圳建成区900平方公里计算，现在平均不到1平方公里就有一个党群服务中心。建好只是一方面,关键是要用好,突出阵地吸引力。与街道社区进行区域统筹是一项有益的尝试,能够有效破除不同层级、不同行业、不同领域互相分割的障碍。"双赢"的例子不少:龙华区民治街道北站社区党群服务中心由社区党委牵头成立党建联盟,定期召集驻社区单位、企业和各领域党组织开会研究解决具体问题,社区治理由以前的"各家自扫门前雪"变成现在的"众人拾柴火焰高"。高新技术产业园区党群服务中心下设14个党建服务站,整合党建资源举办企业高管和党务工作者培训班,培育了大疆、光启、百度等一批非公企业党建先进典型,发挥了"党建孵化器"作用。2018年10月24日,习近平总书记来到深圳北站社区党群服务中心考察,对社区管理给予高度肯定。

展望未来,深圳将更加紧密地团结在以习近平同志为核心的党中央周围,不忘初心、牢记使命,为深圳建设中国特色社会主义先行示范区、创建社会主义现代化强国的城市范例、实现中华民族伟大复兴的中国梦做出更大贡献。

附录一 深圳特区改革开放 40 年大事记

1979 年

1月23日 中共广东省委决定：将宝安县改为深圳市，成立深圳市委，分别由省和惠阳地区实行双重领导。11月，深圳市由双重领导体制改为地区一级的省辖市。张勋甫任中共深圳市委书记，成为深圳建市后的第一任市委书记。

1月31日 中共中央、国务院正式决定由香港招商局兴办蛇口工业开发区。7月8日，蛇口工业区基础工程破土动工，轰隆隆的开山炮炸醒了沉睡的蛇口，史称中国改革开放"第一炮"。11月18日，广东省、深圳市与招商局三方代表在广州签订了《关于经营蛇口工业区的内部协议》，蛇口工业区由此成为深圳经济特区的一个组成部分，是中国最早对外开放的工业区。

3月5日 国务院批复广东省，同意将宝安县改设为深圳市，以宝安县的行政区域为深圳市的行政区域。

4月5—28日 中央召开工作会议。广东省委提出，希望中央下放若干权力，允许深圳、珠海和汕头举办贸易合作区。邓小平表示赞同，并主张：还是叫特区好，陕甘宁开始就叫特区嘛！中央没有钱，可以给些政策，你们自己去搞，杀出一条血路来！

7月15日 中共中央、国务院批转广东省委、福建省委关于对外经济活动实行特殊政策和灵活措施的两个报告，同意在深圳、珠海、汕头和厦门试办出口特区。

9月 按照国务院、中央军委的命令,中国人民解放军基建工程兵调集1041人组成先遣团,从鞍山市开赴深圳市,拉开了基建工程兵建设深圳特区的序幕。截至1982年秋,共2万多名基建工程兵先后来到深圳,成为深圳经济特区第一批拓荒者。国务院、中央军委于1982年8月作出《关于撤销基建工程兵的决定》,同年11月5日决定将在深的基建工程兵改编为市属企业职工。1983年9月,在深基建工程兵集体转业,正式改编为深圳市属建筑施工企业职工。

1980 年

5月16日 中共中央、国务院批转《广东、福建两省会议纪要》,正式将深圳等出口特区改称为经济特区,提出特区的管理可以采取与内地不同的体制和政策,主要实行市场调节,给予外商、侨商政策优惠。

6月12日 吴南生任中共深圳市委第一书记、深圳市革委会主任。

8月26日 第五届全国人大常委会第十五次会议批准国务院提出的《广东省经济特区条例》,深圳经济特区正式成立。

12月5日 深圳市房地产公司与香港中央建业有限公司签订营建商住大厦协议,这是中国内地收取土地使用费的第一次尝试。

1981 年

1月29日 深圳市建筑工程实行工程招标承包制改革,第一个招标工程深圳国际商业大厦破土动工,开创中国内地工程招投标先河。

2月20日 梁湘任中共深圳市委第一书记。

3月10日 深圳经济特区房地产公司成立了内地第一家物业管理企业——深圳市物业管理有限公司，东湖丽苑成为中国内地第一个实行市场化物业管理的小区。

5月27日—6月14日 国务院在北京召开广东、福建两省和经济特区工作会议。7月19日，中共中央、国务院批转会议纪要。会议认为，试办经济特区，是广东、福建两省实行特殊政策的一项重要内容，是执行开放政策、吸收外资的一种特殊形式，特区变成租界和殖民地的疑问是没有根据的。会议提出"一定要把经济特区办好"，真正办起来，并根据全国人大常委会批准的《广东省经济特区条例》，拟定了十条政策措施。

10月 广东省委决定：将深圳市升格为同广州市一样建制的省辖市。深圳率先在深港合资企业竹园宾馆、友谊餐厅进行劳动用工改革试点，推行用人自主的劳动合同制。

11月17日，广东省第五届人大常委会通过《广东省经济特区企业劳动工资管理暂行规定》，把特区企业实行劳动合同制以法规形式予以确认。

12月24日 广东省人大常委会第十三次会议通过和公布经济特区四项单列法规，其中《深圳经济特区土地管理暂行规定》在全国率先确定将土地使用权和所有权分开，实行土地有偿使用和转让。

1982 年

3月20—24日 深圳市政府代表团赴港与香港政府代表团举行会谈，就兴建皇岗落马洲大桥、文锦渡新桥、沙头角桥以及设立大小梅沙至香港旅游专用口岸等问题，签署了有关协议。

5月24日 经过一年的试刊后，深圳市委机关报《深圳特区报》正式创刊，面向国内外发行，成为深圳经济特区权威媒体和第一大报。

1983 年

1月14日　深圳市委决定筹办深圳大学，3月8日获广东省政府批复，5月10日获国务院批准。9月27日，深圳大学成立暨第一届开学典礼在深圳戏院举行，成为深圳第一所全日制高等院校。

8月26日　深圳市政府颁布《深圳市实行劳动合同制暂行办法》，此后深圳市所有国有企业、事业单位、国家机关、团体以及集体所有制单位新增工人一律实行劳动合同制。

9月25日　经国务院和广东省政府批准，深圳蛇口工业区码头正式成为国家对外开放口岸。

12月15日　经国务院批准，全国铁路系统第一个独立的经济实体——广深铁路公司成立。该公司突破传统的建制模式，实行"自主经营、自负盈亏、自我改造、自我发展"的经济承包责任制。

1984 年

1月24—29日　邓小平视察深圳、珠海两个经济特区。2月1日，邓小平为深圳特区题词："深圳的发展和经验证明，我们建立经济特区的政策是正确的。"并将落款日期写为离开深圳的1月26日。

4月30日　1982年11月1日开工建设的国贸大厦封顶，高度150米，保持了10年的全国第一高楼。国贸大厦更因为创造了"三天一层楼"的"深圳速度"而被载入史册。

7月27日　《孺子牛》雕塑在深圳市委大院落成，这座铜雕成为深圳建设者开拓创新精神的象征。

11月1日　深圳宣布在全市范围内敞开粮油供应，取消一切票证，同时取消国家对粮油、菜、肉、水、电、煤气等商品的财政补贴，早于全国9年终结了施行近40年的票证制度。

1985 年

4月25日 蛇口工业区民主选举第二届管委会领导成员,袁庚以最高票连任,上届七名委员中有三名落选。

7月30日 深圳市政府与中国科学院联合创办了深圳科技工业园(现更名为"深圳市高新技术产业园区"),这是中国内地第一个科技园区。1991年,该园成为首批国家级高新技术产业园区。

11月4日 经中国人民银行总行批准,深圳特区证券公司成立。这是全国第一家证券公司,属非银行金融机构,是独立核算、自负盈亏的经济实体。

11月9日 深圳市政府颁布《深圳经济特区外汇调剂暂行办法》,决定成立深圳经济特区外汇调剂中心,这是全国首家外汇调剂中心,第一次在高度集中的外汇管理体制之外,开辟了市场分配外汇的新途径。

11月11日 华侨城集团成立,拉开了中国内地"主题公园"建设序幕,华侨城的文化产业逐步成为行业典范。

12月25日—1986年1月5日 国务院在深圳召开特区工作会议。参加会议的有深圳、珠海、汕头、厦门四个经济特区,广东、福建两省和国务院29个部门负责同志,中央书记处书记、国务委员谷牧主持会议。2月7日,国务院批转《经济特区工作会议纪要》。

1986 年

5月15日 李灏任深圳市委书记。

10月15日 深圳市政府颁布实施《深圳经济特区国营企业股份化试点暂行规定》,探索国有企业股份制改造新路。

1987 年

2月4日　深圳市政府颁布《关于鼓励科技人员兴办民间科技企业的暂行规定》，鼓励科技人员以现金、事务、个人专利、专业技术商标权作为资本投资入股，催生了一大批高科技民营企业。同年，华为技术有限公司在深圳创立。

4月8日　中国第一家由企业集团创办的股份制商业银行——招商银行在深圳蛇口开业。

5月9日　深圳市监察局成立，作为市政府负责监察工作的专门机构，这是全国第一个与纪委分开设立的地方行政监察机构，承担了探索廉政建设新道路的使命。

12月1日　深圳市政府在全国首次以公开拍卖的方式有偿转让国有土地使用权，引发新中国土地使用制度的"第一场革命"。深圳特区房地产公司以525万元的最高价获得一块8588平方米的商品住宅用地50年的使用权。

1988 年

1月13日　蛇口举行了一场"青年教育专家与蛇口青年座谈会"，蛇口青年就人生价值观念等问题，与专家展开了激烈论战。通过国内外媒体报道和评论，引发了历时一个月有关新时期青年思想工作的全国讨论。这场座谈会后来被称为"蛇口风波"。

4月7日　深圳发展银行发行的股票在深圳正式挂牌上市，该行成为国内第一家向社会公众公开发行股票的银行。

5月27日　由蛇口工业区下属社会保险公司与中国工商银行深圳信托投资公司合办的深圳平安保险公司在蛇口成立，这是中国内地第一家由企业创办的股份制保险机构。

10月3日　国务院批准深圳市在国家计划中实行单列，赋予深圳市相当于省一级的经济管理权限。

1989 年

9月20日　共青团深圳市委组织19名热心人士成立内地首个义工团体，开通"关心，从聆听开始"青少年服务热线电话，"有困难找义工，有时间做义工"，一度成为最温暖的口号。

1990 年

6月21—23日　中共中央总书记江泽民考察深圳经济特区，7月3日，江泽民为深圳特区题词："继续办好深圳经济特区，努力探索有中国特色的社会主义路子。"

12月1日　深圳证券交易所试营业。截至2019年12月底，深交所共有上市公司2205家，其中主板471家、中小板943家、创业板791家，总市值23.74万亿元；挂牌债券（含资产支持证券）5998只，挂牌面值2.08万亿元；挂牌基金530只，资产净值1933亿元。

12月15—18日　中国共产党深圳第一次代表大会在深圳会堂召开。市委书记李灏做题为《继续办好深圳经济特区　努力探索有中国特色的社会主义路子》的报告，提出要当好探索有中国特色的社会主义道路的"排头兵"，把深圳建成综合性经济特区和外向型、多功能的国际性城市，成为经济繁荣、社会全面进步的社会主义窗口。

1991 年

5月15日　中国第一个股票市场管理条例《深圳市股票发行和

交易管理暂行办法》实施。

5月28日　国务院批准在深圳市设立福田保税区和沙头角保税区，面积分别为1.35平方公里和0.2平方公里。

10月12日　深圳机场建成通航，深圳海陆空现代立体交通体系初步形成。2001年9月18日，更名为深圳宝安国际机场。

11月26日　深圳市中级人民法院成立全国首家立案处，专门负责立案工作，在全国首先实行"立审分离"制度，得到最高人民法院的肯定和推广。

1992 年

1月18日—2月21日　邓小平视察武昌、深圳、珠海、上海等地并发表著名的南方谈话，明确回答长期困扰和束缚人们思想的许多重大认识问题。指出，坚持党的十一届三中全会以来的路线、方针、政策，关键是坚持"一个中心、两个基本点"，基本路线要管一百年；判断姓"社"姓"资"的标准，应该主要看是否有利于发展社会主义社会的生产力，是否有利于增强社会主义国家的综合国力，是否有利于提高人民的生活水平；要抓住时机，发展自己，发展才是硬道理。特别强调，计划多一点还是市场多一点，不是社会主义与资本主义的本质区别。社会主义的本质，是解放生产力，发展生产力，消灭剥削，消除两极分化，最终达到共同富裕。南方谈话是把改革开放和现代化建设推进到新阶段的又一个解放思想、实事求是的宣言书。邓小平在深圳提出"改革开放胆子要大一些，敢于试验，不能像小脚女人一样。看准了的，就大胆地试，大胆地闯。深圳的重要经验就是敢闯。""特区姓'社'不姓'资'。"

3月26日　《深圳特区报》发表《东方风来满眼春——邓小平同志在深圳纪实》的长篇通讯，在海内外引起强烈反响，各大报均予转载。

5月4日　《深圳市社会保险暂行规定》颁布试行，在中国内地率先探索"社会共济与自我保障有机结合"的新型社会保障制度。

6月18日　深圳市委、市政府颁布《关于深圳经济特区农村城市化的暂行规定》，福田、南山、罗湖、盐田等原特区内四个区全面实现城市化，掀起深圳特区第一次城市化建设高潮。

7月1日　第七届全国人大常委会第二十六次会议审议通过《关于授权深圳市人大及其常委会和深圳市人民政府分别制定法规和规章在深圳经济特区实施的决定》，授予深圳经济特区立法权。

8月9—10日　深圳发生"8·10"股票风波。由于股票市场快速发展，人们购买股票的热情也越来越高。8月9日深圳发行500万张新股认购抽签表，中签的抽签表可以申购股票，由于利益巨大，100多万股民从全国各地涌入深圳。许多股民连夜冒雨排队也没有买到抽签表，他们怀疑有营私舞弊行为。人们开始上街游行，包围市政府，并出现砸汽车、攻击执勤干警等暴力行为。8月11日，深圳决定增发新股认购抽签表，满足股民的需要，风波得以平息。这次事件后，深圳总结教训，股票市场越来越规范。并催生了中国证券市场的监管机构中国证券监督管理委员会。

8月11日　国务院批复同意撤销深圳市宝安县建制，建立宝安、龙岗两区。

1993 年

2月8日　深圳市产权交易所挂牌成立，成为中国第一家跨地区产权交易所，标志着企业产权转让正式进入市场。

4月　厉有为任深圳市委书记。

4月26日　《深圳经济特区有限责任公司条例》和《深圳经济特区股份有限公司条例》颁布，分别于7月1日和10月1日起施行，标志着现代意义的公司法律制度框架在深圳经济特区率先建立。

8月5日　深圳罗湖区与清水河油气库相邻的一处危险品仓库发生火灾，并引起连续爆炸，幸未波及油气库。爆炸导致15人丧生，800多人受伤，3.9万平方米建筑物毁坏，直接经济损失2.5

亿元。

9月28日 《深圳市国家公务员管理办法》颁布实施，成为中国内地第一部公务员规章。

1994 年

2月25日 中央机构编制委员会文件（中编〔1994〕1号）正式将深圳等16个市的政府行政级别升格为副省级。

3月14日 国内学者胡鞍钢提出特区不能再"特"了，必须对中国经济特区政策进行彻底调整，引发一场"特区不特"之争。

6月19—21日 中共中央总书记江泽民视察深圳，重申经济特区的"三个不变"：中央对发展经济特区的决心不变，中央对经济特区的基本政策不变，经济特区在全国改革开放和现代化建设中的地位和作用不变。

7月18日 广深高速建成通车，为深圳加强与周边城市的经贸往来、交流合作提供了便利。

1995 年

4月 中国共产党深圳第二次代表大会召开，选举产生了中共深圳市第二届委员会，市委书记为厉有为。

6月22日 全国首家地方性股份制商业银行——深圳城市合作商业银行经中国人民银行总行批准宣告成立。

12月5—7日 江泽民再次视察深圳，为深圳题词："增创新优势，更上一层楼"。

1996 年

3月6日 广深铁路股份有限公司在深圳注册成立，成为中国内地首家铁路股份有限公司。4月9日，国务院证券委员会批准该公司向境外公众发行境外上市外资股股票。

4月25日 深圳地王大厦竣工验收，共69层，总高度383.95米，成为当时亚洲第一高楼、世界第四高楼。

9月27日 国务院批准设立盐田港保税区，面积0.85平方公里。

11月18日 深圳市颁布实施关于国有企业领导体制改革的五个"暂行规定"：《深圳市公司董事会工作暂行规定》《深圳市公司经理工作暂行规定》《深圳市党组织工作暂行规定》《深圳市公司监事会工作暂行规定》《深圳市公司工会工作暂行规定》，国企改革取得重大突破，开始进入实质性整体推进阶段。

1997 年

5月21日 新华社发布消息：国家体制改革委员会认为深圳已经建立社会主义市场经济的十大体系，初步形成社会主义市场经济新体制，标志着深圳基本完成了从计划经济到社会主义市场经济的过渡。

7月1日 拂晓，解放军驻港部队地面部队3000多名官兵乘坐400多辆车，分别从文锦渡口、皇岗、沙头角口岸进驻香港，深圳市20万群众夹道欢送。

11月11日 经国务院批准，深圳市新设置市辖盐田区，面积67.36平方公里。

1998 年

1月10日 张高丽任深圳市委书记。

1月25日 深圳市委、市政府发布《深圳市政府审批制度改革实施方案》，开创中国内地审批制度改革先例。

11月11日　马化腾和张志东注册成立"深圳市腾讯计算机系统有限公司"。1999年2月，腾讯公司推出自主开发的基于Internet的即时通信软件"QQ"，开启网上个人即时通信方式。

1999年

5月22日　深圳市政府、北京大学、香港科技大学三方在深圳市高新技术区共同创建深港产学研基地，创新了深港科技合作的新模式。8月16日，基地首批8个项目正式签约启动。

9月10日　深圳虚拟大学园在高新技术产业园区成立，成为国家科教改革的重要载体和先行示范。北京大学、中国科技大学、中国工程学院、深圳大学等22所名校成为首批进入园区的大学。

9月15日　深圳市创作的歌曲《走进新时代》、电影《花季·雨季》等5部文艺作品获全国"五个一工程奖"。

10月5—10日　首届中国国际高新科技成果交易会在深圳举行，其后每年一届，成为"中国科技第一展"。

2000年

5月　中国共产党深圳第三次代表大会召开，选举产生了中共深圳市第三届委员会，市委书记为张高丽。

5月26日　深圳数码港举行揭牌典礼，这是中国内地第一家由政府、金融机构与企业共同创办的软件、网络高新技术企业孵化器。

7月26日　深圳市政府常务会议通过《关于创建深圳大学城的总体方案》，第一期规划开发建设3.8平方公里，2003年9月基本完成教学基础设施建设并入驻。深圳大学城成为全国唯一经国家教育部批准，由深圳地方政府联合著名大学共同举办、以培养全日制研究生为主的研究生院群。

10月4—20日　在波兰举行的第十四届肖邦国际钢琴大赛上，深圳市艺术学校18岁学生李云迪夺得大赛第一名，这是中国人首次摘取这一世界最高级别钢琴大赛桂冠。

10月14日　深圳国际高新技术产权交易所挂牌成立，为促进中国高科技成果产业化提供了有益的探索。

11月1日　首届"深圳读书月"在深圳书城罗湖城广场正式启动，本届主题为"营造书香社会　共创美好未来"。

11月14日　邓小平塑像揭幕仪式在深圳市莲花山举行，中共中央总书记江泽民为塑像揭幕。同日，"深圳经济特区建立20周年庆祝大会"在深圳体育馆隆重举行。

2001 年

3月6日　中国第一部关于土地交易的地方性规章——《深圳市土地交易市场管理规定》颁布实施，规定所有经营性土地都必须在土地房产交易中心挂牌交易，经营性土地供应由多轨制变为单轨制。

6月25日　深圳大鹏所城被国务院公布为第五批全国重点文物保护单位，其后被建设部和国家文物局公布为中国历史文化名村。

12月6日　黄丽满任深圳市委书记。

2002 年

1月1日　全国第一部针对个人信用的立法——《深圳市个人信用征信及评级业务管理办法》正式实施。

8月28日　深圳市政府召开新闻发布会，宣布深圳市实行国有大型企业国际招标改革，在探索国有企业产权主体多元化方面实现突破。

2003 年

1月2日 中共深圳市委三届六次全体（扩大）会议公布新深圳精神，即"开拓创新、诚信守法、务实高效、团结奉献"。1990年曾提出"开拓、创新、团结、奉献"的深圳精神，这一次进一步提炼和扩充。会议同时提出实施"文化立市"战略，在全国率先吹响"文化立市"的号角。

1月22日 深圳市首宗集体资产产权转让拍卖在市产权交易中心举行，深圳市首次采取公开竞价的方式转让集体资产权。

4月11—12日 中共中央总书记、国家主席胡锦涛视察深圳经济特区。要求深圳加快发展、率先发展、协调发展，继续发挥"试验田"和"示范田"的作用，在制度创新和对外开放方面走在前面，为全国提供更多有益经验。

10月30日 《中共深圳市委 深圳市人民政府关于加快宝安龙岗两区城市化进程的意见》发布，龙岗、宝安两区开始推行农村城市化进程试点工作。到2004年底，深圳全部土地为国有土地，村委会改建为居委会，农民户口簿全部更换为城镇居民户口簿，深圳成为中国首个无农村城市。

2004 年

5月17日 中国证监会批准深圳证券交易所在主板市场内设立"中小企业板块"。

8月26日 深圳市龙岗区布吉、横岗等9个街道举行挂牌仪式，深圳取消镇一级建制。

11月19日 深圳市事业单位人事制度改革正式启动，改革的总体目标是在事业单位全面推行职员制。

2005 年

1月4日　深圳市启动全国首个行政许可电子监察系统。

5月　中国共产党深圳第四次代表大会召开,选举产生了中共深圳市第四届委员会,市委书记为李鸿忠。

5月22日　深圳渔农村一次性爆破拆除16栋楼房,拉响了深圳城中村改造的"第一爆"。

12月8日　深圳出台《关于健全行政责任体系　加强行政执行力建设的实施意见》,率先建立行政首长问责制。

2006 年

1月5日　深圳市委、市政府发布《关于实施自主创新战略建设国家创新型城市的决定》。

8月7日　深圳举行"国家电子政务试点城市"揭牌仪式,成为全国首个"国家电子政务试点城市"。

2007 年

3月5日　中央首次明确提出在深圳经济特区推行综合配套改革试点,深圳经济特区与上海浦东新区、天津滨海新区一道,成为中国三大综合配套改革试点地区。

6月14日　深圳出台《深圳市少年儿童住院及大病门诊医疗保险试行办法》,深圳成为中国内地第一个实现"全民医保"的城市。

2008 年

1月2日　刘玉浦任深圳市委书记。

12月7日　联合国教科文组织授予深圳"设计之都"称号，深圳成为全球第6个、中国首个获此殊荣的城市。

12月16日　深圳市委、市政府发布《深圳市法治政府建设指标体系（试行）》，在中国内地率先推出法治政府建设指标体系。

12月31日　国务院批复《珠江三角洲地区改革发展规划纲要（2008—2020年）》，确定深圳"一区四市"的定位，即综合配套改革试验区、全国经济中心城市、国家创新型城市、国际化城市和中国特色社会主义示范市。

2009 年

4月8日　国务院常务会议决定在上海市和广东省广州、深圳、珠海、东莞4城市开展跨境贸易人民币结算试点。

5月26日　国务院正式批复《深圳市综合配套改革总体方案》，提出深圳要争当科学发展示范区、改革开放先行区、自主创新领先区、现代产业集聚区、粤港澳合作先导区、法治建设模范区，强化全国经济中心城市和国家创新型城市地位，加快建设国际化城市和中国特色社会主义示范市。

10月23日　深圳证券交易所创业板开市交易，中国多层次资本市场进一步完善。

2010 年

5月　中国共产党深圳第五次代表大会召开，选举产生了中共深圳市第五届委员会，市委书记为王荣。

5月18日　国务院《关于扩大深圳经济特区范围的批复》批准深圳经济特区范围扩大到深圳全市，将宝安、龙岗两区纳入特区范围。深圳经济特区从原有的395.8平方公里，扩大为1952.8平方公里。自2010年7月1日起正式实施。

8月16日　国务院《关于深圳市城市总体规划的批复》提出：要逐步把深圳市建设成为经济繁荣、社会和谐、生态良好、特色鲜明的现代化城市。

9月6日　深圳经济特区成立30周年庆祝大会在深圳举行，中共中央总书记胡锦涛出席大会并讲话。他指出，兴办经济特区是党和国家为推进中国改革开放和社会主义现代化作出的一项重大决策，是中国共产党人和中国人民在探索中国特色社会主义道路上进行的一个伟大创举。经过30年的不懈努力，深圳迅速从一个边陲小镇发展成为一座现代化大城市，综合经济实力跃居全国大中城市前列，创造了世界工业化、现代化、城市化发展史上的奇迹。深圳经济特区广大干部群众以蓬勃的进取精神和创新实践，为中国改革开放和社会主义现代化建设做出了重要贡献。经济特区不仅应该继续办下去，而且应该办得更好。中央将一如既往支持经济特区大胆探索、先行先试、发挥作用。

12月24日　深圳市五届人大第五次会议通过《深圳经济特区加快经济发展方式转变促进条例》。

2011 年

1月10日　深圳市前海深港现代服务业合作区管理局、前海湾保税港区管理局正式挂牌运作。7月1日，国务院正式批准建立深圳前海深港现代服务业合作区建设部际联席会议制度。7月6日，深圳市公布《深圳经济特区前海深港现代服务业合作区条例》。9月5日，深圳市政府颁布《深圳市前海深港现代服务业合作区管理局暂行办法》。

5月12日 《深圳十大观念》由深圳报业集团出版社出版发行。该书源自2010年8月20日开始的由深圳报业集团主办、几百万市民参与投票的"深圳最有影响力十大观念"评选活动，评选出的十大观念是"时间就是金钱，效率就是生命""空谈误国，实干兴邦""敢为天下先""改革创新是深圳的根、深圳的魂""鼓励创新，宽容失败""深圳，与世界没有距离""让城市因热爱读书而受人尊重""实现市民文化权利""送人玫瑰，手有余香""来了，就是深圳人"。

5月21日 深圳汕尾特别合作区授牌仪式在广州举行，深汕特别合作区面积200平方公里。

7月27日 深圳市政府与香港大学合作举办香港大学深圳医院签约暨医院揭牌仪式在深圳市民中心举行。

8月12—23日 第二十六届世界大学生夏季运动会在深圳举办。国家主席胡锦涛出席开幕式。

2012年

4月2日 中国佛教协会名誉会长、当代佛教界德高望重的本焕长老，于零时36分在深圳弘法寺圆寂，世寿106岁。

4月24日 教育部同意深圳建立南方科技大学。9月2日南方科技大学举行成立大会暨开学典礼。

12月7—8日 中共中央总书记、中央军委主席习近平视察深圳。他强调，党的十八大向全党全国发出了深化改革开放新的宣言书、新的动员令，全党全国各族人民要坚定不移走改革开放的强国之路，更加注重改革的系统性、整体性、协同性，做到改革不停顿、开放不止步，为全面建成小康社会、加快推进社会主义现代化而团结奋斗。习近平指出，现在中国改革已经进入攻坚期和深水区，我们必须以更大的政治勇气和智慧，不失时机深化重要领域改革。深化改革开放，要坚定信心、凝聚共识、统筹谋划、协同推进。改革开放是决定当代中国命运的关键一招，也是决定实现"两个一百年"奋斗目标、实现中华民族伟大复兴的关键一招。实践发展永无止境，解放思想永无止境，改革开放也永无止境，停顿和倒退没有出路。我们要坚持改革开放正确方向，敢于啃硬骨头，敢于涉险滩，既勇于冲破思想观念的障碍，又勇于突破利益固化的樊篱。我们要尊重人民首创精神，在深入调查研究的基础上提出全面深化改革的顶层设计和总体规划，尊重实践、尊重创造，鼓励大胆探索、勇于开拓，聚合各项相关改革协调推进的正能量。

2013 年

5月30日　前海股权交易中心在深圳开业，首批挂牌企业1200家，战略合作机构71家，成为国内人气最旺、最具吸引力的OTC市场（场外交易市场）。

8月31日　国家质检总局授予深圳"全国质量强市示范城市"称号。

10月21日　联合国教科文组织授予深圳"全球全民阅读典范城市"称号。

2014 年

6月4日　国务院批准深圳建设国家自主创新示范区。这是中国首个以城市为基本单元的国家自主创新示范区。

9月1日　《深圳市商事主体行政审批事项权责清单》出台，深圳市成为全国第一个公开发布政府商事登记审批事项权责清单及后续监管办法的城市。

12月29日　根据中央批准的试点方案，最高人民法院第一巡回法庭设在广东省深圳市。2015年1月28日，最高人民法院第一巡回法庭在深圳揭牌成立。

2015 年

1 月　中共中央总书记、国家主席、中央军委主席习近平对深圳工作作出重要批示。批示要求，深圳市要牢记使命、勇于担当、开动脑筋、解放思想、大胆探索、勇于创新，在"四个全面"中创造新业绩，努力使经济特区建设不断增创新优势、迈上新台阶。

3 月 24 日　中共中央政治局会议审议通过广东、天津、福建自由贸易试验区总体方案。4 月 27 日，作为广东自贸区组成部分之一的深圳前海蛇口自贸区举行挂牌仪式。

5 月　中国共产党深圳第六次代表大会召开，选举产生了中共深圳市第六届委员会，市委书记为马兴瑞。

12 月 20 日　深圳市光明新区凤凰社区红坳渣土受纳场发生滑坡事故，造成 73 人死亡，4 人下落不明，17 人受伤，33 栋建筑物被损毁、掩埋。事故造成直接经济损失 8.81 亿元。事故发生后，党中央、国务院高度重视。习近平总书记立即作出重要指示，要求广东省、深圳市迅速组织力量开展抢险救援，第一时间抢救被困人员，尽最大努力减少人员伤亡，做好伤员救治、伤亡人员家属安抚等善后工作。李克强总理作出批示，要求抓紧核实情况，全力组织搜救，全力救治受伤人员，尽最大努力减少伤亡。2016 年 7 月，国务院调查组事故调查报告认定，这是一起特别重大生产安全责任事故。

2016 年

11 月 30 日　深圳建市以来投资最大的工业项目——华星光电 G11 项目开工建设，总投资 538 亿元。

12 月 5 日　"深港通"继"沪港通"之后开通，这是中国资本市场对外开放的又一次新尝试。

12月31日　许勤任深圳市委书记。

2017 年

1月3日　在香港举行的深港合作会议上，深港签署《关于港深推进落马洲河套地区共同发展的合作备忘录》，同意合作发展河套地区为"港深创新及科技园"，新时期深港加强战略合作迈出里程碑一步。

1月7日　经国务院批准，深圳龙华区、坪山区揭牌成立。原为龙华新区和坪山新区。

4月2日　王伟中任深圳市委书记。

7月1日　习近平出席庆祝香港回归祖国20周年大会暨香港特别行政区第五届政府就职典礼。同日，习近平出席在香港举行的《深化粤港澳合作推进大湾区建设框架协议》签署仪式。建设粤港澳大湾区成为国家战略。

2018 年

2月2日　深圳公布：2018年全市本地生产总值为24221.98亿元，经济总量首次超过香港，居亚洲城市第五位。

2月11日　深圳市政府出台《关于加大营商环境改革力度的若干措施》，被称为"营商环境改革20条"。

5月26—28日　中国共产党与世界政党高层对话会专题会议在深圳举行，来自100多个国家、200多个政党的500多名政党领导人出席会议。

7月19日　美国《财富》杂志发布2018年世界500强排行榜，深圳本土有7家企业上榜，分别为中国平安、华为、正威国际、恒大、招商银行、腾讯、万科。

9月16日　近35年来最为严重的强台风"山竹"袭击深圳。

深圳防风救灾工作经受住了考验，实现无重大灾情、无人员死亡、无负面舆情。

10月24日　习近平总书记时隔6年再次视察深圳，向世界宣示了中国改革不停顿、开放不止步的决心，要求深圳朝着建设中国特色社会主义先行示范区的方向前行，努力创建社会主义现代化强国的城市范例。

12月4日　深圳出台《关于更大力度支持民营经济发展的若干措施》，提出"4个千亿"政策：确保2018年企业减负降成本1000亿元以上；实现新增银行信贷规模1000亿元以上；实现民营企业新增发债1000亿元以上；设立总规模1000亿元的深圳市民营企业平稳发展基金。

12月18日　庆祝改革开放40周年大会在北京人民大会堂举行。中共中央总书记、国家主席、中央军委主席习近平出席大会并发表重要讲话。大会宣读了获得改革先锋称号人员名单，深圳马化腾、禹国刚、袁庚被中央授予改革开放先锋。

12月26日　习近平总书记对深圳工作作出重要批示，肯定深圳经济特区改革开放以来取得的显著成绩，要求深圳市委、市政府要始终牢记党中央创办经济特区的战略意图，认真总结改革开放40年成功经验，坚持和加强党的全面领导，坚持全面深化改革，坚持全面扩大开放，坚持以人民为中心，践行高质量发展要求，深入实施创新驱动发展战略，抓住粤港澳大湾区建设重大机遇，增强核心引擎功能，朝着建设中国特色社会主义先行示范区的方向前行，努力创建社会主义现代化强国的城市范例。希望深圳市广大干部群众继续解放思想、真抓实干，改革开放再出发，不断推动深圳工作开创新局面、再创新优势、铸就新辉煌，在新时代走在前列、新征程勇当尖兵。

2019年

2月18日　中共中央、国务院印发《粤港澳大湾区发展规划纲要》，提出以香港、澳门、广州、深圳四大中心城市作为区域发展的核心引擎，要求深圳发挥作为经济特区、全国性经济中心城市和国家创新型城市的引领作用，加快建成现代化国际化城市，努力成为具有世界影响力的创新创意之都。

7月24日　根据习近平总书记关于深圳工作的重要讲话和指示批示精神，中央全面深化改革委员会第九次会议审议通过《关于支持深圳建设中国特色社会主义先行示范区的意见》。会议强调，支持深圳建设中国特色社会主义先行示范区，要牢记党中央创办经济特区的战略意图，坚定不移走中国特色社会主义道路，坚持改革开放，践行高质量发展要求，深入实施创新驱动发展战略，抓住粤港澳大湾区建设重要机遇，努力创建社会主义现代化国家的城市范例。

8月18日　《中共中央　国务院关于支持深圳建设中国特色社会主义先行示范区的意见》全文发布。该《意见》支持深圳在更高起点、更高层次、更高目标上推进改革开放，提出深圳"五大战略定位"：高质量发展高地、法治城市示范、城市文明典范、民生幸福标杆、可持续发展先锋。提出"三阶段发展目标"：到2025年，深圳经济实力、发展质量跻身全球城市前列，研发投入强度、产业创新能力世界一流，文化软实力大幅提升，公共服务水平和生态环境质量达到国际先进水平，建成现代化国际化创新型城市。到2035年，深圳高质量发展成为全国典范，城市综合经济竞争力世界领先，建成具有全球影响力的创新创业创意之都，成为中国建设社会主义现代化强国的城市范例。到21世纪中叶，深圳以更加昂扬的姿态屹立于世界先进城市之林，成为竞争力、创新力、影响力卓著的全球标杆城市。

12月18日　"2019深圳全球招商大会"举行，现场签约128个项目，总投资额超过5600亿元。

12月26—27日　中共深圳市委六届十三次全会召开，部署十个方面重点工作，会议号召全市上下更加紧密地团结在以习近平同志为核心的党中央周围，以深圳经济特区建立40周年为新起点，不忘初心、牢记使命、接续奋斗，闻鸡起舞、日夜兼程、风雨无阻，奋力朝着建设中国特色社会主义先行示范区的方向前行，努力创建社会主义现代化强国的城市范例，为广东实现"四个走在全国前列"、当好"两个重要窗口"，为实现"两个一百年"奋斗目标和中华民族伟大复兴的中国梦做出新的更大贡献。

附录二 深圳部分指标和图表

2019 年深圳部分指标数据

指标	单位	数值	比上年增长（%）
地区生产总值	亿元	26927.09	6.7
三次产业结构	%	0.1：39：60.9	
人均地区生产总值	元	203489（29498 美元）	3.0
辖区公共财政收入	亿元	9424	3.5
其中一般公共预算收入	亿元	3773.21	6.5
高新技术产业增加值	亿元	9230.85	11.3
战略性新兴产业增加值	亿元	10155.51	8.8
工业增加值	亿元	9587.94	4.4
集装箱吞吐量	万标箱	2576.92	0.1
固定资产投资	亿元	7374.71	18.8
社会消费品零售总额	亿元	6582.85	6.7
货物进出口总额	亿元	29773.86	-0.6
其中出口总额	亿元	16708.95	2.7
进口总额	亿元	13064.92	-4.7
实际利用外商直接投资	亿美元	78.09	0.2
金融机构本外币存款余额	亿元	83942.45	15.7
居民人均可支配收入	元	62522.40	8.7
专利申请量	万件	26.15	14.4
专利授权量	万件	16.66	18.8
年末常住人口	万人	1343.88	3.2

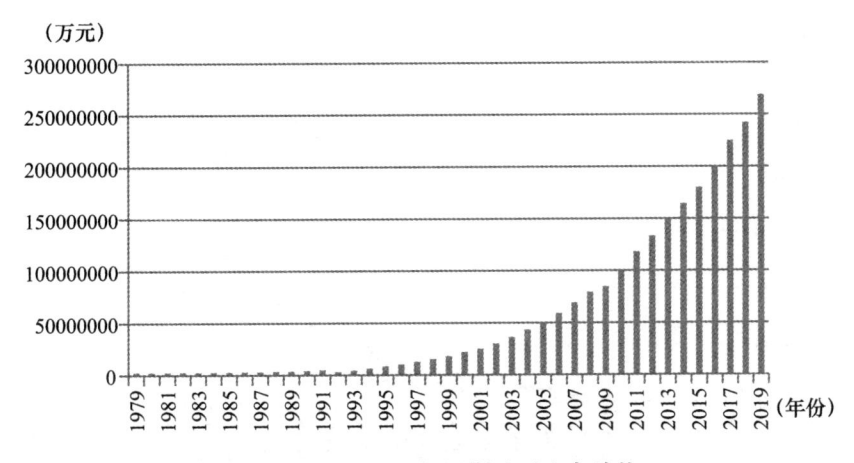

图 1　1979—2019 年深圳地区生产总值

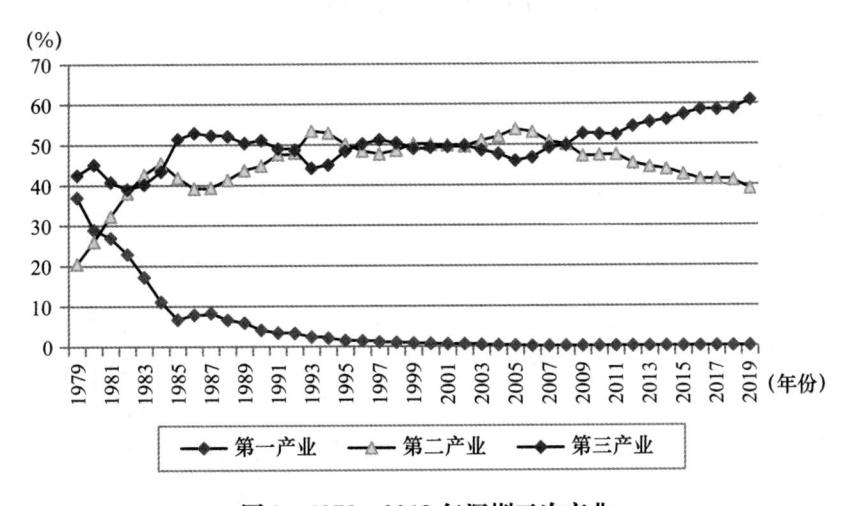

图 2　1979—2019 年深圳三次产业

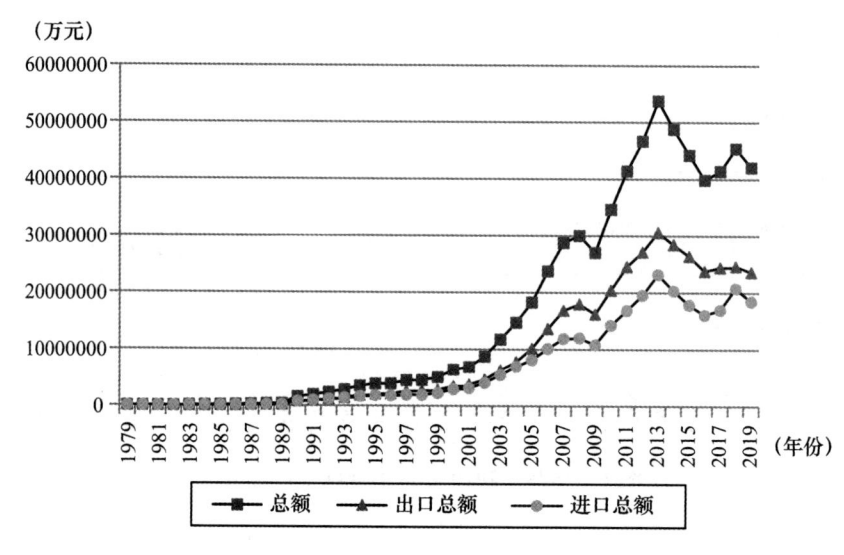

图3 1979—2019年深圳进出口额

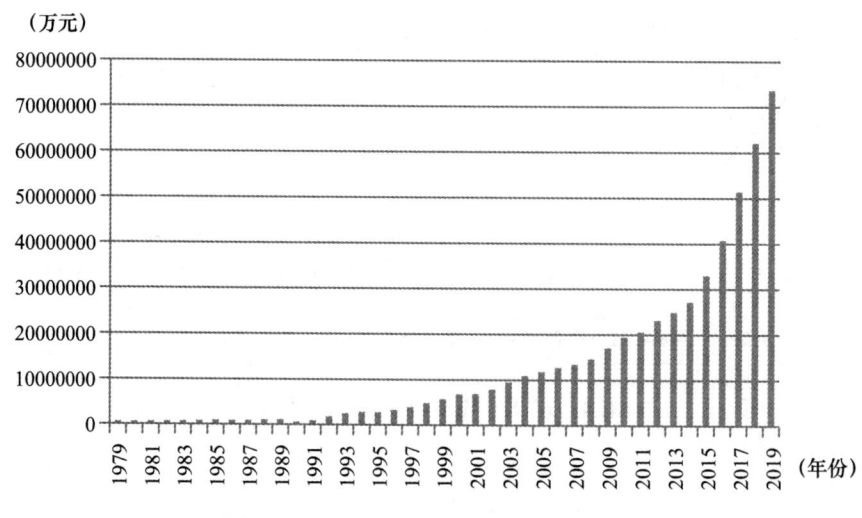

图4 1979—2019年深圳固定资产投资

图 5　1979—2019 年深圳实际外商投资金额

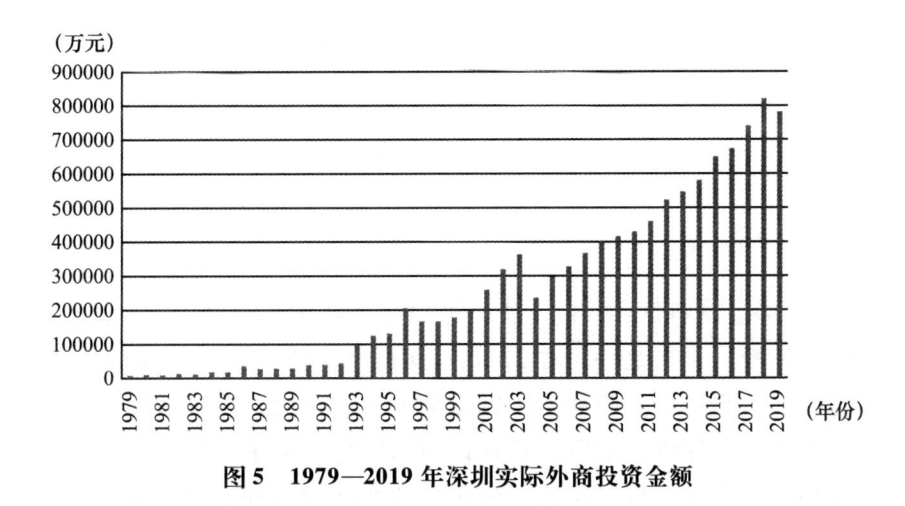

以上资料来源：深圳市统计局《统计年鉴》《统计公报》。

后　　记

《深圳经济特区40年》是《深圳经济特区建立40周年改革创新研究特辑》丛书之一。在2020年深圳经济特区成立40周年之际隆重推出本套丛书。深圳是中国改革开放的前沿，是现代化、国际化、创新型大都市，正肩负着建设中国特色社会主义先行示范区的重大使命。要在较短时间内，对深圳厚重的40年进行全面研究，并撰写出合格的书稿，我们深感责任重大，深感对我们的信任。

2019年3月，我们接受任务后，立即组建课题组，由研究改革开放和经济特区的知名学者袁晓江教授牵头，各位成员在研究经济特区各自领域都有功底和建树。袁晓江负责整体思路、拟定提纲、内容设计，以及修改、校对和统稿，并承担第四章"建立市场经济体制"的写作。胡昌云协助承担全书的统筹和统稿工作，参与审稿、校对和修改。各位作者各司其职，认真负责完成所分配的写作任务。我们按照学术性、科学性、可读性、传承性的要求，在各自修改的基础上，又集中对书稿进行了三轮大修改。2019年12月底正式提交书稿。本书以史为主，但不是一本编年史，有大量史料的整理和展示，更有深入的评价和论述。史论结合，是本书的特色和亮点。

一场突如其来的新冠肺炎疫情让我们措手不及，也让我们有更多的思考。课题组马上调整思路，积极跟进，要求作者走向抗疫第一线，开展有针对性的研究。在这场疫情中，党的领导、社会主义的优越性得到充分体现；各级党组织靠前指挥，广大共产党员冲锋在前；人民解放军指战员闻令而动、敢打硬仗，广大医务工作者临危不惧、舍生忘死，奋战在抗疫最前线；广大志愿者活跃在社区、工厂、街道。这些最新的研究内容，已经充实到书稿中。

后　记

　　本书是集体攻关成果，各位成员不畏艰苦，敢打硬仗，加班加点，认真负责，保证了任务顺利完成。深圳市委党校袁晓江教授为本书主编并负责统稿和撰写第四章，深圳市委党校办公室主任胡昌云协助统稿，深圳市委党校宫正副教授撰写第一章和第二章，深圳职业技术学院范芹副教授撰写第三章和附录二，深圳市委党校高山教授撰写第五章，深圳市社会科学院吴燕妮研究员撰写第六章和第十一章，深圳市委党校周笑冰教授撰写第七章，深圳大学易松国教授撰写第八章，深圳市委党校姜智红教授撰写第九章，深圳市委党校办公室副主任孙伟撰写第十章，深圳市委党校王定毅副教授撰写第十二章，深圳市委党校培训部副主任蔡波撰写附录一。

　　在课题研究和书稿撰写过程中，得到各方面的关心和支持。感谢课题组织方深圳市社会科学联合会和深圳市社会科学院，统筹协调，精心组织；感谢课题主持人和成员所在单位深圳市委党校、深圳市社会科学院、深圳大学和深圳职业技术学院，大力支持，提供条件；感谢专家组热心指导，真诚帮助。

　　我们的研究告一段落，但社会在发展，仍然有许多新的问题需要我们去研究。我们将以此为契机，在这次成功合作的基础上，以学者的使命和担当，投身到鲜活的社会实践中，为社会科学的研究贡献自己的力量。

本书写作组
2020 年 10 月 13 日